ビザンツ帝国

ビザンツ帝国

井 上 浩 一 著

世界歴史叢書

岩 波 書 店

まえがき

岩波書店編集部から、世界歴史叢書の一巻、『ビザンツ帝国』の執筆を、という話があったのは、筆者が三〇歳の誕生日を迎える少し前のことであった。ようやく学問の世界の扉をたたいたばかりの筆者にとって、それは余りにも大きな仕事のように思われたが、思いきってお引き受けすることになった。それから四年余りの月日が流れた。多忙と不勉強のため予定よりも遅れたが、ここにこのような形で本書をまとめ上げることができた。

本書執筆にあたっての筆者の目標は、戦後急速に進んだ内外のビザンツ史研究の成果をふまえて、ビザンツ帝国の国家・社会の構造と、その成立・発展・衰亡の全体像をまとめようというものであった。ビザンツという一つの歴史的世界の全体像をともかくも描くことを第一の目標としたため、各研究者の学説や論争から多くのことを学んだにもかかわらず、それらの学説・論争を全面的に取り上げて論じることはしなかった。学説や論争の紹介に深入りする余り、「歴史が歴史家の前で姿を消す」(M・ブロック)ことを恐れたからである。こうしてともかくも一つのビザンツ帝国史像を示すことはできたと思うが、それでも、通説をまとめただけに近い節、史料紹介の域を出ていない節もあり、逆にやや強引な解釈を加えた部分も目立つ。不勉強にもかかわらず、大きな目標を立てたことの無理がこれらの随所に現われているようである。読者諸氏の建設的な御批判を受けて、さらに研究を深めてゆきたい。

筆者は公私にわたって恵まれた環境で研究を行なってきたと、原稿を書き終えて、今しみじみと思う。京都大学の西洋史研究室の恩師、良き先輩、同窓生の間で、学問の世界に入れたことは幸福であった。その後大阪市立大学に奉職したが、史学教室の自由で民主的な研究教育体制、雰囲気は、若い研究者にとってこれ以上の好条件はなかったといっても過言ではあるまい。また筆者は多くの研究会に参加する機会を与えられた。それは筆者にとって大きな励みであった。本書のかなりの部分は、これらの研究会において報告し、批判、助言を受けたものである。各研究会の代表者、会員の方々に深く感謝したい。学恩といえば、筆者は故米田治泰先生のことを忘れることはできない。筆者のビザンツ史研究にとって、米田先生から直接、間接に受けた恩恵、影響ははかり知れないものがある。なお世界歴史叢書の一冊としての本書(『ビザンツ帝国』)は、本来は米田先生が執筆されるはずであった。先生が書かれたであろう著作に比べれば、ここに筆者がまとめたものは、拙い習作にすぎないが、本書を米田先生の霊前にささげたいと思う。

筆者は私生活の面においても恵まれた環境にあった。家庭は豊かではなかったが、大学・大学院へ進み学問を続けることを、両親は何もいわずに許してくれた。励ましてくれた妹たちにも感謝したい。筆者は二年前に妻を迎えたが、本書の執筆が軌道に乗ったのは、結婚以後であったことを正直に告白して、妻千鶴子への感謝の言葉としたい。最後となったが、岩波書店編集部の松嶋秀三氏には、貴重な助言を頂き、励まされ続けた。本書をこのような形でまとめることができたのも、同氏の御力によるところが大であることを記して、感謝の言葉とする。本書を一つのステップとして、さらに研究を深めてゆくことが、多くの人々の御好意、援助に答える道であると、思わざるを得ない。

＊ 引用文中の注記について

本文・注における史料(年代記・勅令・文書その他)の引用文中の、〔 〕は、文意の理解を助けるために、筆者が補足したもの、( )は用語・事項などの説明である。

一九八一年一一月

大阪市立大学附属図書館第一閲覧室にて

井 上 浩 一

目　次

まえがき

序章　史料・方法・対象……一
1　史料と方法……一
2　対　象……九

第一章　ビザンツ世界の成立……一七
1　古代地中海世界＝ローマ世界の解体……一七
一　ユスティニアヌスの後継者の時代……二〇
二　ヘラクレイオス帝の時代……二三
三　ヘラクレイオスの後継者の時代……二六
四　まとめ……三三
2　スラヴ人の侵入・定住……三八

一　課　題……三八
二　スラヴ人の侵入・定住の過程……四一
三　ブルガール族の到来と建国……四八
四　スラヴ化の度合と歴史的意義……五三
3　テマ制の起源……五九
一　テ　マ　制……五九
二　オストロゴルスキー説と史料……六二
三　オストロゴルスキー説をめぐる論争……六六
四　テマ制の起源……七四
五　テマ制の起源とビザンツ帝国……八二
4　聖像破壊問題とビザンツ世界の確立……八四
一　聖像破壊問題……八四
二　聖像破壊問題の歴史的意義……九一
第二章　ビザンツ帝国の発展……一〇二
1　マケドニア朝専制国家の確立……一〇二
一　帝国の強大化……一〇二

二　官僚制の完成……一二一
三　法体系・文書行政の整備……一三五
2　農村社会の変容……一四二
一　『農民法』と七—八世紀の農村……一四二
二　『徴税要綱』と一〇世紀の農村……一五四
三　『マケドニア王朝の新法』と『ラウラ修道院文書』……一六二
四　まとめと展望……一七三
3　都市の発展……一七七
一　都市の連続・断絶——七・八世紀……一七八
二　古代自治都市の終焉とビザンツ帝国……一八九
三　国家による商工業統制——『総督の書』と一〇世紀のコンスタンティノープル……二〇〇
第三章　ビザンツ帝国の変容……二一五
1　貴族の擡頭……二一五
一　一一世紀の危機……二一五
二　貴族の社会経済的基盤——官位と土地所有……二三一

三　ドゥーカス家——一一世紀の貴族の具体例……二四三
2　大土地所有の発展……二五〇
一　村落共同体の変質・解体……二五〇
二　大土地所有の発展……二五八
三　国家と大土地所有……二七七
3　市民層の成長……二八一
一　封建制と都市・市民……二八一
二　一〇四二年の「市民闘争」……二八四
三　「市民闘争」とコムネノス王朝……二九二
4　コムネノス王朝＝ビザンツ封建国家……三〇〇
一　専制国家体制の解体……三〇〇
二　コムネノス王朝の支配体制……三〇五
三　マヌエル一世コムネノス——ビザンツ帝国最後の栄光とその挫折……三一七
終章　まとめと展望……三三七
1　専制国家から封建国家へ——まとめ……三三七
一　マケドニア王朝とコムネノス王朝……三三七

二　移行の問題——皇帝理念……三四三
補論　立法文書と帝国の変貌……三四七
2　ビザンツ帝国の滅亡——展望……三五七
一　貴族の自立……三五八
二　市民闘争の敗北……三六二
三　スラヴ諸民族の独立——ビザンツ世界の解体……三六八
四　第四回十字軍……三七〇
参考文献……三八一
索　引

序章　史料・方法・対象

1　史料と方法

「とめることもできず流れてゆき、常に動いている時間《クロノス》は、生成するものすべてを押し流し、運び去り、やがて闇の底へと沈めてしまう。語るに値しないような出来事だけではなく、偉大で、記憶に残されるべきことをも闇の底へと沈めてしまう。悲劇の一節を引用するならば、『〔時間は〕知られざるものを生みだし、有名なものを覆い隠してしまう』のである。しかし歴史という学問は、時間の流れに抗するもっとも力強いとりでとなり、とめることのできない時の流れをせきとめるのである。時間の中で生じるすべてのことを、時の流れに浮ぶすべてのものを、歴史はしっかりとつかまえ、忘却の深みへと滑り落ちてゆかないようにするのである。以上のことを知って、私、皇帝アレクシオスとエイレーネーの娘として緋の産室に生まれ、育ったアンナは、文法を知り、ギリシア語を極め、修辞学を学び、さらにアリストテレスの作品やプラトンの対話篇を熟読し、その上四つの学問をもって精神を鍛えたのち、……今から記すビザンツ帝国の人々は歴史に関心が深かった。多くの教養ある人々が『歴史』を書き残している。同じくキリスト教世界に属する中世西ヨーロッパに比べて、ビザンツにおける歴史学の発達は著しい。ヘロドトス、ツキジデスに代表されるギリシア歴史学の伝統の存在もその一因であろう。右に挙げた文章は、一二世紀の人アンナ・コムネナの『アレクシオス一世伝』の書き出しであるが、彼女は明らかにヘロドトスの『歴史』を意識していた。

ビザンツにおける歴史学の発達は、ギリシア文化の伝統の他に、みずからがローマ帝国の正統な後継者であるという意識によるところも大きかった。自分たちこそが世界の、文化の中心であるという意識において、中国の歴史学、歴史意識の発達によく似ているといえるだろう。しかしビザンツでは、中国において行なわれたような、国家による「正史」の編纂はなされなかった。ビザンツでは人々はそれぞれの立場から『歴史』を書いた。修道士は天地創造から現在に至るまでの事柄を年代順に書き記し、宮廷の高官は自分が仕えた皇帝たちの治績を書いた。主教は自分の町の出来事を描き、皇族はもちろん、みずから筆を執った皇帝もいた。(2)

「正史」のようなまとまった歴史書ではないけれども、ビザンツの『年代記』『歴史』はまったく別々に書かれたというわけではない。書き手は先に書かれた歴史書を絶えず意識していた。自分の生きた時代を記すに先立って、すでに存在するいくつかの『歴史』をまとめて、新たに書きなおし、その後に自分が直接体験したことを書き加えるという形で、多くの歴史書は出来上っている。書き出しの時点を、すでに存在する有名な歴史書の結びの時点においたものも少なくない。なかには、有名な『年代記』の続篇が後世の人によって偽作されることもあった。こうして多くの『年代記』『歴史』がビザンツ史の全時代を幾重にも覆っているのである。

このようにして書かれた歴史作品の中には優れたものが少なくない。上記の『アレクシオス一世伝』などは、その生き生きとした叙述、鋭い分析において、史学史の上でも見のがすことのできない作品と思われる。またこれらの歴史作品の描く世界、皇帝や将軍の英雄的な行為、宮廷で繰りひろげられる華やかな生活と血なまぐさい陰謀、周辺の異民族との交渉など、次々と展開される幾多の事件は我々の興味をとらえて離さないものがある。

ビザンツ帝国の歴史は、このような『年代記』『歴史』を第一の「史料」として研究されてきた。しかし歴史学の「史料」としてこれらの歴史書を用いる場合には注意が必要である。いうまでもないことであるが、前近代社会においては、文字を用いることができたのは少数の特権階層の人々だけであった。ビザンツの場合は、同時代の西ヨーロッパに比べて識字率ははるかに高かったけれども、基本的には右の事情に変わりはない。つまり現存する「史料」の大部分は、皇族・貴族・官僚・聖職者たちの関心に従って、作成され、伝えられてきたものである。

その結果、これらの「史料」を用いて行なう「実証的」な研究は、皇帝を中心とした支配者の歴史を明らかにするということになりがちである。そのような「歴史」は確かに面白いが、それはビザンツ世界の全体を明らかにするものではない。とくに一般の民衆、社会を支えていた人々の歴史はまったく無視されてしまうことにもなりかねない。

ビザンツ史の全体像を明らかにするためには、単なる「実証主義」ではなく、目的意識的に研究を行なうことが必要であると筆者は考える。つまりそこに何らかの「方法」が必要となるのである。わずかとはいえ存在する一般民衆に関する「史料」、帝国社会の全体にふれるような「史料」を積極的に利用していくことも大切であろう。同時に、支配者たちが書き残した「史料」を我々の目で読みなおすこと、いわゆる史料批判・史料解釈も不可欠となる。ビザンツ史研究の「史料」と「方法」を考える一例として、コンスタンティノス六世(在位七八〇—九七)の場合をとりあげてみよう。

「偶像破壊」を始めたことで有名な皇帝レオーン三世(在位七一七—四一)の孫レオーン四世(在位七七五—八〇)は、アテネ出身の美女エイレーネーを妃とし、二人の間に男子が生まれた。後のコンスタンティノス六世である。レオーン四世が若くして死んだため、七八〇年、コンスタンティノスは一〇歳で皇帝の位に就いた。皇帝が幼少だったため、政治の実権は母親のエイレーネーが握った。彼女は息子の嫁として、フランク王カール(のちのカール大帝)の長女を選び、婚約が整った(3)。コンスタンティノープルから花嫁教育係がフランクの宮廷に派遣され、未来の皇后に、ギリシア語をはじめとするさまざまの教育がほどこされた。コンスタンティノスも遠い異国から来る花嫁に、少年らしい思いを寄せていたようである。しかしこの婚約は結局解消された。カールは遠い異国、しかも陰謀と流血の巣窟とのうわさの高いコンスタンティノープルの宮廷へ、愛しい娘を送り出すことをいざとなってためらった。それに加えて、七八七年にエイレーネーは、レオーン三世以来歴代の皇帝が行なってきた「偶像破壊」政策の中止を、宗教会議を開いて宣言したが、カールはこの宗教会議決定を、「偶像崇拝」であると非難し、両者の関係は悪化した。(4) そして縁談解消の最大の原因は、ビザンツ宮廷内部にあった。成人に達して、名目上の皇帝ではなく、実際の政治も行なおうとしたコンスタンティノスに対して、エイレーネーはあくまでも自分が政治をみようとしたのである。彼女は息子コンスタンティノスに強力な後立てがつくことを望まなかった。コンスタンティノスはなおフランク王の娘に未練をもっていたが、縁談は解消されるに至った。

エイレーネーは自分が政治の実権を握り続けるためにも、成人に達した息子の関心を、政治以外に向けようとした。彼女はそのために、息子に絶世の美女を妻として与えることを考えついた。エイレーネーの命令で全国に使節が派遣された。使節には花嫁候補者の条件(身長・胸・足)が示され、生まれや貧富は関係なく、美しい娘を候補者として都へ連れてくるようにという指令が下された。

使節が小アジアのアムニアという村にやってきた。この村にはフィラレートスという名士がいて、かつては「牛六〇〇頭、役牛一〇〇対、雌馬八〇〇頭、ラバ八〇頭、羊一万二〇〇〇四、四八の農場と多数の奴隷」(5)をもっていたが、彼は近隣の貧民に施しを行ない、ついに家屋敷を残して全財産を失ってしまった。人々はこの慈悲深い人物を、聖フィラレートスと呼んだという。使節はこのフィラレートスの屋敷に泊まることになった。その時、彼の孫娘マリアの美しさが使節の目に留まり、さっそく身体のサイズを計ったところ、条件にぴたりと合った。一家は使節に連れられて都へ向った。全国から集まった候補者の中からマリアが選ばれ、七八八年一一月にコンスタンティノス六世と結婚式を挙げた。

マリアの幸運は長く続かなかった。カール大帝の心配は杞憂ではなかったのである。宮廷ではエイレーネーとコンスタンティノス母子の間で陰湿な権力争いが続いていた。コンスタンティノスは、母から押しつけられたような妻マリアを次第に疎んじ、ついに彼女を修道院に閉じ込めて、愛人の女官と結婚するという挙に出た。教会はこの離婚と再婚を違法とみなし、聖職者の間ではコンスタンティノスの評判はきわめて悪くなった。これより少し前、コンスタンティノスは、ブルガリア遠征で名を挙げた祖父コンスタンティノス五世(在位七四一—七五)をまねて、自分もブルガリアへ遠征したが、開戦の時になって急に恐怖にかられ、戦場から逃げだした。ビザンツ軍は大敗し、軍人の間でもコンスタンティノス皇帝に対する不信感が広がっていった。

エイレーネーは聖職者・軍人の間でのこのような雰囲気を見のがさなかった。七九七年八月、彼女は息子を逮捕し、その目をくり抜くようにという恐るべき命令を下した。そして息子に代わって自分が正式の皇帝になったのである。ビザンツ帝国史上はじめての女帝であった。「太陽は一七日間姿を見せなかった。……人々は皇帝が盲目にされたので、太陽もその光を失ったのだとうわさした。[6]」

これほどまでして獲得した皇帝の位であったが、エイレーネーの統治はうまくゆかなかった。八〇二年一〇月にクーデターが起こり、彼女もまた皇帝の位を追われ、翌年八月追放先のレスボス島で失意のうちに死んだ。

以上の物語は、『テオファネス年代記』や『聖フィラレートス伝』などの記述史料の伝えるところにより再構成したものである。「史料」を素直に読むだけでは、ビザンツ帝国史はこのような陰謀の歴史になってしまう。問題意識と方法をもって、これらの史料を読みなおすことが必要である。たとえば、『聖フィラレートス伝』は、無一文になるまで貧しい人々に施しをしたと、フィラレートスの慈悲深い行為を讃えているが、その記事をそのまま受けとるのではなく、貧民や奴隷たちが、土地・家畜＝生産手段を獲得して、独立自営の小生産者へと成長してゆく過程、逆にいえば大土地所有階級の没落の過程を、その「慈悲深い行ない」の中に読みとることはできないだろうか。このように見れば「慈悲深い行ない」も一種の階級闘争となる。

あるいはまた、エイレーネーが行なった「皇后選び」「ミス・ビザンツ・コンテスト」(この方法による皇帝の妃決定は九世紀にはほぼ慣例となる)は、当時のビザンツ社会の特質を表わしているとは考えられないだろうか。つまり、「家柄や財産には関係なく」という条件は、当時の社会が、閉鎖的な門閥優先の社会ではなく、開かれた流動的な社会、いわゆる social mobility の大きな社会であったことを示しているのではないか。(7) この皇后選びの物語を、一二世紀初めの一事件と比べてみよう。

皇帝アレクシオス一世(在位一〇八一―一一一八)は、アンティオキア公との戦いに際し、将軍としては未熟であったアスピエテースという人物を軍司令官に任命した。その結果、作戦上のミスから帝国軍は敗北した。この点について娘のアンナ・コムネナは『アレクシオス一世伝』の中で次のように述べている。

「皇帝がなぜアスピエテースの無能さに気づかなかったのか、不思議に思われるだろう。しかし私は父を弁護したい。アスピエテースの家柄の高貴さが、皇帝を信用させたのである。一族の輝かしさと、その名の有名さが、アスピエテースに指揮権を委ねることに大いに与ったのである。(8)」

敗北の原因は、単にアスピエテースの無能だけにあるのではなく、何代も続いた名門家系の者が、重要な官職を独占するという支配体制にもあったということを、我々はアンナの叙述から読みとらなければならない。そしてコンスタンティノス六世の時代とアレクシオス一世の時代との、帝国の支配体制・社会構造の違いにも気づかなければならないのである。

歴史学は「史料」に基づき、過去を再構成する「実証的」な学問である。しかし「史料」を残した人々の観点、彼らがもっていた偏見をそのまま我々が受け継ぐことは、決して「実証的」ではない。残された「史料」の性格を見極め、正しい批判を加えて、それを解釈することが必要である。とりわけ、「史料」が、皇帝と皇帝を取り巻く人々の世界に偏っているビザンツにおいては、この手続きは不可欠である。以下本書においては、時にやや大胆とも思えるような史料解釈を行なった点もある。一つの仮説の提示であり、ビザンツ史の実像に少しでも近づくための試みである。読者の御批判を頂き、筆者もさらに再検討したいと思っている。

2　対　象

歴史上「ビザンツ帝国」と称する国家が存在したことはない。我々がビザンツと呼び慣わしている国の人々は、みずからをローマ人、みずからの国をローマ帝国と呼んでいた。ビザンツという呼び方は、後世の人々がいわゆるローマ帝国と区別するためにつけた呼称である。ではローマとビザンツとはどのように区別されるのであろうか。ビザンツ帝国の本質的な特徴は何であろうか。この点について研究者の見解はほぼ一致している。西ヨーロッパが、古典古代文化とゲルマン人とキリスト教からなるといわれるのに対して、ビザンツは、ギリシア文化とローマの国家制度とキリスト教からなるといわれたり、ビザンツ帝国とは、キリスト教化されたギリシア人のローマ帝国であると定義されたりしている。[9] このような定義は基本的に正しいと筆者も考えている。今ここでそれを詳しく証明する余裕はないので、ひとこと述べるだけにとどめておこう。

同時代の西ヨーロッパ中世社会は、大都市をもたなかった。とくにその初期においては、諸王国は定まった都すらもたず、王領地から王領地へと「国王たちは文字通り旅の労苦で死んだ」[10]のである。これに対してビザンツ帝国は壮麗な帝都をもっていた。帝国の都は今日のトルコ共和国のイスタンブールにあったが、イスタンブールという名の語源は、エス・テーン・ポリン＝「町へ」がなまったものといわれている。[11] つまりすべての道は都へ通じるというわけであろう。また単に「町《ポリス》」と呼ぶ場合、それは帝都を指していた。帝都の存在はまさに帝国を代表するものであった。さて帝都を指す固有名詞として、当時三通りの呼び方があった。

(イ)ビュザンティオン。紀元前七世紀にここに植民市を建設したギリシア人ビュザスに由来する名。

(ロ)コンスタンティヌーポリス(コンスタンティノープル)。三三〇年ここに都を移したローマ皇帝コンスタンティヌス大帝にちなむ名称。

(ハ)ネア・ローメー。新しいローマの意。

帝都を指す三つの呼称は、帝国の特質をよく表わしている。ギリシア人植民市ビュザンティオン。最初のキリスト教ローマ皇帝コンスタンティヌスの町、コンスタンティノープル。新しいローマ、ネア・ローメー。まさにキリスト教化されたギリシア人のローマ帝国である。

このように考えると、コンスタンティヌス大帝によるキリスト教の公認、コンスタンティノープル遷都のあった四世紀初頭が、ローマとビザンツとを区分する画期、つまりビザンツ帝国の成立期とされ、この町がイスラム教徒トルコ人によって征服された一四五三年をもって帝国の滅亡とすることは、きわめて当然のことのように思われる。事実、ビザンツ帝国一千年の歴史という表現があり、概説書の多くも、四世紀から説きおこして一四五三年にまで及ぶという形をとっている。(12)

これに対して本書は、「ビザンツ帝国」という表題を掲げながら、その対象を七―一二世紀に限っている。それは、限られた紙幅においては一千年の歴史を扱いきれないから、初期と末期とを割愛した、というような消極的な理由によるものではない。筆者は、この七―一二世紀の六〇〇年間をビザンツ帝国の時代と考えているのである。通説との違いについて、あらかじめ簡単に説明しておかなければならない。

(1)ビザンツ帝国史を七世紀からはじめる理由について。

(イ)コンスタンティノープル遷都(三三〇)、ゲルマン民族の侵入(三七五)、ローマ帝国の東西分裂(三九五)にもかかわらず、一つの歴史的世界としての古代地中海世界＝ローマ世界は存続し、それに代わる、新しい歴史的世界は、四世紀にはまだ出現していない。古代地中海世界は七世紀に生じた、イスラム教徒アラブ人のこの世界への侵入によって解体し、西ヨーロッパ、ビザンツ、イスラムの三世界が成立する。(以上の点については第一章第1節で論じる。)

(ロ)ビザンツ世界を構成する主要な要素の一つであるスラヴ人は、四世紀にはまだ姿を見せていない。スラヴ人は、従来の研究ではさほど重視されていないが、ビザンツ帝国史において果した役割は重要であり、ギリシア文化・ローマ国家・キリスト教と並ぶ重要な要因である。七世紀に多数のスラヴ人がバルカン半島に定住し、ローマ法・ギリシア文化・キリスト教と接触しつつ、次第に文明化してゆく。(この点については第一章第2節で扱う。)

(ハ)古代地中海世界が解体し、ビザンツ世界が生まれるのと平行して、国家も変化した。七世紀から公用語もギリシア語となり、ラテン的西方・オリエント地方の版図を失って、国家のギリシア的性格がはっきりする。同時に行政機構・軍事体制もローマ的なものから新しいビザンツ的なものへと変わった。(この点については第一章第3節で述べる。)

(ニ)時代区分を行なう上で重要な生産関係の問題については、詳しく取り上げることはできなかったが、一応次のように考えたい。四世紀以降の社会の基礎をなしたコロヌス制は、新しい時代を切り開くものではなく、奴隷制の行き詰りの表現でしかない[13]。アラブ人・スラヴ人の侵入(七世紀)によって、奴隷所有者的社会構成は最終的に破壊された。

(2)帝国史の下限を一二〇四年の第四回十字軍のコンスタンティノープル占領におくことの理由についても簡単に述べておこう。

確かにその後ギリシア人の国家は再建され、コンスタンティノープルも奪い返しはした。だが一二〇四年の前後では、その国家がもっていた歴史的意義は異なっている。一二〇四年の事件は、東地中海・東南ヨーロッパの歴史における一つの画期である。一二世紀までは、この地域の歴史はビザンツ帝国が主導してきた。この世界はビザンツ世界であった。しかし一三世紀以降、一五世紀半ばのオスマン＝トルコ帝国の統一まで、この地域は小国の分立状態を呈する。一つの「帝国」が政治的・経済的・文化的に指導的役割を果すということはなかった。ビザンツ国家は存在したが、もはや「帝国」ではなく、一小国に過ぎなかった。一三世紀以降のこの地域の歴史は別の観点から論じられるべきであろう。

以上、本書が扱う「ビザンツ帝国」とは、コンスタンティノープルに都し、ローマ皇帝権を継承し、ギリシア文化を基調とし、キリスト教を国教とした国家、東地中海・東南ヨーロッパの諸民族を、政治的・経済的・文化的に主導した国家である。そのような意味でのビザンツ帝国は、七世紀に誕生し、一二〇四年に滅びた。なおビザンツ帝国の直接支配下にあったか否かは関係なく、この国家が主導した領域、つまりギリシア文化・キリスト教・ローマ法などの影響が色濃く及んだ領域を指す場合、「ビザンツ世界」という表現を用いることにする。

(1)　Anne Comnène, Alexiade, ed., B. Leib, 4 vols., Paris, 1937–76, (Anna Comnena) vol. I, pp. 3–4.
(2)　ビザンツの歴史作品については，H. Hunger, Die hochsprachliche profane Literatur der Byzantiner, 1. Bd., München, 1978, S. 241–504 に詳しい。

(3) F. Dölger, Regesten der Kaiserurkunden des oströmischen Reiches, München-Berlin, 1924–65, n. 339. なおこの皇帝文書目録は現在改訂版が刊行中である。(以下 Regesten と略す。)

(4) この間のビザンツ—フランク関係について詳しくは、渡辺金一「八—九世紀初頭のビザンツ帝国とフランク王国」岩波講座『世界歴史』7、一九六九年、一六七—七〇ページ。

(5) M.-H. Fourmy, M. Leroy, 'La vie de S. Philarète,' Byzantion (B), 9(1934), p. 113.

(6) Theophanes, Chronographia, ed., de Boor, Leipzig, 1883–5(Hildesheim, 1963), p. 472.(以下 Teophanes と略す。)なおテオファネスの『年代記』は七一七年以降の部分の独訳がある。L. Breyer, Bilderstreit und Arabersturm, Byzantinische Geschichtsschreiber, VI, Graz, 1957.

(7) ビザンツにおける social mobility について早くに取り上げたのは、ベックである。一九七八年に来日した際の講演をまとめたものとして、H.-G. Beck, 'Die Mobilität der byzantinischen Gesellschaft,' Orient, XIV(1978), S. 1–14 がある。彼の論文集、Ideen und Realitäten in Byzanz, London, 1972 所収の論文のうち、第十一—十三論文も参照のこと。なおソ連のカジュダンも social mobility に関心を寄せている。さしあたり、A. П. Каждан, 'Об аристократизации византийского общества VIII–XII вв.,' Зборник радова Византолошког института(ZRVI), 11(1968), стр. 47–54 などをみよ。

(8) Anna Comnena, vol. III, p. 58.

(9) G. Ostrogorsky, Geschichte des byzantinischen Staates, 3. Aufl., München, 1963, S. 22. Idem., 'Die Perioden der byzantinischen Geschichte', Historische Zeitschrift(HZ), 163(1941), S. 237. cf. G. Moravcsik, Einführung in die Byzantinologie, Darmstadt, 1976, S. 10–11.

(10) M・ブロック、新村猛他訳『封建社会』1、みすず書房、一九七三年、六一ページ。

(11) G. Moravcsik, Einführung, S. 11–12.

(12) 上記オストロゴルスキーの『ビザンツ国家史』は現在でももっとも秀れた概説書とされているが、三二四—一四五三年をその対象としている。彼はこの間を、三二四—六一〇、六一〇—一〇二五、一〇二五一一四五三の三期にわけ、それぞれ初期・中期・末期ビザンツと呼ぶ。cf. G. Ostrogorsky, 'Perioden', S. 229–254. A. A. Vasiliev, History of the Byzantine Empire, Madison, 1952 も、三二四—一四五三年を扱う。H.-G. Beck, Das byzantinische Jahrtausend, München, 1978 は表題に『ビザンツの一千年』とかかげており、やはり、四世紀から一五世紀までを対象とする。ベックは七世紀、六三〇年頃から一二〇四年までを中期ビザンツと呼び、かつこの時期を一〇二五年を境として前半と後半に分けている。本書の構成にもっとも近い時期区分である。

(13)　コロヌス制の評価、及びビザンツにおける封建的生産様式の開始をめぐっては、さしあたり、香山陽坪訳編『奴隷制社会の諸問題』有斐閣、一九五八年、渡辺金一「ビザンツ封建制の諸問題——論争の展望——」『ビザンツ社会経済史研究』岩波書店、一九六八年、三—五〇ページ、松木栄三「歴史における社会構成体の移行(1)——前近代」講座『史的唯物論と現代』3『世界史認識』青木書店、一九七八年、一三七—一七〇ページをみよ。

第一章　ビザンツ世界の成立

1　古代地中海世界＝ローマ世界の解体

ユスティニアヌス一世（大帝）の没時、五六五年における（東）ローマ帝国の版図を示したのが地図1である。同帝は在位三八年のうちに、(1)北アフリカ、イタリアを奪回し、イベリア半島の地中海岸の地方を併合した。このような再統一が可能であったのは、西方におけるゲルマン部族国家の建国にもかかわらず、経済的・文化的になお一体性をもつ、古代地中海世界＝ローマ世界（ローマ帝国の支配はアルプス以北にも及んだが、その本質的な構成部分は、地中海沿岸の諸地方であったので、こう表現する）が存続していたからである。この世界の主導権はもはやイタリアにはなく、東方のコンスタンティノープルに移っていたが、ユスティニアヌス大帝が『ローマ法大全』をラテン語で編纂させたことに象徴されるように、なおラテン文化がこの世界の基調をなしていた。ユスティニアヌス以降八世紀に至る地中海世界の歴史は、このローマ世界が解体し、新たに三つの歴史的世界（西ヨーロッパ、ビザンツ、イスラム）が成立する過程である。本節ではその過程を、コンスタン

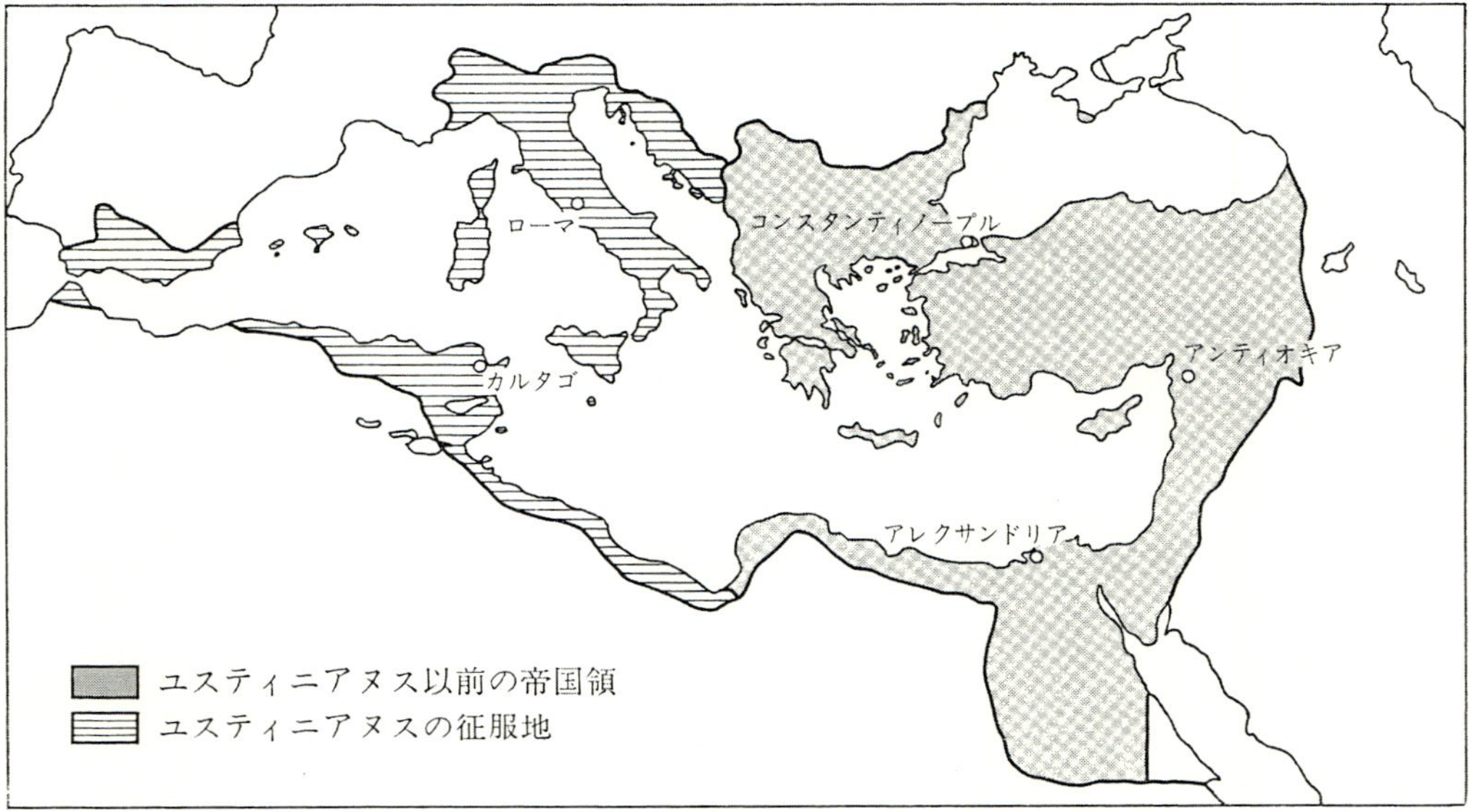

地図1　ユスティニアヌス1世の帝国(565年頃)

ティノープルに視点をおいて概観したい。

古代地中海世界が解体し、新しい歴史的世界が成立するための前提は、古代地中海世界自体のうちに形成されていた。この世界を規定していたのは、大ざっぱにいって、奴隷制とラテン文化であり、それに基づいたローマ帝国の支配であった。四世紀にはこれにキリスト教が加わる。それゆえ解体の徴候は、奴隷制の行き詰り、ラテン文化の影響力の低下、正統信仰への反発という形をとって現われる。帝政期から広がり、四世紀に法制化されるコロヌス制は、奴隷制の行き詰りの表現である。三世紀の危機以降、ラテン文化は古い伝統をもつギリシアやオリエントの属州において影響力を失いはじめ、これらの地方は独自の文化圏という性格を濃くする。帝国がキリスト教を国教とすると、各文化圏の自己主張は、独自のキリスト教教説(時には異端)としても現われた。古代地中海世界解体後に成立する三つの新しい歴史的世界は、その原型をローマ世界内部におけるラテン文化圏(イタリア、北アフリカなど)、ギリシア文化圏(バルカン南部、小アジアなど)、オリエント文化圏(シリア、エジプトなど)にもっていたのである。(2)

三つの文化圏が、それぞれ別個の歴史的世界へと発展するためには、外からの力が必要であった。異民族の侵入・定住がそれである。古代地中海世界の西部にはゲルマン人、東北部にはスラヴ人、東南部にはアラブ人が侵入し、この世界の解体と、西ヨーロッパ、ビザンツ、イスラム三世界の形成に決定的な役割を果すことになる。

三つの文化圏の自立性の高まり、異民族の侵入・定住によって、古代地中海世界は解体しつつあった。これに対して、この世界の支配者を自認するローマ皇帝は、それを阻止するべくさまざまの政策をとった。その結果、三つの新しい歴史的世界の形成は複雑な過程をたどりながら進行した。

一　ユスティニアヌスの後継者の時代

ユスティニアヌスの再統一の事業は、彼の死後ほどなく破綻しはじめる。(3) 早くも五六八年には、ゲルマンの一部族ランゴバルト族が北イタリアに侵入し、その後次第に南へと支配を広げた。コンスタンティノープルの支配下に残ったのは、ラヴェンナを中心とする北イタリアの一部、ローマを中心とする中部イタリア、ナポリを中心とする南イタリアであった。これらの地域を守り抜くために、マウリキウス帝(在位五八二―六〇二)は、ラヴェンナに総督府を置いた。(4) ラヴェンナの総督は軍事・行政の両権をもち、皇帝のイタリア代官として、帝国領イタリアを統治し、ランゴバルト族に対抗した。総督府制は北アフリカにも敷かれ(初出五九一年)、カルタゴの総督はラヴェンナの総督と同様、文武両権を掌握し、アフリカ統治を行なった。総督府制は、軍事権と行政権の分離という、ディオクレティアヌス、コンスタンティヌス以来のローマ帝国の統治の原則の放棄であった。西方ラテン文化圏をローマ帝国の支配下につなぎとめるために採られた非常措置だったのである。ラヴェンナとカルタゴだけにこのような措置が採られたことは、これらの地方における帝国支配の動揺を示すものであるが、同時に、これらのラテン的西方の確保を帝国が重視していたことの現われでもある。

ユスティニアヌスの後継者の時代に、帝国は東部国境においても長期の戦いを行なった。ユスティヌス二世(在位五六五―七八)がペルシア王に対する年金の支払いを停止したことに端を発した、ササン朝ペルシアとの戦争は二〇年に及んだ。両国は主に、双方の境界に位置するアルメニア地方をめぐって争った。開戦後まもなくローマ軍は、ペルシア領に侵入しニシビスの町を包囲したが、攻略できず、反撃に出たペルシア軍によって、国境の重要な都市ダラスを占領されてしまった。ダラスの陥落の知らせを聞いたユスティヌス二世は、ショックの余り気がふれてしまったと伝えられている。(5) その後も戦いはティベリウス帝(在位五七八―八二)、マウリキウス帝のもとで続けられたが、ようやく五九一年にペルシアの宮廷の内紛によって終わりを告げた。マウリキウスの支援のもとペルシア王位についたコスローは、即位後すぐにローマと講和を結び、アルメニアの大部分をローマに譲った。

東部国境での戦いに忙殺されていた諸皇帝は、バルカン半島の事態(6)に対して有効な対応ができなかった。すでにユスティニアヌス帝の時代から、スラヴ人がドナウ国境を越えてバルカン半島に姿を見せていたが、六世紀後半になると新たにアヴァール人(モンゴル系遊牧民)が帝国領バルカンに姿を見せるようになる。スラヴ人がまだ国家を形成せず、部族段階にあったのに対して、アヴァール人は汗(王)の下に統一的な国家をもっていた。それだけにローマにとって強力な敵であった。スラヴ人を従えてのアヴァール人の侵入に対して、帝国は、対ペルシア戦争終結後ようやく本格的な反撃に出た。マウリキウス帝は遠征軍を送り、ドナウ以北のアヴァール人・スラヴ人の本拠地を衝かせた。それによって彼らを北へ帰らせようとしたのである。この戦いも苦しい長期戦になった。六〇一―二年の冬に、マウリキウス帝はドナウ地域で作戦を展開している軍団に、ドナウの北で越冬するよう命じた。軍団は命令を不服とし、フォーカスという人物を対立皇帝に押し立てて、コンスタンティノープルへ攻め上ってきた。長期にわたる戦争への不満は都でも強く、「緑」「青」の両党派(7)が反乱に加わって、マウリキウスは退位させられ、フォーカスが帝位についた(8)。

フォーカス帝の時代(在位六〇二―一〇)はまったくの混乱期であった。「……ローマ帝国は数々の不運に見舞われた。ペルシア王コスローが平和を破り、アヴァール人がトラキアを荒して、東西でローマ人の軍団を徹底的に破った……(9)」と伝えられている。対外的な後退に加えて、国内の混乱・対立も激しくなった。フォーカス帝がマウリキウスの一族だけではなく、その他の有力者をも次々と除いたため、皇帝と貴族の対立は激化した。また民衆の間でも「青党」と「緑党」がことあるごとに対立した。「フォーカスは全東方にわたって、キリキア、アシア、パレスチナ、その周辺の地方、さらには帝都の門に至るまでの各地で、愛をなくし、相互の憎しみをばら撒いている。デーモイ(「青」「緑」の党派)は、……他のデーモイの家に押し入り、中にいる者を情容赦なく殺した(10)」という。

混乱のフォーカス時代において注目すべきことは、ローマ教皇との関係の改善である。彼は、全キリスト教会の最高位であるローマ教会、という教皇の主張を承認した。[11] 反面オリエント属州の単性説(キリストに神性のみを認める異端)に対して厳しい迫害を加えている。フォーカス帝は政策の重心を西方のラテン文化圏においていたといえよう。

フォーカスの暴政から帝国を救ったのはカルタゴ総督府であった。総督ヘラクレイオスは総督府のもつ強力な権力(軍事・行政)を帝位奪取に向けた。彼は六〇八年にコンスタンティノープル向けの穀物の積み出しを停止し、翌年エジプトを占領して、そこでも同じ措置をとった。そして六一〇年、アレクサンドリアから都へ向けて艦隊を送った。その司令官となったのは総督の息子で同名のヘラクレイオスであった。アフリカ、エジプトという穀倉地帯を押えて意気上る反乱軍は、一〇月三日、首都の沖にその姿を見せた。フォーカスの暴政に苦しむ都の人々はこぞってヘラクレイオスを歓迎し、攻防戦もなく、彼は入城に成功した。五日には総主教より戴冠されて、ヘラクレイオスはローマ帝国の皇帝となった。[12]

二　ヘラクレイオス帝の時代

六一〇年に即位したヘラクレイオス帝の治世の初期には帝国の状況は絶望的であった。

すでにフォーカス帝時代に破られた東方国境の状態は急速に悪化した。六一三年に帝国軍はアンティオキアで大敗を喫し、シリア、パレスチナはその後まもなくペルシア軍の占領下に入った。エルサレムが陥落し、聖十字架を奪われたことは、キリスト教世界に大きな精神的打撃を与えた。ペルシア軍は続いてエジプトへ侵入し、六一九年までに全エジプトを征服した。穀倉のエジプトが失われたことは帝国の経済に大きな打撃を与えた。皇帝は首都市民への穀物・パンの配給の中止を宣言した。[13] オリエントの属州がこれほどまで簡単にササン朝ペルシアによって奪われた最大の原因は、コンスタンティノープルの支配に対するこの地方の人々の反感にあった。とくに穀倉地帯のエジプトでは、毎年の収穫物はまず、税その他の名目でコンスタンティノープルへ積み出され、それが済むまでは他地方への穀物販売も許されなかった。[14] 彼らが帝国政府に対して抱いていた不満の大きさは、上述のヘラクレイオスの反乱へのエジプトの加担にも窺うことができよう。シリア、エジプトの人々の不満は宗教的な形をとった。両地方では、キリストに人性と神性の融合をみる両性説＝カルケドン信条ではなく、神性のみを認める単性説が有力であった。[15] これは神の存在を超越的・絶対的なものとみる、オリエントの宗教観の系譜を引くものであったが、同時に中央政府に対する反感の表明ともなっていた。このようなわけで帝国政府は、これらの地方の防衛を効果的に行なうことができなかったのである。

バルカン半島でも情勢は悪化した。アヴァール人・スラヴ人の攻撃はバルカン全域に及んだ。テサロニカは敵を撃退したが、ダルマティア地方の諸都市は破壊され、内陸のナイソスやサルディカ

(現在のソフィア)も失われた。スラヴ人の進出はさらにギリシアからエーゲ海の島々にまで及んだ。

帝国の状況は混迷を極めていた。シリアからエジプトにかけてはササン朝ペルシアの占領下にあり、ペルシア軍は小アジアにも出没していた。バルカン半島はアヴァール人とスラヴ人の掠奪の地となり、帝国の支配は及ばなくなっていた。イタリアの情勢も不穏で、ラヴェンナ総督が殺されたり、ナポリの独立運動が起ったりした。(16) わずかにヘラクレイオスの故郷、カルタゴのみが比較的平穏な状態にあった。帝国の状況に絶望した皇帝は、六一八年に、カルタゴへ都を移そうとして船に荷物を積み込んだ。(17) この遷都計画は都の人々の反対もあって実施されなかったが、西方の領土＝ラテン文化圏が、帝国において占めていた比重の大きさを示すものといえよう。遷都を断念したヘラクレイオスは、コンスタンティノープルにとどまって帝国を再建することになった。彼は政策の重心を東へと移し、シリアからエジプトに至る地方をペルシアから奪回することを最大の目標とした。エジプトは首都の食糧の供給地であり、シリアは東西交易の要衝である。そしてパレスチナはキリスト教徒の聖地であった。

当時のローマ帝国には、直接にシリア、エジプトで作戦を展開する力はなかった。そこでヘラクレイオスは、みずから軍を率いてペルシア本土を衝き、ペルシアに講和を結ばせて、シリアからエジプトにかけての地方を返還させるという作戦をとった。皇帝は軍事費用調達のために、教会財産を利用しようとした。(18) 教会財産を軍事目的に用いることには強い抵抗があったが、皇帝は、この戦いが異教徒ペルシア人からキリスト教世界を救うものであることを強調した。エルサレムからササン朝の都クテシフォンに持ち去られた聖十字架の奪回が、この戦争の大義名分とされたのである。

軍費の調達に成功したヘラクレイオスは、アヴァールの汗と和を結んだ上で、六二二年四月ペルシア遠征に出発した。六二八年の戦勝・講和に至るまで、皇帝はほぼ全期間にわたって戦場にあった。[19] ローマ皇帝がみずから軍隊を率いて戦場に姿を見せるということは、三七八年、皇帝ヴァレンスが西ゴートとの戦いに敗死して以来、絶えてなかった。ヘラクレイオスがこの遠征を、オリエントの属州の奪回を、いかに重視していたかがよくわかる。遠征中の六二六年、ペルシア軍とアヴァール人・スラヴ人の軍とが、陸海からコンスタンティノープルを包囲した。[20] 留守を預っていた総主教セルギオスの奮闘と堅固な城壁、優勢な海軍によって、この攻撃は撃退された。その時ヘラクレイオス自身は遠くアルメニア地方にいたが、コンスタンティノープルが危機を脱すると、今度はローマ軍がペルシア本土を衝く番であった。六二七年にヘラクレイオスは、クテシフォンをめざして南下し、一二月ニネヴェでペルシア軍に大勝、翌年一月ダスタゲルトを占領し、都クテシフォンに迫った。ササン朝の宮廷では敵の接近を前にして、クーデターが起り、コスロー二世は殺され、息子のカワードが即位した。新ペルシア王は、ローマ軍に休戦を申し入れ、占領地の返還を約束した。所期の目的を達したヘラクレイオスはコンスタンティノープルに戻り、壮麗な凱旋式を行なった。

オリエントの属州は回復された。しかし目をバルカン半島に向けると、なるほど六二六年の敗北後、アヴァール人はドナウ北方に退いていたが、スラヴ人は土着のギリシア人・イリリア人・トラキア人を追って、ほぼバルカン全域に定住したままであった。東方に全力を注いでいた間に、イタリアでもランゴバルト族が征服を進めていた。ヘラクレイオスの次の課題は、バルカン、イタリアの旧状回復であった。これが成功すれば、ユスティニアヌス時代の帝国が再現されたであろう。しかし新たな事態が東方で生じ、大ローマ帝国の復活は夢と消えた。新たな事態とは、イスラム教徒アラブ人の進出(21)である。

アラブ軍が帝国領内に姿を見せるのは六三四年からである。六三六年八月に、シリアのヤルムークでローマ軍は決定的な敗北を喫し、ヘラクレイオスもシリアを後にして、都へ戻らざるをえなかった。以降、彼は病の床から自分の長年の労苦の結晶が、次々と消えてゆくのをただ見守るだけであった。アラブ人の征服はシリアからパレスチナ(六三七—八年)、ローマ領メソポタミア、アルメニア(六三九—四〇年)にも及んだ。四〇年代に入るとエジプトにもアラブ軍が侵入した。六四二年九月には全エジプトがアラブ人の支配下に入った。征服者アムルは、カリフのオマールに宛てて、「私は形容することも語ることもはばかられるような町を占領しました(22)」と、アレクサンドリア占領の感激を伝えている。

かくも短期間にオリエントの属州が失われた原因は、ササン朝ペルシアとの長期の戦いによる国力の疲弊に加えて、すでにみたようなこの地方の住民の帝国支配に対する不満に求めることができる。彼らはアラブ人侵入者を、自分たちを帝国の支配から解放してくれる者として歓迎したとさえいわれている。ヘラクレイオスは、オリエント文化圏を保持するという目的で、従来から単性説との和解を試みていたが、六三八年、有名な『エクテシス』を発布し、単性説に近い「単意説」を正統教義と定めた。[23] しかし『エクテシス』も所期の効果はなく、皇帝は失意のうちに、六四一年二月、その生涯を終えた。

三　ヘラクレイオスの後継者の時代

ヘラクレイオス没後の帝位争いは、彼の孫のコンスタンティノスが皇帝になるに及んで解決した。このコンスタンティノス（一般にはコンスタンス二世と呼ばれる、在位六四一—六八）及びその子のコンスタンティノス四世（在位六六八—八五）の時代は、ビザンツ史の暗黒時代である。我々の用いる「史料」では、皇帝・宮廷のことは詳しく、地方・民衆のことはほとんど記されないのであるが、この時期については皇帝のことすらよくわかっていないのである。[24] 一例を挙げよう。ポゴナツス（ひげを生やした人）とあだ名された皇帝コンスタンティノスとはコンスタンティノス四世のことであると、今世紀初めまで考えられてきた。事実ビザンツ人自身の中にも、コンスタンティノス四世をポゴナツスと呼んでいる著作家が少なくないのである。一九〇八年、E・W・ブルックスの論文[25]が出されて、ポゴナツスと呼ばれたのはコンスタンティノス四世ではなく、コンスタンス二世であることが明らかになり、ビザンツ人自身も含めての長年の誤解が解けたのである。

これほどにまでも帝国を混乱に陥し入れたのは、アラブ人の侵入であった。アラブ人はコンスタンス二世時代の前半に、著しい膨張を示した。とくにシリア総督ムアウイアが艦隊を創設するに及んで、帝国は存在そのものを脅かされるに至った。六五五年、小アジア南西沖での両国艦隊の最初の本格的な海戦は、アラブ側の大勝利に終わり、この戦いを指揮していた皇帝は、一水夫と服を取り換えて戦場を離脱したと伝えられている。[26] アラブ艦隊の次の目標はコンスタンティノープルであった。しかしアラブ人側の内紛のため、それは二〇年近く遅れることになる。東方国境に一時的な平和が訪れた。

コンスタンス二世は西方に関心を寄せた。彼は、ヘラクレイオスが発布した単性説寄りの『エクテシス』を廃止し、両性説に近い『テュポス(信仰箇条)』を発布した[27](六四八年)。皇帝は『テュポス』によって、オリエントの単性説と西方の両性説を統合しようとしたのである。しかし単性説派はもちろん、ローマ教皇マルテヌスも『テュポス』の承認を拒んだ。皇帝はラヴェンナ総督に命じて教皇を捕えさせ、コンスタンティノープルで裁判にかけ、大逆罪に問うて、ケルソン(クリミア半島)へ流した。その後、皇帝は六六一年ないし六六二年に都を去って、テサロニカ、アテネ、ナポリを歴訪したのち、六六三年七月ローマを訪れた。都市ローマにローマ皇帝が入ったのは、西ローマ帝国滅亡後はじめてのことであった。しかし皇帝はローマには一二日間しか滞在せず、シチリア島に渡り、六六八年にその地で暗殺されるまで、シラクサの町に宮廷を営んだ。彼のローマ行、シラクサ遷都は、当時なおギリシア文化圏とラテン文化圏が一体のものであったこと、両文化圏を含むローマ帝国の支配（オリエント文化圏への支配は失ったが）が存在していたことを示している。しかし同時に、彼の悲劇的な死は、この世界もすでに解体へと向いつつあったことを暗示しているかのようである。(28)

コンスタンス二世の末年から再開されたアラブ人の侵入は、続くコンスタンティノス四世時代に入ると一段と激しくなった。六七四年、アラブ艦隊のコンスタンティノープル包囲が始まった。冬が来ても軍勢は故国へ戻らず、都の近くのキュジコス半島で越冬し、翌年春から攻囲を再開した。同じことが六七八年まで繰り返された。六七八年にアラブ艦隊は大敗を喫し、根拠地も引き払って撤退する。この勝利をもたらしたものが、「ギリシア火」という新兵器であったことは余りにも有名であろう。六七四―八年のコンスタンティノープル攻防戦は、世界史的重要性をもつ事件である。もしコンスタンティノープルが陥落していたならば、ローマ世界の解体から新しい歴史的世界の形成に至る歴史は大きく変わっていたかも知れない。有名なツール・ポワチエ間の戦いも、コンスタンティノープル攻防戦に比べれば、辺境の一小事件に過ぎないのである。

アラブ軍の攻撃は撃退したものの、失われて久しいオリエント地方を奪回することが不可能なことは、もはや誰の目にも明らかであった。これまでの皇帝たちが、東方の人々の支持を得るために行なってきた単性説への配慮も、今や不必要と思われた。それよりも西方のラテン文化圏をしっかりと確保することが緊急の課題であった。六八〇年皇帝コンスタンティノス四世は都に宗教会議を召集し、教皇使節も参加して、正統信仰(両性説)の復活が決議された(第六回公会議)。[29]

コンスタンティノス四世時代には、バルカンの情勢にも変化があった。新たにブルガール族がドナウ国境に姿を見せ、コンスタンティノス四世みずから率いる遠征軍を破って、ドナウ以南に進出し、すでに定住していたスラヴ族を従えて国を建てた。ローマ帝国の伝統的な北の国境であるドナウ川より南に建てられた最初の独立国家である。[30]

父コンスタンティノスのあとを継いだユスティニアノス二世(在位六八五―九五、七〇五―一一)は、まずバルカン問題に着手した。六八八/九年、皇帝は大軍を率いて「スラヴの地」へ遠征し、テサロニカに到着した。都から陸路テサロニカへ行くためには軍隊が必要であり、かつ皇帝はテサロニカ到着を大きな成果として祝った[31]ということは、当時のバルカン、ギリシアの実情を伝えるものといえる。バルカンのスラヴ人をどのように帝国の支配・影響下に組み入れていくかということが、今後のビザンツ史の一つの焦点となる。

ユスティニアノス二世時代でさらに注目すべきはローマとの関係である。両者の関係は今回も宗教問題として現われた。ユスティニアノス二世も正統信仰に立ち、みずから「キリストの奴隷[32]」と名乗るほどであった。彼は六九一―二年にコンスタンティノープルで宗教会議を開き、異教起源の慣習の廃止などを決定した。[33] ところが正統信仰に基づいて開かれたこの会議をローマ教皇は承認しなかった。聖職者の結婚問題などが対立の原因だといわれているが、実際の原因はもっと深いところにあったと筆者は考える。ラテン文化圏がコンスタンティノープルの支配・影響から次第に抜け出し、独自の歴史的世界を形成しつつあったこと、皇帝と教皇の対立の根底にあったのは、このことに他ならない。ユスティニアノス二世は祖父コンスタンス二世に倣って、ローマ教皇を捕え、裁こうとして、ラヴェンナの総督に教皇逮捕を命じた。[34] しかし結果は惨めな失敗に終わった。ローマはもちろん、ラヴェンナの軍団も、教皇を捕えよという命令には従わなかった。コンスタンティノープルの皇帝は、イタリアにおいてかつてのような権威をもたなくなっていた。この事件は、ユスティニアノスの権威そのものに打撃を与えた。数年後、反乱が起り、彼は鼻を切られた上でケルソンに流された。かつてローマ教皇マルテヌスが流されたその地へ、今度は皇帝が流されたのである。この二つの事件を比べてみれば、イタリアにおける最高の権威が、コンスタンティノープルの皇帝からローマの教皇に移ったことがよくわかるだろう。一般には七二六年から始まる「偶像破壊論争」によって、皇帝と教皇は対立関係となり、イタリアはコンスタンティノープルの支配から離れてゆくといわれているが、すでに七世紀末に両者の分離は決定的となっていたのである。

ユスティニアノスの失脚後、帝国は混乱状態に陥った。カルタゴがイスラムの手に陥ち(六九八年)、続いて北アフリカ全域が失われた。帝国を構成していたラテン文化圏のもう一つの中心地が失われたのである。混乱を利して、ユスティニアノスは七〇五年、再び皇帝の位に就いた。しかし「鼻なしの」皇帝の出現も、帝国の混迷を一層深めただけで、ブルガリア王国の領土拡大、さらにはウマイヤ朝アラブ軍による二度目のコンスタンティノープル包囲(七一七―八年)によって、帝国は再び存亡の瀬戸際に立たされたのである。

四　まとめ

以上、第一―三項において検討してきた、五六五―七一七年、つまりユスティニアヌス大帝の死からレオーン三世の即位に至る期間は、最初にも述べたように、古代地中海世界＝ローマ世界が解体し、三つの新しい歴史的世界(西ヨーロッパ、ビザンツ、イスラム)が誕生する時代であった。この時期は次の三段階に区分することができる。

①五六五年にはローマ帝国(後期ローマ帝国)は、その支配下に三つの文化圏を包摂していた。ギリシア文化圏、オリエント文化圏、ラテン文化圏である。三世紀以降、ラテン文化の他民族・他文化への影響力、浸透力は低下し、三文化圏間の相違は次第に大きくなった。それに応じてこれらの諸地域を一つの政治的支配にまとめ上げることも困難になった。ローマ帝国の東西分裂はその現われである。しかしそれでもなお、それぞれの文化圏が完全に自立し、一つの歴史的世界をなすには至らなかった。ユスティニアヌス大帝がイタリア、北アフリカ、イベリア半島の地中海岸を奪回し、

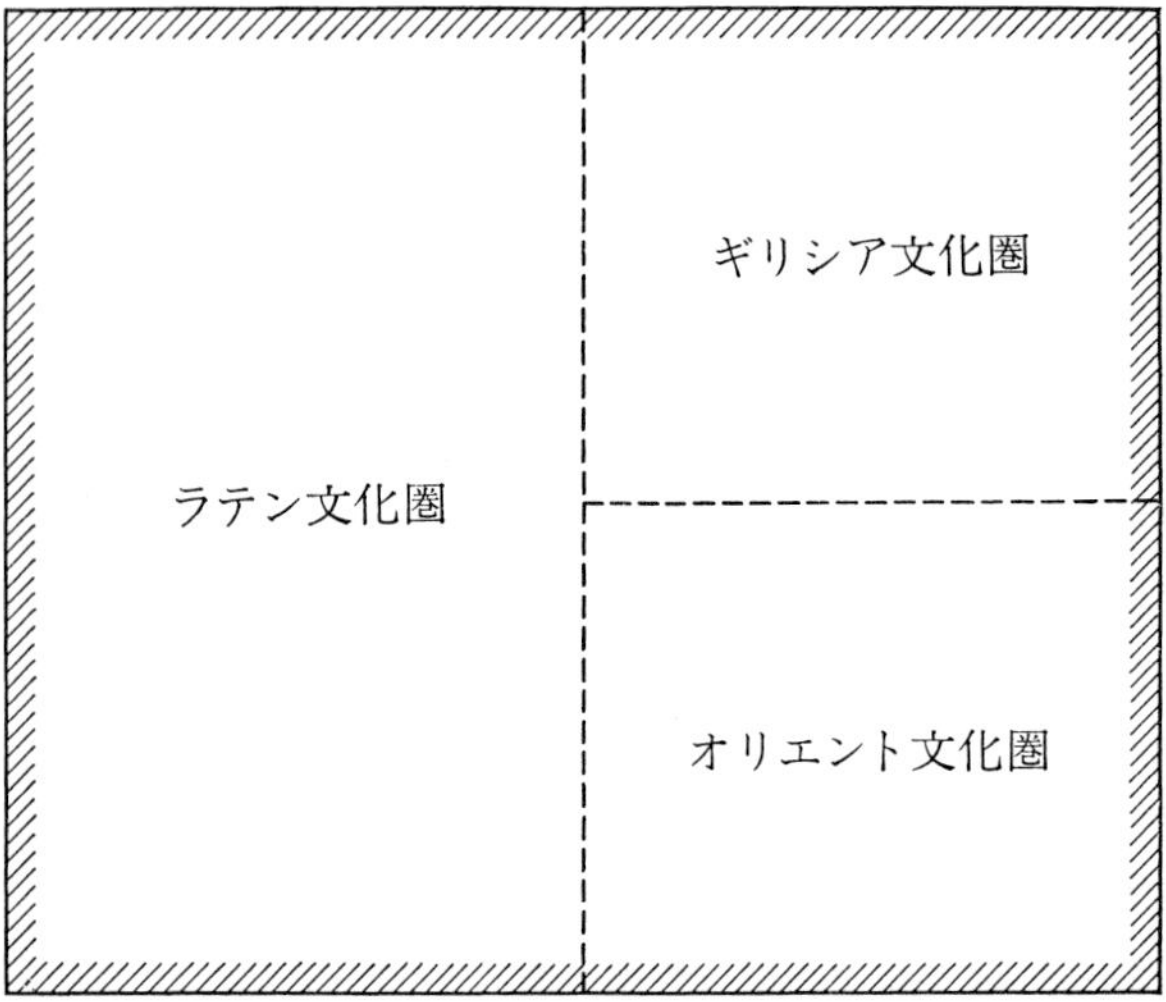

図1　6世紀半ばの地中海世界

コンスタンティノープルの支配下におくことができたのも、一つの統一体としてのローマ世界がなお存在していたからである。それゆえ、六世紀半ば頃の地中海世界は図1のように概念化することができるだろう。

②ユスティニアヌスの没後、ローマ世界には大きな変動が生じた。各文化圏の自立性は一層強まり、また多くの民族がこの世界へと侵入してきた。シリア、エジプトのキリスト教単性説異端は、オリエント文化圏の独自性の表明であり、イタリアにはランゴバルト族が侵入し、皇帝の支配を掘り崩していった。ユスティニアヌス以降の諸皇帝は、ローマ世界の一体性、世界帝国の存在を守るために、場合によってはオリエント属州に政策の重心をおいて、これらの

地方が帝国から離脱するのを食いとめようとし、逆にラテン文化圏との提携を深めて、ローマ世界の一体性を保持しようともした。

崩れつつあったローマ世界の一体性は、イスラム教徒アラブ人の地中海進出によって最終的に解体した。新しい歴史的世界が作られるためには、ローマ世界がもっていたイデオロギー＝キリスト教と根本的に異なるイデオロギーが必要であった。ローマ世界がキリスト教世界という形をとっていたから、この世界の否定は、キリスト教異端ではまだ不徹底であり、新しい宗教イスラムによってはじめて根底的に行なわれたといえるだろう。ヘラクレイオス帝の末年から、アラブ人の地中海進出は急速に進んだ。ヘラクレイオス帝は、アラブ人の進出を許す原因の一つが、シリア、エジプトの単性説派の、帝国政府への不満にあるとみて、単性説に近い教説をとり、オリエント属州の確保・奪回に努めたが、効果はなかった。シリアは六三六年、エジプトは最終的に六四二年にアラブ人の手に陥ちた。続いてアラブ人は小アジアにも侵入し、六七四―八年にはコンスタンティノープルを包囲した。しかしそれは失敗に終わり、アラブ人による全地中海世界の統一はならなかった。

同じ頃のギリシア文化圏とラテン文化圏の関係はどうであっただろうか。コンスタンス二世の『テュポス』をめぐる皇帝と教皇の争いにおいて、皇帝はローマ教皇を捕え、都コンスタンティノープルに連行した上で、裁判にかけ、流刑に処している。同じコンスタンス二世はその後ローマへ行き、シラクサに都を移した。これらの事件は、七世紀半ばにあっては、ギリシア文化圏とラテン

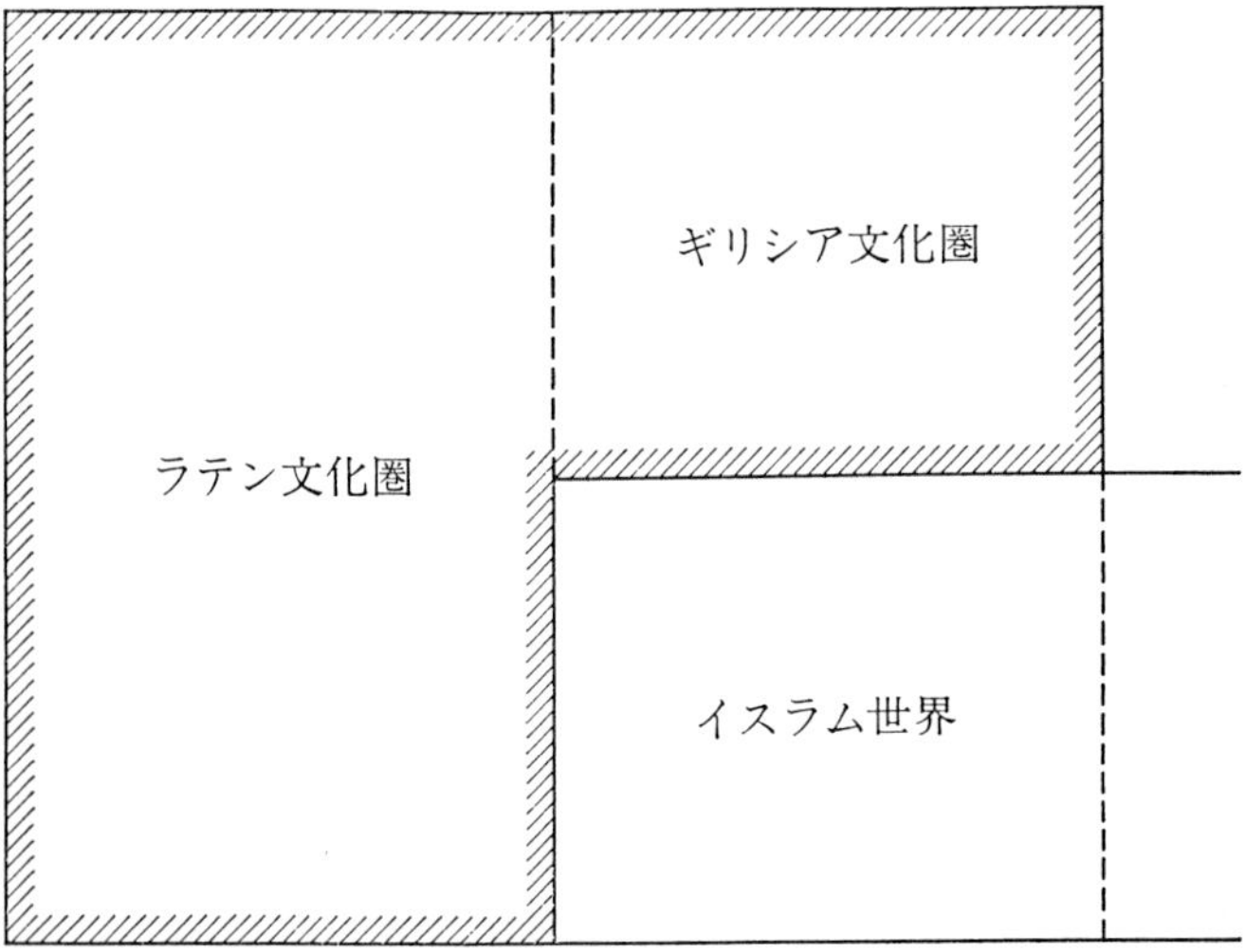

図2　7世紀半ばの地中海世界

文化圏を含む一つの支配がなお存在したことを示している。東方属州の奪回がもはや不可能であることを認識したコンスタンティノス四世は、従来の単性説寄りの教義を破棄し、両性説への復帰を行なったが、これは宗教的な面から、両文化圏を結びつけようとするものであった。

かくして七世紀半ば頃には、地中海世界はダマスクスとコンスタンティノープルという二極構造を示した。図示すると図2のようになる。

③しかしラテン文化圏もまた、コンスタンティノープルの支配・影響から次第に脱け出してゆく。帝国自体がヘラクレイオス時代以降ギリシア化していったこと、アラブ人との戦いに忙殺されて、西方に対して

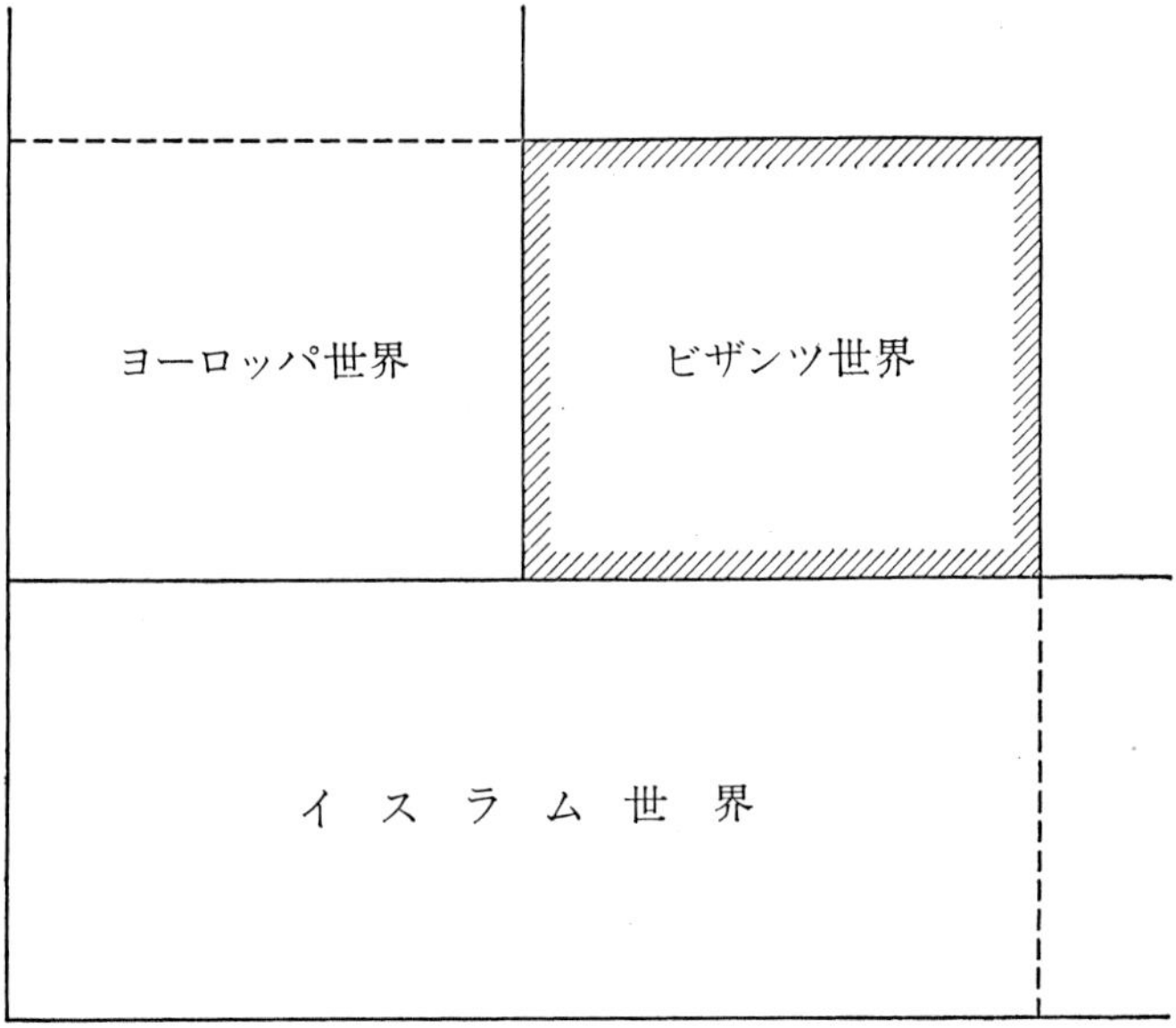

図3 8世紀半ばの地中海世界

充分な力をさけなくなったことも、この分離を進めることになった。六九一―二年にユスティニアノス二世が開催した宗教会議をめぐる皇帝と教皇の対立は、両文化圏の分離を象徴している。力ずくで教皇を従わせようとしたユスティニアノスの失敗は、イタリアにおける皇帝の権威がローマ教皇の権威に及ばなくなっていたことを告げるものであった。ローマ教皇のこの権威が、やがて北方のフランク王国の実力と結びついて、西ヨーロッパ世界の成立に至るのであるが、それが完成するのにはなお時間がかかった。この過程は七二六年から始まる「偶像破壊論争」、七五一年のピピンの戴冠、同年のラヴェンナ総督府の消滅によって決定的となり、八〇〇年のカールの戴冠、(西)ローマ帝国の復活で最終的に完成する。

かくしてローマ世界は解体し、三つの新しい歴史的世界が成立するのである。その画期は八世紀半ばに求めてよいだろう。図示すると図3のように表わされる。

以上、ビザンツ世界の形成を外側から考察してきた。我々は次に、この世界の形成を内側からみなければならない。第2節では、ビザンツ世界を構成する新しい民族、スラヴ人をとりあげ、第3節ではこの世界を主導し、支配する国家の問題をとりあげることにする。

2 スラヴ人の侵入・定住

一 課題

古代地中海世界には多くの民族がいた。ローマ帝国支配層は、それぞれの民族に対して政治的な支配を行なっただけではなく、経済的・文化的な指導者としても臨んでいた。各民族、とくにその上層は積極的にラテン語を学び、ローマ文化の摂取に努めた。ローマ人も、さまざまの形で諸民族の中に入り込み、彼らのローマ化を促進した。帝政初期のガリアに、我々はローマ化・ラテン化の典型的な例を見ることができる。

三世紀以降、ローマ人・ラテン文化の、他民族・他文化同化能力は衰えた。古い伝統文化をもつ東部の諸州（エジプト、シリア、ギリシア）は、独自の文化圏としての性格を強め始める。ローマ帝国の分割統治が始められた背景にはこのような事情があった。それにもかかわらず単一のローマ世界という観念は、帝国のキリスト教採用によって補強され、西ローマ帝国の滅亡後も存続した。ユスティニアヌス大帝による西方領土の回復は、このローマ世界という観念を現実のものにしたといえよう。六世紀半ばの地中海世界の言語・文化状況は次のようであった。東部においてはヘレニズム的要素が強くなっており、ギリシア語が日常に使用されていたが、この世界全体の言語、帝国の公用語としては、なおラテン語が用いられていた。古代地中海世界は姿を変えつつも連続していた。それを支えていたのは、ローマ文化であり、キリスト教であり、地中海商業であった。

六世紀末から七世紀にかけて地中海世界は大きな変動を体験した。古代地中海世界＝ローマ世界は最終的に解体し、新しい歴史的世界が誕生した。この点については、H・ピレンヌの学説がよく知られている。[35] 地中海商業の連続・断絶を基準として、ローマ世界の連続・滅亡を論じ、アラブ人の地中海進出によって、ヨーロッパ世界が生まれたと結論する、いわゆるピレンヌ－テーゼに対しては批判も多い。ピレンヌが取り上げた商業上の個々の論点は、ほぼ論破されてしまったかの観もある。[36] しかし前節においてみたように、コンスタンティノープルを中心として六―七世紀の地中海世界の歴史をたどれば、イスラム教徒アラブ人の地中海への進出こそが、オリエント属州はもちろん、西方のラテン地域をも、コンスタンティノープルの支配から離脱させたといってよい。この過程は西方からみれば、ピレンヌのいう「ヨーロッパ世界の誕生」に他ならず、コンスタンティノープルからみれば、ビザンツ世界の成立であった。

したがって、アラブ人の地中海進出によって、新しい歴史的世界、ビザンツ世界が誕生したと考えることは誤りではない。しかしビザンツ世界の形成には、もう一つの重要な要因が働いたことを忘れてはならない。それは六世紀後半から七世紀にかけての、バルカン半島へのスラヴ諸部族の侵入・定住である。これもまたラテン文化圏とギリシア文化圏の分離を促進したのである。しかも一層重要なことには、スラヴ人は単なる外因にとどまらず、ギリシア人・ギリシア文化などとともに、ビザンツ世界を構成する重要な要素となった。そこでとくに一節を設けて、ビザンツ世界の形成に寄与し、成立後のビザンツ世界の重要な構成要素となったスラヴ人が、どのようにしてローマ世界に入り、ローマ世界を解体させたのかを概観しておきたい。

我々がスラヴ人の侵入・定住の歴史を研究する場合、二つの困難がある。一つは、「史料」が少ないことである。侵入時にはスラヴ人はまだ文字をもっていなかった。彼らの行動についてはローマ・ビザンツ側の記録に頼らなければならないが、こちらも決して詳しくはない。まとまった史料としては、『モネンバシア年代記』(37)『聖デメトリオスの奇跡』(38)『帝国統治論』(39)があるが、いずれも同時代史料ではなく、かなりのちに書かれたものである。文献史料を補うものとして、地名学・考古学などの研究成果も「史料」として利用されているが、それでもなお充分とはいえないのである。さらに右の点とも関連して、第二の問題がある。スラヴ人の侵入・定住に関する研究が進んでいるのは、もちろん、スラヴ諸国であるが、スラヴ系の研究者の主張には、我々からみて、民族主義的な色彩が強いように思われる。彼らは自分たちの祖先の果した歴史的役割を大きく評価しようとする傾向にある。スラヴ人の侵入・定住が、奴隷制から封建制への社会構成の発展をもたらしたと主張する人々もいる。(40) 他方、ギリシア系の研究者の中にも、民族主義的な傾向はみられる。彼らは逆に、スラヴの要素・役割を低く評価し、ギリシア的要素を強調しがちである。

「史料」の制約、これまでの研究の特徴に留意しつつ、できる限り正確に、七世紀バルカンにおけるスラヴ人問題を考察することが、本節の課題である。

二　スラヴ人の侵入・定住の過程

スラヴ人のバルカン侵入・定住が始まるのは六世紀からである。まずそれに至るまでのバルカン半島の状況を、簡単にみておきたい。(41) 四世紀のバルカン半島は、中央部を東西に走るバルカン山脈を境として、南では、ギリシア人、ギリシア化されたマケドニア人が住み、ギリシア語が用いられていたのに対して、北では、東にトラキア人、西にイリリア人がいたが、数百年にわたるローマの支配下で、いずれもラテン語を話すようになっていた。このような言語・文化状況にあった半島へ、四世紀以降多くの民族が北から入ってくる。

四世紀後半、西ゴート族が帝国の同盟者としてドナウを渡った。いわゆる民族移動の開始である。彼らは三七八年にはアドリアノープルで皇帝ヴァレンスを敗死させたが、バルカンには長く留まらず、イタリアへ向い、四一〇年には有名なローマ攻略事件をひきおこした。西ゴートが去った後、フン族がドナウ国境に姿を見せ、五世紀前半には彼らの侵入・掠奪が毎年のように続いた。アッティラの死によってフン族の大帝国が解体したあと、五世紀後半には東ゴート族がバルカンに入ってきた。東ローマ皇帝ゼノンは、東ゴートの族長テオデリッヒにパトリキウスの称号を与え、イタリアに向わせた。ゲルマン民族(東・西ゴート)は、バルカンにはさほどの影響は残さず、西方へ去っていった。しかし一連の侵入、とくにフン族の掠奪によって、バルカン、ことにその北部は荒廃し、のちにスラヴ人が定住するのを容易にしたといえよう。

バルカン半島に最終的に定住したのは、スラヴ人であった。スラヴ人は五世紀末頃ドナウ国境に姿を見せはじめ、フン族の後裔ともブルガール族ともいわれる、クトリグール族・ウティグール族とともに、六世紀初めからドナウを越えて、ローマ領へ侵入し始めた。ユスティニアヌス大帝が西方領土の奪回に力を注いでいる間に、スラヴ人とクトリグール族は、一体となってバルカン各地を掠奪し、テサロニカやコンスタンティノープルにまで攻撃は及んだ。彼らは定住地を求めていたが、都市・要塞を攻略する技術をもたなかったこと、都市・要塞をつなぐ街道がローマ軍の手にあったこと、正面からの戦闘ではローマ軍に勝てなかったことにより、ドナウ以南には定住することはできず、ドナウの北に根拠地をもっての掠奪に終始していた。このような状況に変化をもたらしたのは、モンゴル系遊牧民アヴァール人の到来である。

アヴァール人は中央アジアにいた頃に、中国やササン朝ペルシアと接触し、その影響を受けていた。彼らは都市・要塞を攻略する技術をもち、また一人の汗(王)を戴いて、国家を形成していた。ローマにとって容易ならざる敵であった。ドナウ北方の諸民族を従えたアヴァール人は、五七三／四年に、ローマ軍がササン朝ペルシアに大敗を喫したのをみて、ドナウを渡った。五八二年にはドナウ国境線の最重要都市シルミウムが陥落し、引き続いてシンギドゥヌム(現ベオグラード)以下の町も陥ち、ドナウ国境は放棄された。アヴァール人とともに多数のスラヴ人がバルカン半島になだれ込んだ。五八六年にはテサロニカが包囲され、八七年にはペロポネソス半島のコリント、パトラスの町、バルカン東部のドリュストロン、マルキアノポリスも陥落した。(42)

ササン朝との戦争が終結した五九一年以降、ようやくマウリキウス帝はドナウ国境の再建に着手した。同じくアヴァール人の侵寇に悩まされているフランク王国と同盟を結んだのもこの頃である。(43)戦況は一進一退であったが、結局、六〇〇／一年に和平条約が結ばれ、ドナウを国境とすること、皇帝はアヴァールの汗に年金を支払うことが定められた。(44)この条約によってアヴァール人はいったんドナウの北へ撤退した。しかしアヴァール人とともに侵入してきたスラヴ諸部族も北へ帰ったのかという点については、スラヴ人が強制的に北に戻されたという史料がないことから、彼らは半島一帯に定住したままであったという説[45]と、荒廃地に平和的に定住した者を除いて、すべての侵入部族は北へ引き揚げたという説[46]が対立している。『モネンバシア年代記』は、ペロポネソス半島のパトラスの町の破壊と再建について、「ペロポネソスに侵入した者たち(アヴァール人・スラヴ人)は……良きギリシア人を追い払い、……みずからそこに住みついた」「かくしてアヴァール人は、ペロポネソスの住民を征服したのち、ローマ人の皇帝にも他の誰にも服することなく、その地に二一八年留まった。つまり六〇九六年、マウリキウス帝の第六年(五八七年)から六三一三年、古ニケフォロス帝の第四年(八〇五年)までである[47]」と記しており、スラヴ人は六〇〇/一年の条約とは関係なく、定住し続けたとみるべきであろう。事実、条約締結後もローマ軍は、ドナウ北方で作戦を展開しているが、これは北へ帰ろうとしないスラヴ人に対して圧力を加えようとしたものだったと思われる。

しかし実際のところ、六〇〇/一年にスラヴ人が北へ追い払われたかどうかは、さして重要な問題ではない。というのは、六〇二年にドナウ国境の軍団が反乱を起こし、フォーカスという人物を皇帝に戴いて、国内に攻め入ったため、ドナウ国境はガラ空きとなったからである。再びアヴァール人とスラヴ人の侵入が激しくなった。「……アヴァール人がトラキアを荒して、……ローマ人の軍団を徹底的に破った[48]」と年代記は伝えている。

六一〇年にフォーカスに代ってヘラクレイオスが即位したが、バルカンの状況は悪化する一方であった。『聖デメトリオスの奇跡』は、「ヨハネスが主教であった時、数え切れない程多くのスラヴ人が蜂起した。……彼らは一本の丸太から船を作り、武器をもって海に乗りだし、全テサリア、その周辺の島々、ヘラス周辺の島々を荒らした。キュクラデース諸島、全アカイア、エピルス、そしてイリリクムの大部分、さらにアシアの一部をも掠奪したのである[49]」と伝えている。記事には日付がないが、セビリアのイシドルスの年代記の「このころ紀元六五三〔ママ〕年、かの皇帝(ヘラクレイオス)の四年、スラヴ人がギリシアを占領した[50]」という記事に対応するものと思われる。スラヴとアヴァールは共同で、テサロニカなどの都市を包囲した。テサロニカは攻撃によく耐えたが、内陸のサルディカ、ナイソスなどは失われた[51]。同じ頃、アドリア海岸、ダルマティア地方にもアヴァール人とスラヴ人が侵入した。六一四年ダルマティアの中心都市サロナが陥落し、住民は海岸にあったディオクレティアヌス帝の宮殿にのがれ、そこを要塞化した。新しい町は宮殿にちなんでスパラトSpalatoと呼ばれた(今日のスプリット)。翌年エピダウロスも破壊され、人々は海岸沿いの安全地帯にラグーサ(崖の町の意、今日のドブロブニーク)を建てた[52]。こうしてバルカン西北部でも、沿岸の安全地帯にローマ人の要塞都市が点々と残っただけで、それ以外はアヴァール人、とりわけスラヴ人の住むところとなったのである。

　東方属州の奪回に全力を注いだヘラクレイオス帝は、バルカン問題にはほとんど手を付けなかった。これを、六二六年のコンスタンティノープル包囲戦の敗北によってアヴァール人とスラヴ人が打撃を受け、バルカンの危機が去ったためであるとする見解もある。[53] 確かに六二六年の敗北は、バルカンにおけるアヴァールの支配の終わりを告げるものであった。しかしその配下にあったスラヴ人はその後も変わることなく、バルカンに定住し続けていた。ヘラクレイオスはアヴァール人とは違って、スラヴ人の存在はさほど危険視しなかった。スラヴ単独の力では、まだ帝国の存在を脅かすものではないと考えていたのである。それゆえ、ヘラクレイオスがバルカンを放置していたことをもって、アヴァール人とスラヴ人が北方に追われ、帝国の支配が確立していたことの証左とするのは正しくない。

ヘラクレイオスのバルカン政策で注目すべきは、アヴァール人に対する同盟者として、スラヴ人を積極的に利用したことである。「夷をもって夷を制する」という帝国の伝統的な政策がここにも現われている。同帝の末年に、ボヘミア、ザクセンにいたクロアティア人・セルビア人がアヴァール人に対する同盟者として招かれた。[54] しかし、最終的にダルマティア、モラヴァ川地方に定住した彼らに対して、帝国の支配がどれ程及んだのかは疑問である。同じ頃、ブルガール族の長に対して、称号と贈物を与え、アヴァール人に対する反抗をそそのかせている(後述)。

こうしてヘラクレイオスの時代には、スラヴ人のバルカン定住がほぼ完了した。最後に、七世紀半ば頃におけるギリシアのスラヴ人の姿を伝える、一つのエピソード[55]を紹介してこの項を終えたい。テサロニカの近くに平和的に住んでいた、スラヴ部族の長ペルブーンドスが、帝国に対し謀反を企らんでいるという訴えが出された。皇帝は彼を捕え、都へ連れてこさせた。そこで、スラヴ人とテサロニカのギリシア人とは共同で都へ使者を送り、ペルブーンドスのためにとりなした。アラブ人との戦争を準備していた皇帝は、戦争が終わったら釈放するとだけ答えて、彼を都に留めておいた。ところが、ギリシア語が話せ、ギリシア人と同じような服装のペルブーンドスはたやすく都を脱けだすことができた。しかし彼は見つかり、都へ連れ戻された。再度逃亡しようとして失敗した彼は、結局処刑されてしまう。ペルブーンドスの処刑の知らせを聞いて、スラヴの各部族は蜂起し、テサロニカに迫った。皇帝が派遣した艦隊もテサロニカに食糧補充を行なうことができなかったため、町の人々は友好関係にあったスラヴ部族に食糧供給を依頼している。第五インディクティオの年七月二五日から三日間、テサロニカはスラヴ人の攻撃を受けたが、神の加護によって(と史料は伝える)町は救われた。

七世紀半ば頃、テサロニカ周辺には多くのスラヴ人が住んでおり、農業を行なっていた。彼らは農産物の販売などを通じて、都市テサロニカのギリシア人と交渉をもった。ギリシア語を話し、ギリシア風の服装をしていたということから、スラヴ人の同化も進みはじめていたことがわかる。スラヴ人のギリシア化、キリスト教化、帝国支配への編入は、今後のバルカン、ギリシアの歴史の中心的な問題となる。

三 ブルガール族の到来と建国

七世紀後半、ドナウ川の南に建てられた第一次ブルガリア王国は、ビザンツ世界の歴史において重要な役割を果した。ここでは、ブルガリア王国建国までのブルガール族の歴史を簡単にみておこう。ブルガール族はトルコ系の民族である。六世紀のローマ側の史料には、ブルガールの名は見えないが、スラヴ族とともにバルカンに侵入したクトリグール族・ウティグール族は、ブルガールであるともいわれている。

七世紀に入ってもブルガール族の行動には不明な点が多い。六三五年頃のこととして、ニケフォロスの『歴史抄録』は次のような記事を載せている。

「オルガノスの甥にして、ウーノグーンドゥーロス族(ブルガール)の長、クーヴラトスはアヴァールの汗に対して反抗した。彼は自分の従者たちに汗を侮辱させたために、みずからの土地を追われた。クーヴラトスはそこでヘラクレイオスに使節を送り、生涯にわたって友好・平和を守るという申し出を行なった。というのも、ヘラクレイオスは、以前にクーヴラトスに贈物を与え、パトリキオスの称号を与えていたからである。[56]」

アヴァール支配下の諸民族をそそのかせて、汗に反抗させようというのは、ヘラクレイオスのバルカン政策の基本であった。

『聖デメトリオスの奇跡』にもよく似た事件が伝えられている。[57] それによると、かつてスラヴ人とアヴァール人がイリリア地方を荒らし、その地の人々を遠くパンノニア・ドナウ地方に連れ去ったことがあった。連れてゆかれた人々は、故郷をはなれた土地で、みずからの宗教・民族性を保ったまま集団生活をしていた。連行から「六〇年ないしそれ以上のちに」、アヴァールの汗は、クーヴェルという人物にこの集団をまかせた。クーヴェルはそれを利用して汗に背き、戦いに勝って南下し、ローマ領に入ってテサロニカに迫った。しかし彼の下にいたギリシア人たちは、祖国に戻れたので、もはやクーヴェルの指揮には従わなかった。ローマ領内に支配を樹立するという彼の目論見は成功しなかった。

ニケフォロスの伝える六三五年頃の事件と、『聖デメトリオスの奇跡』の事件とはよく似ている。そこでこの両者は同一の事件、クーヴラトスとクーヴェルは同一人物であるという説も有力である（H・グレゴワール、P・ルメルル）(58)。ルメルルらは、日付のはっきりしない「クーヴェル事件」の年代を次のように推定した。「アヴァール人によってイリリア地方の人々が、パンノニアに連れ去られてから、六〇年ないしそれ以上たっていた」を年代推定の根拠とする。侵入は五七〇年代におこった。それに六〇年を加えると、「クーヴェル事件」はヘラクレイオス帝の末年、「クーヴラトス事件」と同じ頃のことと考えられる。このような推論に対しては、多くの異論が出された。侵入・連行事件は五八四年のこととする説(59)、六一九年とする説(60)もあり、それによれば、「クーヴェル事件」はそれぞれ、七世紀半ば、七世紀の末ということになる。

筆者は次のように考える。確かに五七三／四年にローマ軍がササン朝に大敗を喫した時に、アヴァール人はドナウを渡り、帝国領に侵入した。しかしドナウ・パンノニアの中心都市シルミウムの陥落(五八二年)以前には、ギリシア人をその地へ連行し、定住させることは不可能であった。それゆえ連行より六〇年以上のちという「クーヴェル事件」は、ヘラクレイオス時代(六一〇―四一年)ではありえない。また、クーヴラトスはヘラクレイオスよりパトリキオスの称号を与えられているが、クーヴェルについてはそのような記録はない。ビザンツの著作家はこのような問題には敏感であったことを考えるならば[61]、両者は別人であったと結論してよいだろう。

初期ブルガールの族長に関する記録にはあいまいな点が多いが、ニケフォロスの『歴史抄録』三三ページの「コヴラートス」、テオファネス『年代記』三五七ページの「クロヴァトス」[62]は、先にみたクーヴラトスと同一人物と考えられる。ニケフォロスとテオファネスはともに、コヴラートス＝クロヴァトス＝クーヴラトスに五人の子供があったと記し、その四男について、ドナウ川を渡り、パンノニアに行ってアヴァールの汗に服した、と伝えている。名前は記されていないが、この四男こそが問題のクーヴェルであったと筆者は考えたい。なおブラウニングは、マダラにあるブルガリア王国第二代の王テルヴェル(クーヴラトスの三男アスパルフ〔後述〕の息子)の碑文を、クーヴェルはクーヴラトスの四男という説の傍証としているが、碑文の読み方などに問題があり、根拠としては用いがたい[63]。

以上より「クーヴェル事件」はヘラクレイオス時代ではないことが明らかとなった。残る二つの説(七世紀半ば、七世紀末)のいずれが正しいかは、現存史料では決定しがたい。今後の研究課題としておくことにする。

さてクーヴラトスの三男のアスパルフは、他の兄弟が各地へ去ったのちも、ドナウ下流左岸に留まっていたが、東方からハザール族に圧迫されたため、六七〇年代からドナウ渡河の形勢を示した。六七四―八年のアラブのコンスタンティノープル包囲を撃退したコンスタンティノス四世は、六七九年に陸・海軍を動員して、大規模な対ブルガール遠征を行なった。しかし所期の成果はあがらず、皇帝の病のため撤退を余儀なくされた。撤退を始めた帝国軍は、ドナウ渡河中を襲われて大敗を喫した。ブルガール族はドナウ以南を一挙に征服した。[64]皇帝はアスパルフに年金の支払いを約束しただけではなく、ドナウ川とバルカン山脈の間の地方の領有をも認めなければならなかった。ドナウが北の国境であるということは建前としても崩れてしまった。ローマ人の土地にブルガリア王国という別個の支配が生まれたのである。確かにこの地域にはすでに多数のスラヴ人が定住しており、帝国の支配は実質的には消滅していたが、それでもこの事態は「ローマの恥辱」[65]であった。

六八一年に成立した第一次ブルガリア王国は、プリスカに都をおき、東は黒海、南はバルカン山脈、西はイスクール川に至る領土をもち、北はドナウを越えて支配を広げていた。第二代テルヴェル王の時代には、ビザンツの帝位争いに介入して領土をさらに南に広げ、王はカイサルの称号をも獲得している。(66) バルカン東北部に誕生した強力なブルガリア王国に対して、帝国政府は重大な関心を払わなければならなかった。帝国のヨーロッパ側に設置された最初のテマ＝軍管区は、テマ・トラキアであるが、それはブルガリアに対する備えとしておかれたものである。ブルガリア王国は今後、ビザンツ世界の歴史において大きな役割を果してゆく。なお忘れてはならないことは、バルカン東北部に定住したブルガール族は、その地にすでに定住していたスラヴ人に次第に同化していったことである。少数であったブルガール族征服者は、多数いたスラヴ人の中に融け込み、トルコ系という本来の性格を失ってしまった。

以上、本項でとりあげた七世紀のブルガール族の動向は、次のようにまとめられる。前半、ヘラクレイオス帝の時代には、彼らはドナウの北方でアヴァールの汗の支配下にあったが、族長クーヴラトスは、ヘラクレイオスの外交政策に応じて汗に反抗し、帝国と同盟を結んだ。世紀後半、彼の息子たちの時代になると、ブルガール族は帝国に公然と敵対し、四男クーヴェルは失敗したが、三男のアスパルフは帝国軍を破り、ドナウ以南に国を建てることに成功した。こうして成立した第一次ブルガリア王国は次第にスラヴ化していったが、ビザンツ世界において今後重要な役割を果すことになる。

四　スラヴ化の度合と歴史的意義

スラヴ人の侵入・定住の経過についての以上の考察をふまえつつ、次に、バルカン、ギリシアのスラヴ化がどの程度のものであったのかという、学界でも論争となっている問題をとりあげよう。これまでの分析は記述史料を中心に行なってきたが、年代記などの史料では個々の出来事はわかるものの、全体としてスラヴ化の程度がどうであったのかということはよくわからない。そのためには他の「史料」を用いる必要がある。ここでは文書史料をとりあげて検討したい。(67)

七世紀はすでにみたような混乱期であったから、残されている文書はきわめて少ない。しかし幸いにも右の目的に役立つ、二通の史料を我々はもっている。六八〇―一年及び六九一―二年の宗教会議決定への出席主教の署名リストである。(68)主教リストによって、スラヴ人の進出の度合が明らかになるというのは、次のような理由からである。すでにゼノン帝(在位四七四―五、四七六―九一)の法に、「すべての都市は独自の主教座をもつことを定める」とあり、同法令は『ユスティニアヌス法典』にも収録されている。同時代の記述史料にも、「都市すなわち主教座」という表現がしばしばみられ、主教座の存在をもって都市の存在を語ることが可能である。またスラヴ人はまだ都市をもたず、農村生活を営んでいたことを考古学は教えている。(69)もちろん彼らはまだキリスト教に改宗していなかった。それゆえ主教座＝都市の存在をもって、ローマ帝国の支配の存続を、その消滅をもって、スラヴ人の侵入・定住を語ることが可能となるのである。

第六回公会議(六八〇―一年)の決議に署名した主教は一七四名である。ところがそのうち、バルカン、ギリシアの主教の署名は、わずか一二名だけである。六九一―二年の宗教会議についても事情は同様で、署名した主教二一一名中、バルカン、ギリシアの主教はたった一二名。これを小アジアの主教と比べるとその差は歴然とする。(70) 小アジアの場合、第六回公会議、六九一―二年の宗教会議の出席主教リストは、四五一年の第四回公会議(於カルケドン)、五五三年の第五回公会議(於コンスタンティノープル)の出席リストとほぼ一致する。これに対して、バルカン、ギリシアは先にみたように、出席主教数は激減しており、これはアヴァール人の攻撃による都市の破壊、そしてスラヴ人がギリシア人その他の先住民を追って、この地域に定住したことの反映と考えられよう。

バルカン、ギリシアの出席主教座を地図の上でみてゆくと、地図2となる。計一八の主教座=都市は、首都近郊、黒海沿岸、ペロポネソス東部、そして首都とテサロニカを結ぶエグナティア街道沿いにかたまっている。これらの都市・都市群を中心とした地域がコンスタンティノープルの支配下に留まった地域と考えられる。逆にいえば、バルカン、ギリシアの大部分は帝国の支配の及ばない地域となったのである。そこではブルガリア王国の支配、スラヴ諸部族の自治が行なわれていた。

宗教会議署名から得られた結論を、他の史料によって裏づけておこう。断片的な情報を伝える記述史料とまず比較してみる。

①当時ギリシアは、「スラヴの地」と呼ばれることが多かった。(71) このことは、ギリシアのほぼ全域にスラヴ人が定住していたことを思わせる。

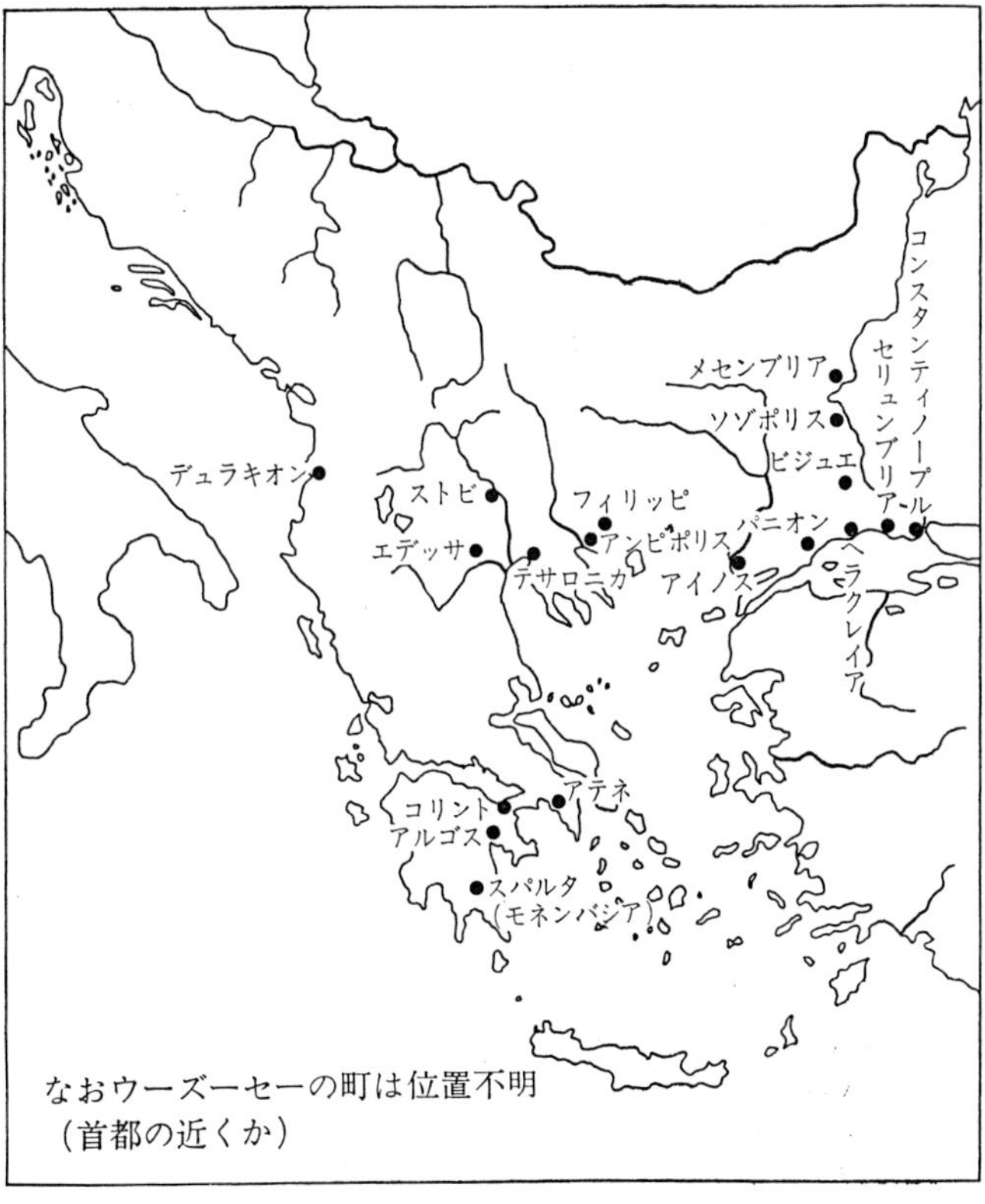

地図2　7世紀末のバルカンおよびギリシアの都市
(宗教会議出席主教座リストより)

②アラブ側の史料も、バルカンの荒廃ぶりについて、「マラキア(トラキア)地方は当時(七一七年)荒れ果てていた。そしてそのことがアル・クスタンティニア(コンスタンティノープル)のもっとも弱い点であった」[72]と伝えている。

③『モネンバシア年代記』は、「ペロポネソスの東部、コリントからマライオスにかけての地方のみは、その近づきがたい地形のために、スラヴ人がいなかった」[73]と記しているが、地図2はまさにこの地方における主教座＝都市の存続を示している。

④テオファネスの『年代記』六八八／九年の条には、「この年ユスティニアノスはスクラウィニアとブルガリアへ遠征した。そして……テサロニカにまで行った」[74]とある。それと関連して、同帝がトルコ系民族を東マケドニア及びストリュモン川地域に移住させたことも伝えられている。[75]地図2の主教座＝都市のうち、アイノス、フィリッピ、アンピポリスの三都市は、六八〇年の公会議署名リストにはみられず、九二年のリストに現われる。ユスティニアノス二世の「スクラウィニア(スラヴの地)遠征」によって回復された都市である。

以上簡単にみたように、記述史料の記事と署名リストとは確かに一致する。

地名学も地図2の正しさを裏づけている。ギリシアにおけるスラヴ起源の地名の分布をみると、エピルス、西ギリシア、西部ペロポネソス、テサリアに多く、東ペロポネソス、アッティカには少ない。[76]地図2に示された主教座＝都市の所在とスラヴ起源の地名の少なさとは一致する。

まとめると次のようになるだろう。スラヴ人は、バルカン、ギリシアのほぼ全域に定住し、コンスタンティノープルの支配の及ぶ範囲は狭くなった。定住はマウリキウス帝時代(五八二―六〇二年)に始まり、ヘラクレイオス帝時代初期に決定的となった。とくに多数のスラヴ人が定住したバルカン北部・内陸部では、先住民のイリリア人・トラキア人が姿を消してしまうほどであり、あとから来たブルガール人もスラヴ化されるほどであった。半島南部、ギリシアでも、多くの都市が破壊され、ギリシア人は四方へ亡命した。しかし南部では完全なスラヴ化はならなかった。東ペロポネソス、アッティカ地方、そしてテサロニカの町は、ギリシア人の手に残った。沿岸の岬・島もギリシア人の避難所となった。これらの町・要塞にギリシア人・ギリシア文化は残り、「スクラウィニア」の再ギリシア化・キリスト教化の拠点となる。それゆえギリシア人・ギリシア文化が七世紀にも優勢であり続けたとはとてもいえないが、かつて主張され、現在でもなお支持者のある、「現代ギリシア人の血管には、真のギリシア人の血は一滴も流れていない。彼らはヘレニズム化されたスラヴ人である」[77]というのも言い過ぎである。

次に、スラヴ人の侵入・定住の歴史的意義について考えてみよう。スラヴ人の侵入・定住は、ギリシア文化圏とラテン文化圏の分離、別個の歴史的世界への転生を進める要因となった。なぜなら、第一に、バルカン、ギリシアの大部分がスラヴ化したことによって、コンスタンティノープルとイタリアの間に大きな空白地帯が生まれたからである。第二に、バルカンにいたラテン語系民族イリリア人・トラキア人がスラヴの波の中に姿を消したことは、帝国のギリシア化を一層進め、ラテン文化圏との乖離を大きくしたからである。

スラヴ人の、バルカン、ギリシア進出は南イタリアの民族構成にも大きな変化を与えた。『モネンバシア年代記』も伝えるように、アヴァール人・スラヴ人に追われた人々が、南イタリア、シチリアへ集団で亡命したからである。七世紀に南イタリアは急速にギリシア化し[78]、イタリアが帝国から自立したのちも、ひき続きコンスタンティノープルを中心とする軌道の上を歩むことになる。

スラヴ人の侵入・定住の歴史的意義については、それが奴隷制社会から封建社会への社会構成の変化・発展をもたらしたとする説もある[79]。大量のスラヴ人の到来が社会に大きな影響を与えただろうことは推測できるが、果して生産様式・経済的社会構成体の変化をスラヴ人と結びつけて語ることができるかどうかは、関係史料の不足のため一概にいうことはできない。第二章第2節でこの問題に若干ふれる予定である。

最後に、定住したスラヴ人に対する帝国の働きかけについてひとことだけ述べて、本節を終えることにしたい。コンスタンス二世以降の歴代の皇帝は、帝国領に居住し、独自の生活を営んでいるスラヴ人に対して、実効的な支配を及ぼすことに努力した。スラヴ人をその支配・影響下に組み入れることが、七世紀以降のビザンツ帝国のもっとも大きな課題の一つであったといってよい。スラヴ地域への軍事遠征はもちろん、スラヴ人を小アジアのギリシア地域へ移すこと、スラヴ世界に都市を建設し、ギリシア系住民を植民させること、さらにはキリスト教の布教と、さまざまの方法で、帝国はスラヴ人に働きかけた。(80)

再ギリシア化あるいはビザンツ化は、バルカン半島の北部と南部では進み方が違った。ギリシア文化の伝統があり、かつギリシア人都市がいくつか存続した南部では、スラヴ人のギリシア化は確実に進んだ。これに対してバルカン山脈以北の地では、もともとギリシア文化の伝統はなく（ここはラテン文化圏）、かつスラヴ人の数も圧倒的に多かったため、再ギリシア化・ビザンツ化は困難であった。それでも九世紀にはキリスト教布教が成功し、その後、帝国領への併合も実現した。我々はそこに、ビザンツ帝国・ビザンツ文化の力強い姿を見ることができる。しかしそれにもかかわらず、バルカン北部・西北部のスラヴ諸民族は、一二世紀末に帝国から独立し、一四―五世紀にトルコ帝国に併合されるまでの間、それぞれの民族国家をもった。彼らはビザンツ世界の一員として文明社会に入り、成長した。彼らがこの世界から巣立ってゆく時、ビザンツ世界は姿を変え、ビザンツ帝国もその歴史的役割を終えて消滅するのである。

3　テマ制の起源

一　テマ制

第1節において古代地中海世界＝ローマ世界の解体からビザンツ世界の形成に至る過程を検討し、

第2節では新たに登場するスラヴ人の問題をとり上げた。本節では、新しい歴史的世界、ビザンツ世界を主導してゆく国家の問題を考える。この問題はローマ帝国に代わる新しい国家、ビザンツ帝国の形成の問題である。ローマ帝国のビザンツ帝国への転生については、いろいろな角度から考察することができるが、ここではテマ制の形成に焦点をあてて考察してみようと思う。なぜテマ制の形成という問題をとり上げるのか、またこの問題はどのような視角から検討されるべきなのかを、最初に簡単に述べておこう。

一〇世紀の初め、ビザンツ帝国は三一のテマ θέμα に分れていた(81)。テマとは地方行政の単位で、州・県にあたるものである。テマという言葉はもともと軍団を意味し、テマの長官はストラテーゴス(将軍)と呼ばれた。このことはテマの性格をよく示している。すなわちテマ制とは、全国をいくつかの地区に分けて、各軍団を駐屯させ、その軍団の司令官がその地の行政権も掌握するという制度であり、しばしば軍管区制と翻訳される。テマ制のもう一つの特徴は、ストラテーゴスの下で戦闘に従事する兵士は、給与の代わりに、一定面積の土地を与えられ、平時は自己及び家族労働をもってその土地を経営する農民でもあったことである。彼らは有事には装備を整えて、ストラテーゴスの下に馳せ参じる義務があった。

このようなテマ制度を後期ローマ帝国時代の軍事・行政制度(82)と比べてみよう。ローマの地方行政単位はプロウィンキアと呼ばれ、いくつかのプロウィンキアをまとめてディオエケーシス(道)がおかれていた。後期ローマ帝国においては、地方における軍事権と行政権は明確に区別され、一人の人物に両権が集中することのないよう配慮されていた。この措置は、帝国政府に対抗しうるような、強力な地方勢力の出現を防ぐためのものであったことはいうまでもない。さらに帝国軍兵士の多くは、ゲルマン人をはじめとするバルバロイ傭兵であった。彼らに対する給料の支払い、必需品の供給は政府の重要な仕事となった。後期ローマ帝国の、経済に対する国家統制は、軍隊の必要を満すためであったといわれている。

一〇世紀のテマ制と、後期ローマ帝国の制度とは、地方行政単位の名称はもちろん、行政権と軍事権の関係、兵士の給養方法においてはっきりとした違いを示している。支配体制のこの大きな変化は、ローマ帝国からビザンツ帝国への転生を集中的に表現するものといえよう。そのようなわけで本節では、テマ制の成立過程を考察することによって、ローマ帝国とは異なる新しい国家、ビザンツ帝国が、いつ、どのようにして誕生したのかを明らかにしたいと思う。

テマ制の成立という問題はいくつかのサブ・テーマに分けることができる。①軍管区＝テマの成立。テマという言葉は古典ギリシア語にはなく、比較的新しい言葉であるが、本来は軍団を意味していた。つまり軍団の一定地域への駐屯がテマ制の起源にあったのである。地域が担当軍団名で呼ばれるようになるのはいつか。②行政区＝テマの成立。テマの長官はストラテーゴス(将軍)と呼ばれている。本来、軍の司令官であった彼が、行政・裁判権も合わせもつようになるのはいつか。

③「兵士保有地」の成立。各テマの兵士が土地を与えられて、軍役を行なうという制度はいつ成立したのか。④以上の①〜③のような変化は、なぜ、どのようにして生じたのか。テマ制の起源をめぐる問題はこのように立てられるべきであろう。

二　オストロゴルスキー説と史料

テマ制の起源をめぐる研究史は長い。一九世紀から行なわれてきた長い論争において、画期的な段階をもたらしたのは、G・オストロゴルスキー説の登場である。彼はテマ制の起源について次のように説いた。(83)

六一〇年に即位したヘラクレイオス帝は、ササン朝ペルシアの、シリア、エジプト占領に対して早急に反撃にでる必要があった。しかし国庫には金はなく、従来のように、異民族の傭兵を用いることは不可能であった。そこで皇帝は、なお帝国の手に残されていた小アジアに、各軍団を駐屯させ、その地で兵士に土地を与えるという形で、軍の給養を行なった。この方法を効果的に行なうために、帝は各軍団の長(ストラテーゴス)に、その軍団の駐屯地・管轄地の行政権も委ねた。なぜならフォーカス帝時代の混乱によって、地方の行政機構は実質的に機能を失っていたからである。こうして軍団《テマ》が駐屯し、管轄する地域、その軍団のストラテーゴスが行政権も行使する地域が、各軍団の名をとって、テマ－何々と呼ばれるようになった。ヘラクレイオス時代に設置されたのは、小アジアの四つのテマ、オプシキオン、アナトリコン、アルメニアコン、カラビジアノン(海のテマ)である。テマ制の設置という、軍事・行政上の大改革によって、ヘラクレイオスはササン朝ペルシアとの戦争に勝利を得ることができたのである。なるほどヘラクレイオス帝の末年からイスラム教徒アラブ人という強力な敵が出現し、シリア、エジプトは再び失われはした。しかしテマ制が存在したからこそ、激しいアラブ人の侵入に耐え抜けたのであり、テマ制がいち早く設置された小アジアは、ビザンツの手に残ったのである。しかもテマ制は単なる軍事・行政制度の改革にとどまらず、広汎な小土地所有者階級を創り出した。この階級は七世紀以降のビザンツ国家を支える基礎となった。テマ制は、帝国の社会構造そのものの変化をも招来したのである。

以上のように述べてオストロゴルスキーは、テマ制を主要なメルクマールとして、ヘラクレイオス帝時代以降を中期ビザンツと呼び、それ以前の初期ビザンツ=末期ローマとを区分した。(84) さらにテマ制が解体する一一世紀をもって、中期と末期ビザンツの時期区分を行ない、一貫したビザンツ史像をこの時期区分に基づいて描き出したのである。

オストロゴルスキーはどのような史料に基づいて右のような結論を出したのであろうか。七世紀は史料の少ない時代である。彼が主に用いたのは次の二つの史料であった。

①『テマについて』。一〇世紀の皇帝コンスタンティノス七世が、当時の帝国の各地方=テマについて記したもの。各テマの歴史についてもふれられているが、テマの起源を直接論じたのは、次

のような記事である。(85)

A　（序文）「皇帝たちが戦場に出ることをやめた時に、ストラテーゴスとテマが創設された。」

B　（同）「リュビアの人へラクレイオスの治世以降、ローマ帝国は東西において狭まり、〔領土を〕切りとられた。彼以降統治した人々は、その統治権を一括して行使することをせず、みずからの支配と軍隊とを小さな部分に分割した。そしてギリシア化し、父たちの、ローマ人の言葉を捨てた。」

C　（第一のテマ、アナトリコンについて）「ローマ人の支配が、神を信じないアガレーノイ（イスラム教徒）によって切りとられ、引き裂かれ、縮小されはじめた時に、〔支配は〕分割されてテマが作られた。」

D　（同）「ユスティニアヌス帝の時代までは、すべては唯一の支配権の下にあった。マウリキウス帝の時代もそうであった。」

E　（同）「アガレーノイがローマ人に対して侵入を開始し、その村や町を破壊し始めた時に、時の皇帝たちは一つの統治権を小さく区分し、それをあるストラテーゴスに割り当て、アナトリコンと呼んだ。先に述べたように、ビュザンティオンに住む我々から東にあるからである。」

F　（第二のテマ、アルメニアコンについて）「いわゆるテマ－アルメニアコンはそれ自身の名をもたない。その名は古来のものではなく、境を接し、共に住んでいるアルメニア人からその名を得たのである。」

G　(同)「〔テマ－アルメニアコンは〕ヘラクレイオス帝及びそれに続く皇帝の時代に、このような名称を得たといえるように私には思われる。」

②テオファネス『年代記』。九世紀の初めに書かれたものである。テマの起源に関しては、次のような記事が注目に値する。[86]

A　(六一一／一二年の条)「〔軍隊の調査をしたところ〕簒奪者フォーカスに味方して、マウリキウスに対して反乱を企てた兵士は、すべてのテマ πᾶσι θέμασιν においてたった二人しか見つからなかった。」

B　(六二一／二二年の条)「〔ヘラクレイオスは〕帝都を出発し、ピュライというところまで船で行った。そしてそれからテマの地 τὰς τῶν θεμάτων χώρας に到着し、軍を集めて、彼らに新しい戦術を授けた。」

C　(六二六／七年の条)「皇帝はアルメニアコンのトゥールマルケースのゲオルギオスを派遣した。」

オストロゴルスキーは『テマについて』の記事から、テマはヘラクレイオスの時代に作られたと結論する。①のB・Gには、ヘラクレイオスの名がテマの起源とともに現われる。マウリキウス帝以前にテマはなかったという①のDの記事は、テマはヘラクレイオス帝時代に作られたことを示すものである(なおフォーカスは簒奪者であって論外)。アガレーノイの侵入の開始(①のC・E)もまたヘラクレイオス時代であった。[87]

続いて彼は、テオファネスの『年代記』から、テマが六一一—二二年の間に作られたことを主張する。テオファネスにテマという語が現われるのは、②Aが最初であるが、そこでは明らかに軍団という意味、つまりすべての軍団《テマ》を通じて二人しかいなかった、ということである。これに対して②Bではテマは地域を指している。それゆえ、六一一—二二年の間に小アジアの特定の地域に、テマ=軍団が駐屯させられ、テマ=軍管区が作られたと考えられる。②Cに、アルメニアコンの名とテマの役人がみえることも、それを傍証するものである。[88]

オストロゴルスキーは、軍管区、ストラテーゴスによる行政権、「兵士保有地」という要素を備えたテマ制の成立を、ヘラクレイオス帝の軍事・行政改革によるものとし、その成立時期を六一一—二二年(つまり対ペルシア遠征前)としたのである。

三　オストロゴルスキー説をめぐる論争

オストロゴルスキー説は明快であり、かつテマ制をビザンツ史全体の中に位置づけるという積極的な姿勢をもっていた。しかし彼が依拠したのは少数の、限られた、しかも後世に書かれた史料であったため、その解釈をめぐって多くの批判が寄せられた。テマ制をめぐる論争は、一九五〇年代にとくに活発となり、五八年の国際ビザンチニスト会議でも取り上げられている。また翌五九年に出版されたカラヤンノプーロスの『テマ制の成立』は五〇年代の研究、オストロゴルスキー批判の一つの頂点をなしている。[89] 六〇年代以降も、オストロゴルスキー支持説・批判説がさらに展開されており、[90] 今日でもなお結論はでていないといわざるをえない。本項では、まずオストロゴルスキー批判説を紹介したいと思う。

オストロゴルスキーの史料解釈に対しては、多くの批判が寄せられた。

①『テマについて』

(イ)確かにヘラクレイオスの名がテマの起源とともに述べられてはいる。しかし同時にアラブ人の侵入も述べられているのであるから、テマの設置はヘラクレイオス時代の末年である。なぜならアラブ人の侵入は六三〇年代半ばから始まったのだから。[91]

(ロ)「彼(ヘラクレイオス)以降統治した人々」によってテマ制は導入されたと、『テマについて』の著者は明言している。そこにはヘラクレイオスは含まれない。ゆえにテマ制は、コンスタンス二世、コンスタンティノス四世時代に成立したのである。[92]

(ハ)「皇帝たちが戦場に出るのをやめた時に」、テマはできた。ヘラクレイオス時代ではない。[93]

(ニ)『テマについて』は記事全体に混乱・矛盾がある。著者コンスタンティノス七世は、テマの起源については確かなことは知らなかったのである。たとえば、アルメニアコンがヘラクレイオス時代の名であることを述べた①Gには、δόκω(私には思われる)という語がついている。『テマについて』はテマ制の起源を論じる際の拠り所とはならない[94]。

②『テオファネス年代記』

(イ)九世紀初めの人テオファネスは自分の時代の用語である「テマ」を、七世紀の事件を叙述するのに用いたのである。現に、彼と同時代の人ニケフォロスは、ヘラクレイオス時代について「テマ」という言葉は用いていない。だから六二二年にテマがすでに存在したとはいえない[95]。

(ロ)六二二年の「テマの地」もテマ＝軍団の意である。なぜならその前年の条に、皇帝はペルシア遠征のため、ヨーロッパ側の軍をアジアに移したという記事があり、六二二年にはその軍団のいた地方へ行ったというだけのことである。この記事をもってテマ＝軍管区の成立と考えることはできない[96]。

(ハ)「アルメニアコンのトゥールマルケース」(②C)も軍管区としてのアルメニアコンとする必然性はなく、アルメニアコン軍団《テマ》と考えてよい[97]。

状況証拠もオストロゴルスキー説が成り立ちがたいことを示している。

(イ)ペルシア戦争前にテマが小アジアに設置されたというが、六二六年までは小アジアにはペルシア軍が出没しており、テマの設置は不可能であった(98)。
(ロ)六一八年頃、ヘラクレイオスはカルタゴへの遷都を試みている。このようないわば敗北的な行動と、新しい軍事・行政制度の施行、大改革とが、同一時期に同一人物によって行なわれたとは考えにくい(99)。
(ハ)ヘラクレイオスは戦争のために教会財産を利用したし、遠征中にはコーカサス地方で徴兵を行なっている。兵士給養方法を土地給付に切りかえなければならないという必然性は、当時なかった(100)。
(ニ)コンスタンティノス七世も述べているように、テマ制とは、本来あるべき単一の支配権を分割して、ストラテーゴスに委ねるものである。対ササン朝ペルシア戦争をみずから率先して戦ったヘラクレイオスが、そのようなことに甘んじただろうか(101)。
(ホ)もしヘラクレイオス帝によって新しい軍制、テマ制が作られていたならば、彼の治世末年のアラブ人の侵入にもっと強く抵抗できたであろう(102)。
批判者たちは以上のように、史料・状況証拠から、オストロゴルスキー説が成り立ちがたいことを指摘したのである。彼らの中には、さらに積極的に議論を展開する者もいた。
(イ)旧ローマ官制の文官職は、七世紀末―八世紀初になお史料に現われる。八世紀初めまでなお行政権と軍事権の区別はあり、ストラテーゴスの行政権行使はもっと後のことである(103)。

(ロ)八世紀前半に編まれた法典『エクロゲー』には、兵士の財産の処分に関する規定があるが、そこには「兵士保有地」という特殊な土地はみられない。ヘラクレイオスが「兵士保有地」の制度を創設したと考えることは、このことからも正しくない[104]。

批判者の多く(とくにカラヤンノプーロスに典型的にみられる)は、確実な記録を求めて、次のような結論に達した[105]。

(イ)地域が軍団名で呼ばれるようになる、つまり軍管区としてのテマの存在が確認できるのは、七世紀の末である。

(ロ)ストラテーゴスが行政権も握る、つまり行政区としてのテマの確実な初出は、八世紀の後半である。

(ハ)「兵士保有地」の確実な初例は、一〇世紀初である。

彼らは逆にすでにヘラクレイオス以前の時代にも、テマ制と同じ体制があったことを指摘する。たとえば、ラヴェンナ、カルタゴの総督府制は、軍事権と行政権の集中であり、ローマ帝国の国境防衛軍 limitanei は屯田兵制を早くからとっていた、と[106]。

こうして次のような結論が批判者たちによって、ほぼ一致して出されるのである[107]。テマ制は特定の皇帝(ヘラクレイオス)の改革によって一挙に作られたものではなく、長い時間かかって漸次成立したものである。ローマ的な制度とビザンツの制度の間には、はっきりした断絶はない。オストロゴルスキーの時代区分論とは対照的なこのような考えの基礎には、ローマとビザンツの連続性を認める、彼らのビザンツ帝国観があるように筆者には思われる。

続いてオストロゴルスキーならびに彼の説を支持する研究者の反批判を紹介したい。

①『テマについて』

(イ)コンスタンティノス七世は別の著作で、アガレーノイの最初の侵入を六二一年のことと書いている。だからアラブ人の侵入とテマの起源が結びつけられているからといって、テマの成立をヘラクレイオス帝の末年以降とする必要はない(108)。

(ロ)コンスタンティノス七世がヘラクレイオスの名を挙げつつ、δόκω(私には思われる)といっているのはレトリックであって、曖昧さの表現ではない(109)。

(ハ)ローマ帝国がギリシア語を公用語としたのはヘラクレイオスの時代である(110)。

②『テオファネス年代記』

(イ)テオファネスは決して自分の時代の用語法で、その『年代記』を書いたのではない。なぜなら彼は、ヘラクレイオス以前には「テマ」の語を一度も用いていない(111)。

(ロ)六二一／二年の条の「テマの地へ行った」という表現も、九世紀の用語法ではありえない。九世紀には全国にテマが存在したのであり、このような表現は意味をなさない。小アジアの一地域に最初のテマが設置された当時の表現とすれば、「テマの地へ行った」という言葉は意味をもつ。つまりテオファネスは七世紀の原史料を忠実に転写したのであり、その記事は一次史料としての価値がある。他の著作家・史家が「テマ」という言葉を用いないのは、叙述の中に専門語・新造語をもち込むまいという配慮が働いたからに過ぎない(112)。

(ハ)テマの地 τὰς τῶν θεμάτων χώρας という場合の χώρα とはかなり広い地域を指す言葉であり、軍団の集結地というより、やはり軍管区と理解すべきである(113)。

状況証拠は逆の解釈も可能である。

(イ)テマの存在が確実な九世紀に至ってもなお、小アジアへのアラブ人の侵入は生じている。だからペルシア軍の侵入があったからテマの設置は不可能だったとはいえない(114)。

(ロ)カルタゴ出身のヘラクレイオスは、故郷の総督府制をよく知っており、その制度を帝国の中心部にも適用したと考えるのは自然である(115)。

(ハ)コーカサスで徴兵したハザール人部隊はペルシア本土への攻撃には参加を拒否している(116)。

(ニ)危機を前にして大きな改革を行なうということは、ヘラクレイオスのような卓越した、専制的な皇帝でなければできない(117)。

(ホ)テマがいち早く設置された小アジアのみが、アラブ人の侵入に耐えて、帝国領に留まった(118)。

オストロゴルスキー説支持者の中には、新史料の提示によって、その説を補強しようとする動きもある。

(イ)アラブ側の史料の一つには、アラブ侵入以前(六三九／四〇年以前)のアルメニアについて次のような記事がある。「ジョルジアとアルバニアはハザール人がもっている。他のアルメニアは、ギリシア人がアルメニアコンの長の統治下に所持している。」アルメニアコンというテマの名だけではなく、その長が行政権をも握っていることも伝えている点で、この史料はヘラクレイオス帝時代におけるテマ制の存在を思わせるものである。(119)

テマ制の起源・成立をめぐる論争はまさに混沌たる状態である。注目すべきは、この問題は、ビザンツ帝国の歴史的性格をどう理解するかという問題とつながっているということである。この点から論争をまとめると、オストロゴルスキー批判者、とくにルメルル、カラヤンノプーロスらは、テマ制をすでに後期ローマ帝国にその芽をもち、その後長期にわたって漸次成立した制度とみなした。彼らはローマとビザンツの連続性を強調する立場に立っている。他方オストロゴルスキーはヘラクレイオス帝の改革に、テマ制の起源を求めた。彼はテマ制を重要なメルクマールの一つとして、ヘラクレイオスの時代をもって、初期ビザンツ＝後期ローマと、中期ビザンツ＝本来のビザンツとの区別を行なっている。筆者は序章第2節において述べたように、後期ローマとビザンツの区切りを七世紀におく。この点オストロゴルスキー説と同じであるが、その内容において異なる。以下、項を改めて筆者の見解を示すことにしよう。

四　テマ制の起源

テマ制の起源をめぐる論争は、各研究者のビザンツ史像と深く結びついていた。本項で展開する筆者のテマ制起源論もまた、一定の史観からの、少数で曖昧な「史料」に対する一つの「解釈」にすぎない。

まず最初に論争の素材となった二つの史料についての筆者の解釈を示す。

①『テマについて』

著者コンスタンティノス七世は、テマ－アナトリコン、テマ－アルメニアコンの名の由来を誤解している(史料①E・F)。すでに述べたように、初期のテマの名称は軍団名に由来するのであって、方角や民族名とは無縁である。アルメニアコン軍団《テマ》、アナトリコン軍団《テマ》の駐屯・管轄地が、それぞれのテマ(軍管区)なのである。さて、アルメニアコン軍団《テマ》は本来ローマ領アルメニアにいた軍団であり、アナトリコン軍団《テマ》は、シリア、パレスチナ担当の軍団であった。(120)ところが軍管区《テマ》としてのアルメニアコン、アナトリコンはいずれも小アジアに位置している。このことはローマ領の、アルメニア、シリアが敵に占領されたため、その地方の軍団《テマ》が小アジアに移ってきて、駐屯した結果、軍管区《テマ》が誕生したということを示唆している。それでは、アルメニア、シリアが敵に占領されるという事態はいつ生じたか。

六一三年に、アルメニアはササン朝の手に陥ち、同年、シリアも同じ運命をたどった。この時、アルメニアの軍団(テマ-アルメニアコン)、シリアの軍団(テマ-アナトリコン)は、都に近い小アジア地方へと撤退したに違いない。この時がテマ制成立の時期であろうか。だとすれば、オストロゴルスキー説が正しいことになる。しかし筆者はそうは考えない。それは次のような理由からである。軍団を一定地域に恒常的に配置する軍管区制、兵士に土地を与えて農業と軍役を行なわせる屯田兵制は、元来が防衛のための制度であって、長期にわたる遠征にはこのような軍制は不適当である。六二二年からヘラクレイオスは、ペルシアに対する大遠征を行ない、二三年には早くもアルメニアを奪回し、二八年にはシリアも回復した。たとえ防衛的な軍制が一時敷かれたとしても、遠征開始時、遅くとも遠征後には、旧来の体制が復活されたに違いない。六二二年以前にテマ制が出来上ったとは考えにくいのである[121]。

アルメニア、シリアが敵の手に陥ち、その地方の軍団が小アジアに撤退するという事態は、ヘラクレイオス帝の末年にもう一度生じている(シリアは六三六年、アルメニアは六四〇年頃、アラブ人に占領された)。しかも、アラブ人の攻撃は長期にわたった。アラブ人の攻勢の前に一〇〇年近く、一方的に防衛に追い込まれた時代に、軍団《テマ》とその駐屯地の結びつきは深くなり、地域を軍団名で呼ぶ、軍管区《テマ》制が成立した。――以上のように筆者は考える。『テマについて』の記事には、確かに曖昧さ・矛盾が多い。しかし著者コンスタンティノス七世は、テマの成立がアガレーノイの進出と関連していることは承知していた。アラブ人の進出は、ヘラクレイオスの末年から始まり、続くコンスタンス二世、コンスタンティノス四世時代に及ぶ。それゆえ彼の記述では、テマの設置がヘラクレイオス帝時代のようにも、また彼の後継者の時代のようにも書かれているのである。『テマについて』から我々が読みとれること、それはテマはアラブ人の侵入の時期に成立したということである。

②『テオファネス年代記』

それでは、すでに六二二年以前にテマ制が存在したというオストロゴルスキー説の根拠となった、テオファネスの『年代記』六二一／二年の条はどう解釈すべきであろうか。筆者は、同じテオファネスの六一一／二年の条の「テマ」と同じく、この「テマ」もまた軍団の意味であると考える。皇帝はその前年に遠征のために、あらかじめヨーロッパの軍団を小アジアへ移しており、その軍団の集結地へ行ったと解すべきである。さらに六一一／二年の軍団調査の記事(これについてはオストロゴルスキーらもテマ=軍団とする)とまったく同じ内容が、テオフィラクトスによっても伝えられているが(彼はテマという語を用いず)、テオフィラクトスはそれを六二六／七年のこととしている。[122] 筆者は、テオフィラクトスの伝える年代が正しいと思う。[123] なぜなら、第一に、六〇二年のフォーカスの乱から一〇年で、兵士がすべて入れ替わったとは考えにくい。第二に、この記事は簒奪者に味方したような不心得な兵士が罰せられ、死に絶えて、はじめてローマ軍が外敵に勝てるようになった、というモチーフで書かれているからである。六一〇年代にはローマ軍は敗北を続けた。六二六年の危機のあとようやくローマ軍はペルシア軍を撃破し、オリエント属州を奪回するのである。それゆえ、ヘラクレイオスの即位直後の六一一／二年にはテマ制はまだ存在せず(テマ＝軍団)、六二二年にはテマ制が成立していた(テマ＝軍管区)とする、オストロゴルスキー説は史料的根拠をもたないのである。

以上、二つの史料の解釈から、アラブ人の侵入以前にはテマ制は存在せず、アラブ人の侵入・攻撃の時期にテマは成立したという結論が得られた。それゆえオストロゴルスキー説は支持しがたい。それでは有力な批判学説である「漸次的成立説」はどうか。この説はオストロゴルスキー説に比べると、実証を重んじ、①テマ＝軍管区の成立、②テマ＝行政区の成立、③「兵士保有地」の成立、というようにテマ制の漸次的・段階的成立を説いている。しかし果してそうであろうか。

まず、絶えず外敵の攻撃を受けている社会における権力のあり方から考えてみたい。例として、カロリング朝解体期の西ヨーロッパをとりあげてみよう。マジャール人、アラブ人、とりわけノルマン人の侵入に対して抵抗することができたのは、城を建設し、所持した、いわゆる城主層であった。彼らは城を根拠に、ノルマン人らに対抗しただけではなく、やがて城を中心として保護の及ぶ範囲の住民に対して、支配権も行使した。軍事力をもつ者、防衛を組織できる者が、行政・裁判を行ないうる者であった。同様の現象は地中海世界の東部でもみられる。アラブ、アヴァール、スラヴの侵入の時代、帝国政府の防衛力の及ばなかった地方では、いくつかの都市は、城壁を強化して防備に努めると同時に、都市自治権を回復して、一種の都市国家を形成している。[124]ここでも防衛能力をもつ者、団体が、統治の主体となっている。文武両権の集中は、このような環境においては当然の現象なのである。

軍団《テマ》の長ストラテーゴスもまた、その軍事力・防衛能力を背景に、行政権を合わせもつに至ったと、筆者は考えたい。つまり、ストラテーゴスに行政権が委ねられたのはいつか、という従来の問題の立て方そのものが正しくなかったと思うのである。ストラテーゴスは帝国政府から行政権を与えられたのではなく、簒奪したのであり、それによっていわば半独立国を形成したのである。アラブ人の侵入に現実に抵抗できたのは、このような在地のテマだけであったから、帝国政府はこのような簒奪を黙認しなければならなかった。しかし政府は公式にはそれを認めようとはせず、中央集権的な官僚機構が行政を行なうという建前を維持した。七世紀の史料には、ストラテーゴスが行政を行なうという記述はみられず、旧ローマの文官職が姿を見せるのはこのためである。現在のビザンツ史史料の大部分が首都・宮廷の立場から書かれたものであることを考えるならば、史料に現われないことがすなわち存在しないことであるとは、一概にはいえない。国家の建前の外に存在する制度は、史料に残らない可能性が強いのである。初期のテマはそのような制度であったと筆者は考える。初期のテマの自立性の高さは、それに言及した史料の大部分が、テマ、ストラテーゴスの中央政府に対する反乱に関するものであることからも、窺うことができる。[125]

七一七―八年のアラブ軍のコンスタンティノープル包囲が撃退されたのち、帝国政府はこのような自生的なテマを体制化することに着手した。レオーン三世以下の諸皇帝によって、アルメニアコン、アナトリコン、オプシキオンといった大テマは分割され、いくつかの小テマとなった。[126]新たに設置されたテマの多くは、軍団名ではなく、地域名にその名の由来をもっているが、そのことは、テマが帝国の地方行政単位となったことを示している。帝国政府は、ストラテーゴスによる行政権の行使を公的な制度として認めた（かくして史料に現われる）。同時にストラテーゴスに対する国家の統制も強化された。[127]ほぼ同じ頃、都市の自治制度も否定されてゆく。[128]平和の回復に引き続く、大テマ（半独立国）の分割＝テマの地方行政単位化、都市の自治の終焉は一つの方向を指し示している。それはビザンツ専制国家の確立である。

最後に残された問題として、「兵士保有地」の成立について考えてみよう。この制度は、国庫の不足を補なう方法として、ヘラクレイオス帝が導入したものであるというオストロゴルスキー説は、史料的根拠をもたない。他方「漸次的形成説」、すなわち「兵士保有地」は九世紀末―一〇世紀初に至ってようやく出来上ったとする考え方にも、疑問がある。筆者は、テマ制は帝国の防衛体制が解体したのちに地方で生まれた非常体制であって、帝国政府が上から計画的・組織的に作り出したものではない、と考えた。「兵士保有地」の問題も、この基本的な観点から考察を加えるべきであると考える。

軍事力・防衛能力を背景に、一定地域の実質的な支配者となったストラテーゴスが、どのような方法で軍隊(自己の権力の基盤)を給養するのかという問題も、中央政府の関知せざるところであった。それゆえ、現存の史料に言及がないことをもって、「兵士保有地」は存在しなかったということはできない。結論からいえば、筆者は、「兵士保有地」はすでに七—八世紀に存在したと考える(結論だけからいえばオストロゴルスキー説と同じ)。「兵士保有地」の存在を直接に示す史料はないが、当時の小アジアにおける貨幣経済の発達度という点から、その存在を傍証することができるだろう。貨幣経済の問題についても確実な史料はないが、次のように推定することができる。
①この時代、小アジアの都市は市街区域を大幅に縮小し、城壁に囲まれた要塞に変化していることが、発掘史料からわかる。貨幣出土の状態も、各都市がその商業機能をほぼ完全に失ったことを示している。[129]
②七四六—七年に大流行したペストは、五四一—二年のペストとは違って、シリアから小アジアを経てコンスタンティノープルに伝わったのではなく、エジプト—カルタゴ—シチリア—モネンバシア(南ギリシア)—コンスタンティノープルという経路で広がった。[130] つまり、六世紀に存在した小アジアを通る交易路は、八世紀にはほとんど使われなくなっていたのである。
都市景観もペストの伝染経路も、七—八世紀の小アジアには大規模な交易がなかったことを示唆

している。貨幣経済は衰退していた。そこで我々は、テマの兵士の給養の手段として、給料ではなく、土地給付を想定せざるをえないのである。[131]

ストラテーゴスによる行政権の行使と同様に、「兵士保有地」もまた、国家・皇帝が作り出した制度ではなく、小アジア地方で独自に始められたものであった。初期の姿が史料に現われないのはそのためである。先に述べたように、八世紀以降帝国はテマを「体制化」していったが、当初はこの不当な土地給付に手をつけることはできなかった。八世紀前半の法典『エクロゲー』はもちろん、九世紀前半の史料にも「兵士保有地」への言及がみられないのは、そのためである。兵士は国庫から給料を受けとるという建前を、国家は維持していた。[132] ストラテーゴスへの統制の強化と平行して、国家はストラテーゴス下の個々の兵士に対する給養にも関心を向けた。一〇世紀前半には、軍役を負う兵士が保有すべき最低面積も定められて、「兵士保有地」は公的な制度となった。かくして史料に現われるのである。[133] この段階に至って、国家は末端の個々の兵士＝農民にまで、確実な支配を及ぼすようになった。土地台帳が整備され、兵士の保有地は、その軍事義務とともに国家の直接把握するところとなった。ビザンツ専制国家はここに完成された。

筆者の見解をまとめておこう。テマの成立過程は現存史料からは、軍管区(軍団＝地域)、行政区(ストラテーゴスによる行政権)、「兵士保有地」の順に、長い期間かかったようにみえる。しかし実際にはそうではなく、アラブ人の侵入の時代に、右の三つの要素はほぼ時を同じくして生まれたのである。しかもそれは、特定の皇帝によって上から作られた制度ではなく、異民族の絶えざる攻撃という危機に対する、地方での対応として、むしろ中央権力・皇帝権力の無力・無能さゆえに誕生したものである。テマの成立を、皇帝による単一の支配という理想からの逸脱であるといわんばかりの、コンスタンティノス七世の文章の苦々しい響きは、こう考える時、正しく理解することができる。

五　テマ制の起源とビザンツ帝国

かつては、四七六年の西ローマ帝国の滅亡を大事件と考え、この年をもって古代ローマの終わり、中世暗黒時代の開始とみなしたりもした。しかし現在では、この事件は単なる一つのエピソードに過ぎず、西ローマ皇帝の存在の如何にかかわらず、ローマ世界は連続していたこと、皇帝権の消滅とは別の次元で、ローマ世界の解体は議論されるべきことが、すでに明らかとなっている。このことは逆に、東ローマ帝国における皇帝権の連続を過大視すべきでないことを、我々に教えている。つまり、皇帝権が連続したことを根拠に、ローマ世界の東部では古代ローマの伝統が続いたとか、断絶なしに中世へ移行したと主張することは、もはや説得力をもたないのである。(134) 本節でとりあげたテマ制の起源の問題は、ローマとビザンツの連続・断絶の問題に、一つの解答を与えてくれた。

アラブ人、スラヴ人の進出によって、東ローマ帝国はまったくの混乱状態に陥った。首都と宮廷は残ったが、地方の軍事・行政機構は解体してしまった。このような状況の中で、若干の都市は城壁と守備軍に保護されつつ、自治都市化した。軍団《テマ》を率いるストラテーゴスも、その軍団の管轄地域において、半独立の地方政権＝自生的テマを樹立するに至った。テマはローマの制度の漸次的変化によって生まれたのではなく、また特定の皇帝（ヘラクレイオス）の改革によって作られたのでもなかった。それは、アラブ人・スラヴ人、とくにアラブ人の激しい攻撃によって、ローマ帝国の行政・軍事体制が完全に機能を失った時期に、地方的な組織として、いわば下から作られたのである。これがテマの起源である。

皇帝権の連続した東ローマ帝国では、史料の残存状況のためもあって、一見するとローマの支配体制・原理は長く残ったかのようにみえる。しかしローマ的な支配体制は、七世紀の危機、とりわけアラブ人の進出によって解体したのである。危機の中で、新しい支配体制の基礎が作られた。旧ローマ官制に代わる、実質的な統治者としてのストラテーゴスの登場、テマの成立である。危機が過ぎると、コンスタンティノープルの政府は、これらの自生的テマに対して、次第に統制を加えるようになった。テマを国家の制度に変えたのである。テマ制に基づきつつ再建された国家は、ローマ帝国とはまったく別の国家であった。筆者はあえて次のように表現したい。七世紀に東ローマ帝国は滅亡した。引き続いて新しい国家、ビザンツ帝国が成立したと。東ローマ帝国の滅亡は一四五三年のことであるという常識からすれば、きわめて突飛な表現と思われるかもしれない。しかし

A・J・トインビーも、『歴史の研究』の中で、すでに次のように述べている。「スラヴ系住民がバルカン半島のラテン人およびギリシア人に取って代わり、そして間に合わせに作った軍団地区制が、アナトリアにおいてディオクレティアヌスの州制度に取って代わる間、なすところなく傍観していなければならなかったコンスタンティノープルのいわゆる帝国政府は、その言葉の本当の意味において、真の政府とは見做しえないのである。[135]」

4 聖像破壊問題とビザンツ世界の確立

一 聖像破壊問題

ビザンツ世界の成立を扱ってきた本章においては、最後に、聖像破壊問題についてふれておかなければならない。なぜならこの問題は、東西キリスト教世界の分離(西ヨーロッパ=カトリックとビザンツ=ギリシア正教の分離)をひきおこした重大な事件と、一般に考えられているからである。七二六年にビザンツ皇帝レオーン三世は、「偶像破壊令」を出し、聖像崇拝を禁止した。これに対してローマ教皇は、ゲルマン人に対する布教の手段として聖画像を必要としていたから、強く反対した。この結果、両者の間に亀裂が生じ、ローマ教皇はビザンツ皇帝の宗主権を否定して、フランク王国との提携を進めてゆく。聖像破壊問題を通じて、ラテン的西方世界は、コンスタンティノープルの影響から抜け出し、独自の世界となった。キリスト教世界は、ローマ－カトリック世界とギリシア正教世界に分れたのである。——これが、これまでの一般的な考え方である。

しかし、聖像破壊問題に関する右のような一般的説明にはいくつかの疑問点がある。第一に、ローマ教皇が、ゲルマン人への布教のために「偶像破壊」に反対したという説明は、説得力に欠ける。(136) 確かにまだ文明化の進んでいなかったゲルマン人に対しては、キリストの像など目に見える形で、教義を伝えることが有効ではあっただろうが、それがローマ教皇の反対の真の理由であったという証拠はない。第二に、聖像破壊問題が、ビザンツと西ヨーロッパとの分離をひきおこしたということも疑問である。すでにみたように、両世界の分離はほぼ七世紀の末に決定的な段階に入っていたのである。さらに七八七年の第七回公会議において、聖像崇拝の復活が宣せられたが、それは両世界を和解・統一させるものではなかった。宗教上の和解の直後に生じたのは、ローマ教皇による(西)ローマ皇帝権の復活という、西方世界のビザンツからの最終的な独立宣言であったことも忘れてはならない。第三に、聖像破壊問題が、西ヨーロッパ世界の成立という観点からのみ論じられてきたことに対する反省が必要である。それは、ビザンツ帝国にとってはどのような意味をもったのだろうか。八世紀の皇帝、レオーン三世やコンスタンティノス五世が、ローマ教皇とイタリアに対する影響力を最終的に失うという犠牲を払ってまで、「偶像破壊」を強行したのはなぜだろうか。

本節では右の問題のうち、第二点についても少しふれるが、主に第三点を中心に考察することにする。その場合、次の点に注意して議論を進めることが必要である。今日ギリシア正教の教会を訪れた者は、おびただしい数の聖画像《イコン》を見るであろう。ギリシア正教はイコンと深く結びついた宗教である。カトリック＝聖像崇拝、ギリシア正教＝聖像破壊と、図式的に対比することは完全な誤りである。聖像破壊運動は、ギリシア正教とは本来相容れないものであった。それならば、聖像破壊の運動とはいったい何だったのか。なぜこの運動が八世紀に生じたのか。この運動は、ギリシア正教の歴史、ビザンツ帝国の歴史の中にどのように位置づけられるべきなのか。まず、聖像崇拝禁止の経過をたどり、続いて項を改めて、その歴史的意義の分析を行なうことにしよう。

テオファネスの『年代記』の六二一七〔ママ〕年の条（七二四／五年、ただし一年ずれている。正しくは七二六年）には、「この年、神を冒瀆する皇帝レオーンは、崇拝さるべき聖画像の破壊について語り始めた」[137]とある。一般には、この七二六年をもって聖像破壊運動の開始とみなされている。ただこの年には、勅令（いわゆる偶像破壊令）は出されなかったようで、個人的な見解の表明にとどまったらしい。しかし皇帝のこの見解に対する反対は、各地からおこった。テオファネスは続いて、「ローマ教皇グレゴリオスはそれを知って、イタリアとローマの税をとめ、そして教義に関する手紙をレオーンに書いた。皇帝は宗教界のことに口を挟むべきではないと」[138]と記している。首都の住民も、皇帝の命令で聖画像を除去しようとした役人を襲って殺すなど、反対の意志を表明し、テマーヘラス（ギリシア）では反乱が生じ、都へ向けて艦隊が送られた。しかし、教皇の抗議は無視され、市民の暴動やテマーヘラスの反乱も、簡単に鎮圧された。七三〇年に至ってレオーンは、聖俗の高位・

高官を集めて会議を開き、公式に聖像崇拝禁止を宣言した[139]。この決定に反対したコンスタンティノープル総主教ゲルマノスは、皇帝によって罷免されている。以降、聖像破壊は進められていったが、レオーン三世時代については、具体的な事例はほとんど知られていない。

聖像破壊は、続くコンスタンティノス五世時代(在位七四一―七五)にその激しさを増した。七五四年、皇帝は宗教会議を召集し、神学上からも聖像破壊の正当性を宣言した[140]。会議には三三八名の主教が出席したが、その多くは皇帝によって任命された聖像破壊派の主教であって、キリストを画像として表現することは、カルケドン信条(キリストの人性と神性の統合)に反するものとして、これを禁止した。皇帝と、この会議で選ばれた新コンスタンティノープル総主教、および出席主教たちは、閉会後、都のコンスタンティノス広場へ行き、市民を前にして宗教会議決定を厳かに読み上げた。

七五四年の宗教会議決定に従って、聖画像の撤去は進められ、帝国の中心部では聖画像はほぼ姿を消してしまった。聖像崇拝を続けているだけではなく、聖画像製作の中心地である修道院に対しては、とくに厳しい迫害が加えられた。『テオファネス年代記』のコンスタンティノス五世時代の条には、多数の迫害・殉教の記録がある。それによると、皇帝は修道士を競馬場に集め、各修道士に、その手に女性を抱きながら場内を一周することを命じた、観客は彼らを嘲笑し、唾を吐きかけたという記事[141]もある。七六五年には、アウクセンティオス修道院の修道士ステファノスの殉教があり、それに連座して一九人の高官が処刑された(142)。その中には、テマ－オプシキオン、テマ－トラキア、テマ－シチリアの知事、首都のエクスクビテース軍団の司令長官、ロゴテテース・トゥー・ドロムー(運輸大臣)、プロートストラトール(馬丁長官)などの文武の要職にある者がいた。このことは聖像破壊に対する反対が、支配階級の最上層部にも存在したことを示し、同時にこの問題が、必然的に政治的性格を帯びざるをえなかったことを思わせるものである。

聖像崇拝者に対する攻撃は、小アジアのテマにおいてとくに激しかった。テマ－トラケシオンの知事(ストラテーゴス)のミカエル・ラカノドラコーンは、同テマ内のすべての修道士をエフェソスに集め、彼らに、結婚する(つまり修道生活をやめる)か、盲目にされた上でキプロス島へ流されるかのいずれかを選ぶよう迫った。ラカノドラコーンの修道院に対する措置について、テオファネスは次のように伝えている。

「この同じ年、トラケシオンのストラテーゴス、ミカエル・ラカノドラコーンは、彼の書記官のレオーン・クールケースと、修道士出身のレオーン・クーツォダクティロスを派遣し、すべての男子修道院、女子修道院、すべての聖なる器物、すべての書物、牛、そして〔その他の〕なお修道院に残されている物を売却させ、それを皇帝に手渡した。修道士や教父の本が見つかると、彼はそれを焼かせ、そしてもし誰かが守護神として、聖遺物を残していたならば、彼はそれも火の中へ投げ入れ、その所有者を神を冒瀆する者として処罰した。彼は多くの修道士を鞭打ちの刑に処し、若干の者を切り殺し、多数の修道士を盲目にさせた。何人かの者に対しては、彼はそのひげに油と蠟をつけ、それに火をつけて、その顔と頭を焼かせるということさえもした。さらに別の者に対しては、拷問を加えた上で追放処分にした。とうとう彼のテマには、もはや修道士の衣を着る者が一人も残らないまでに、彼は〔迫害を〕行なったのである。皇帝、あらゆる善を軽蔑するあの男は、これを聞いて、次のような賞賛の言葉を送った。『朕は汝に、朕と同じ心情の持ち主を見出した。汝は朕のすべての願いを励行している』と。そこで他の者たちも、ラカノドラコーンに倣って同じことを行なった。(143)」

コンスタンティノス五世の死後、その子レオーン四世も聖像崇拝禁止の立場をとり続けたが、ギリシア(アテネ)出身の妃エイレーネーが、聖画像崇拝の立場をとっていたこともあって、父の時代のような激しい迫害は行なわれなかった。(144)七八〇年にレオーン四世が死ぬと、帝位にはその子コンスタンティノス六世が就いた。彼は即位当時まだ一〇歳であったので、実権は母のエイレーネーの握るところとなった。エイレーネーは、聖像崇拝復活のために着々と布石を打った。七八四年に彼女は、側近の俗人タラシオスをコンスタンティノープル総主教に起用した。タラシオスの選出に際して、エイレーネーは都の民衆をマグナウラ宮殿に集め、その支持を求めるという異例の方法をとっている。(145)これは、タラシオスの総主教就任に対して、強い反対があったためと考えられる。筆者は、聖像破壊派が多数であった軍隊の介入に対抗するため、民衆が動員されたものと推定する。

エイレーネーとタラシオスは、聖像崇拝の復活を決議すべく、宗教会議を七八六年に都で開いたが、軍隊の乱入によって会議は続行不可能となった。[146] エイレーネーはそこで、都にいる東方出身の兵士を武装解除して故郷に帰らせる一方で、聖像崇拝支持派であるトラキアの軍団を都に呼び寄せた。七八七年九月にニカイアにおいて、改めて宗教会議が開催された。ローマ教皇の使節、アレクサンドリア、アンティオキアの各総主教座からの代表も参加したこの会議は、第七回公会議と呼ばれている。[147] 会議では、聖像崇拝の復活が決定された。一一月、会議出席者たちは都へ集まった。宮殿において皇帝コンスタンティノス六世の臨席の下に、公会議決定は読み上げられ、皇帝と皇太后エイレーネーによって署名された。こうして聖像崇拝は公式に復活したのである。

七八七年の公会議決定にもかかわらず、聖像破壊派はなお勢力を有し、抵抗した。聖像崇拝問題は、宮廷の勢力争いと結びついて、政治的性格を濃く帯びるようになった。というのは、成人に達したコンスタンティノスが、みずから政治を行なおうとして母エイレーネーと衝突しはじめたからである。聖像破壊派は、コンスタンティノスに肩入れすることによって、勢力の挽回に努めた。エイレーネーが自己の権力を守るために、自分が生きているうちは息子のコンスタンティノスが支配権を行使することは認めないよう、軍隊に対して誓約を要求した時、テマ・アルメニアコンは誓約を行なうことを拒否し、皇帝はコンスタンティノスであるといって反乱の形勢を示した。[148] この時には例のミカエル・ラカノドラコーンも、コンスタンティノス派として活躍した。結局エイレーネーは折れて、コンスタンティノスが単独帝であることが確認された。しかし彼は性格的に弱い人物だったらしく、母やその側近の脅し・要望に屈し、「コンスタンティノスとエイレーネー」の帝権という形をとることを承認してしまった。[149] これに対して、再びテマ＝アルメニアコンから反対の声が上ったが、今回は効果がなかった。[150] その上コンスタンティノス自身、対ブルガリア遠征の失敗で評判を落とし、その再婚問題で、聖像崇拝支持派・反対派を問わず、教会人から見放されてしまった。ミカエル・ラカノドラコーンも遠征中に死に、エイレーネー＝聖像崇拝派の勢力は動かしがたいものになった。七九七年八月、エイレーネーは我が子コンスタンティノスの目をくり抜き、帝位から放逐して、みずから単独の皇帝となった。

二　聖像破壊問題の歴史的意義

七八七年の第七回公会議において、聖像崇拝が復活したのち、八一五―四三年にもう一度聖像崇拝は禁止されるが、この後期の聖像破壊運動は、前期のものに比べて非常に穏やかなものであった。[151] そこで、聖像破壊問題の歴史的意義の考察は、典型的な形をとった前期の運動を対象として行なうことにする。

聖像破壊問題の歴史的意義を考える手がかりを、聖像破壊を推進したのはどのような人々であったのか、逆にそれに反対し、聖像崇拝を主張したのはどのような人々であったのか、という点に求めてみよう。もちろん宗教上の信条という個人的問題を、社会的にとらえることは難しく、常に例外は存在する。しかしあえて分類するならば、聖像破壊を推進したのは小アジア地方(アナトリコン、アルメニアコン、トラケシオンの各テマ)であり、バルカン、ギリシアの地方(トラキア、ヘラスの各テマ)は聖像崇拝派であったといえる。(152) 聖像破壊運動を始めたレオーン三世は、北シリアの出身であり、テマ＝アナトリコンのストラテーゴスであった。コンスタンティノス五世時代に、聖像破壊・修道院攻撃がもっとも激しかったのはテマ＝トラケシオンであり、エイレーネー(聖像崇拝派)の支配に対して抵抗したのは、テマ＝アルメニアコンであった。逆に、レオーン三世の聖像破壊の主張にまっさきに反対したのは、テマ＝ヘラスであり、エイレーネーもそこの出身である。彼女が、聖像崇拝復活のための布石として都に招き入れたのは、テマ＝トラキアの軍団であった。

聖像破壊運動が小アジアを中心として行なわれたことについては、聖像崇拝を堅く禁じたイスラム教の影響をまず考えることができる。小アジアは七世紀半ば以降、再三にわたってイスラム教徒の侵入を受けており、同時にその文化的影響も受けたと考えられるからである。しかし、問題はそれだけではない。聖像崇拝の禁止はイスラムによって新たに説かれた教義ではなく、すでにユダヤ教もそれを禁止しており、キリスト教も、本来「偶像崇拝」を注意深く避けていた。これに対して、ギリシア＝ヘレニズムの精神は、具体的なもの、目に見えるものを尊ぶという特徴をもっている。ギリシアでは、神々もまた人間の姿をとっていたのである。このように考えると、本来「オリエント的」な性格をもっていたキリスト教が、ヘレニズム世界に広がってゆく中で、両者の衝突が生じるのは当然のことといえよう。聖像問題も、そのような衝突の一つであった。[153]

キリスト教がヘレニズム化されるにつれて、聖像崇拝はますます盛んになった。聖像破壊運動は、このようなキリスト教のヘレニズム化に対する、「オリエント的」要素の反動であったといえる。このように考えるならば、「反動」＝聖像破壊が、イスラム教＝オリエントの影響を直接に受けた小アジアで盛んとなり、逆にギリシアで聖像崇拝が支持されたのは当然であった。また、絶えずオリエントと接していたビザンツにおいてこの運動が起り、オリエントの影響の薄い西方世界では生じなかったことも、納得できる。

キリスト教のヘレニズム化に対する反動としては、聖像破壊運動が最後の大規模なものであった。聖像破壊を乗り越えることによって、ビザンツは、すでにオリエントの領土を失ったことに加えて、文化の面でもオリエント的要素を払拭したのである。聖像崇拝の復活は、ギリシア文化とキリスト教の融合の完成、すなわちギリシア正教の確立を意味し、それは同時にギリシア正教に基づく、新しい歴史的世界、ビザンツ世界の確立に他ならなかった。

ビザンツ帝国にとって聖像破壊運動がもった歴史的意義は、右に述べたことにとどまるものではない。聖像破壊問題が帯びた政治的性格も注目に値する。運動―論争の過程自体に、教会問題に対する皇帝の主導権がはっきり現われていた。さらに重要なのは、修道院問題である。当時、修道院は広大な土地を所有していた。[154] 帝国の全耕地の三分の一を所有していたという説もあるほどである。聖像破壊を行なった皇帝たち、とくにコンスタンティノス五世は、聖像崇拝派の拠点である修道院に攻撃を加え、迫害・財産没収を行なった。修道院を兵舎に変えてしまったという記録も残っている。[155] 聖像破壊運動は、修道院領を皇帝領に変え、皇帝権力を強化させるという意義を、結果としてもったといえよう。この問題は、レオーン三世以降始まった、皇帝専制体制の確立に向っての歩みの中に位置づけることもできるのである。

最後に、従来の研究が重視してきた、聖像破壊問題と西ヨーロッパとの関係について、もう少し詳しくみておこう。先にも述べたように、ラテン文化圏とギリシア文化圏の分離は、すでに七世紀末に決定的な段階にまで進んでいた。そうであったからこそ、聖像破壊問題が皇帝と教皇との間での激しい対立をひきおこしたのであって、決して逆ではない。筆者の見解としては、聖像破壊問題は両世界の分裂という歴史過程の仕上げをした、と評価したい。それは次のような意味である。

レオーン三世の聖像破壊政策に対して、ローマ教皇はまずイタリア、ローマの税をコンスタンティノープルへ送ることを停止し、続いて「ローマ、イタリア、全西方世界を、レオーン及び彼の帝国の政治的・宗教的宗主権から解放した」。[156] これに対してレオーン三世、コンスタンティノス五世は、七世紀の皇帝たちが行なったような、教皇に対する直接的な措置を、一切とることができなかった。[157] 彼らがとりえた報復措置は、南イタリア、シチリア島、イリリアの教会管轄権を、教皇から奪って、コンスタンティノープル総主教に移すということだけであった。[158] これらの地方は、本来はラテン文化圏に属し、教会行政上ではローマ教皇の管区であったが、本章の第1、2節において指摘したように、六世紀末から七世紀にかけてのスラヴ人のバルカン侵入の結果、ラテン語を話すイリリア人が姿を消したこと、多数のギリシア人が、南イタリア、シチリアに亡命し、その地をギリシア化したことによって、ラテン文化圏という性格を失っていた。つまり、これらの地方は、政治的・文化的にはコンスタンティノープル、教会管区の上ではローマに属していたのである。八世紀半ば頃と推定される教会管区のコンスタンティノープル移管によって、コンスタンティノープルの皇帝とローマの教皇の権威が重なり合うという地域が消滅することになった。両者は別個の価値体系をもつ、排他的な存在となったのである。聖像破壊問題が両世界の分裂という歴史過程の仕上げをしたというのは、すでに出来上っていた両世界の境界線に、教会管区も合致させ、それぞれを完全に別個の歴史的世界としたということである。[159]

(1)　ユスティニアヌス一世時代については、J. B. Bury, History of the Later Roman Empire; from the Death of Theodosius I to the Death of Justinian, 2 vols., London, 1923 (New York, 1958) の第二巻が詳しい。邦語では、杉村貞臣『ヘラクレイオス王朝時代の研究』、山川出版社、一九八一年、五四―七五ページ。ユスティニアヌス一世も含めて、後期ローマ帝国時代については、A. H. M. Jones, The Later Roman Empire, 284–602; A Social Economic and Administrative Survey, 3 vols., Oxford, 1964 及びその簡約版 Idem., The Decline of the Ancient World, London, 1966 や、F. Tinnefeld, Die frühbyzantinische Gesellschaft; Struktur, Gegensätze, Spannungen, München, 1977 などを参照した。

(2) 三文化圏については、杉村、前掲書、六一—三ページ。ただし、バルカン半島北部、西北部はギリシア文化圏ではなく、ラテン文化圏である。

(3) ユスティニアヌスの後継者の時代については、杉村、前掲書、七六—一〇五ページ。

(4) ラヴェンナ、カルタゴ総督府については、さしあたり、A. A. Vasiliev, op. cit., pp. 174–6.

(5) Ibid., p. 170.

(6) バルカン半島におけるスラヴ民族の問題については本章第2節参照。さしあたり、R. Browning, Byzantium and Bulgaria, London, 1975, pp. 21–53 が手頃な概観である。

(7) 党派(デーモイ)については、A. Cameron の一連の研究が現在の代表的な研究である。とくに、A. Cameron, Circus Factions: Blues and Greens at Rome and Byzantium, Oxford, 1976 をみよ。より詳しくは、和田廣「ニカの乱——青党・緑党、元老院議員と反対皇帝」、日本オリエント学会編『オリエント学論集』、刀水書房、一九七九年、七〇一—二一ページ、注㈣を参照のこと。

(8) フォーカスの即位及び彼の時代については、A. N. Stratos, Byzantium in the Seventh Century, vol. I, 602–34, Amsterdam, 1968, pp. 40–79 参照。

(9) Theophanes, 290.

(10) Miracula S. Demetrii, Migne, Patrologiae cursus completus, Series Graeco-latina (PG), CXVI, 1261 f. cf. G. Ostrogorsky, Geschichte, S. 71, Anm. 4, A. N. Stratos, op. cit., vol. 1, p. 70.

(11) Regesten, 155.

(12) ヘラクレイオスの反乱については、A. N. Stratos, op. cit., vol. I, pp. 80–91 に詳しい。

(13) Regesten, 174. なお穀物供給の問題については、J. Teall, 'The Grain Supply of the Byzantine Empire, 330–1025', Dumbarton Oaks Papers (DOP), 13 (1959), pp. 87–139 を参照せよ。

(14) この時期のエジプトについては、A. C. Johnson & L. C. West, Byzantine Egypt; Economic

Studies, Princeton, 1949を見よ。

(15) 単性説については、森安達也『キリスト教史』III『東方キリスト教』、山川出版社、一九七八年、二九ページ以降。ビザンツの宗教問題については、同書がもっとも優れた概説書である。

(16) A. N. Stratos, op. cit., vol. I, pp. 121–2.

(17) Nicephori archiepiscopi Constantinopolitani Opusula Historica, ed., de Boor, Leipzig, 1880(New York, 1975), p. 12.(以下Nicephorusと略す。)

(18) Regesten, 176. Theophanes, 303.

(19) ヘラクレイオスの遠征に関しては、A. N. Stratos, op. cit., vol. I, pp. 134–234がもっとも詳しい。杉村貞臣「ヘラクレイオス帝のペルシア遠征」『オリエント』一二―三／四、一九七一年、八七―一二〇ページも参照。またG. Ostrogorsky, Geschichte, S. 83は、この戦争を十字軍の先駆、最初の中世的戦争とする。

(20) F. Barišić, 'Le siège de Constantinople par les Avares et les Slaves en 626', B. 24(1954), pp. 371–95.

(21) イスラム教徒アラブ人の地中海世界への進出については、A. N. Stratos, op. cit., vol. II, 634–41, 1972, vol. III, 642–68, 1975に詳しい(なお同書のvol. IV, 668–85, 1978は筆者未見)。Cambridge History of Islam, vol. I. A, ed., P. M. Holt, A. K. S. Lambton, B. Lewis, 1970, part 1はイスラム側から、H. Ahrweiler, 'L'Asie Mineure et les invasions arabes(VIIe–IXe siècles)', Revue Historique (RH), 227(1962), pp. 1–32はビザンツ側から、それぞれ詳しく扱っている。邦語では、平城照介「イスラムの発展と地中海世界」岩波講座『世界歴史』7、岩波書店、一九六九年、九七―一〇二ページが、要領よくまとめている。

(22) A. A. Vasiliev, op. cit., pp. 211–2.

(23) Regesten, 211. 杉村、前掲書、一二一―五ページ。

（24） 両帝の治世計四四年のうち、テオファネスの『年代記』に一〇行以上の記事があるのは、一一年だけで、三分の一以上の年が、二、三行で終わっている。またニケフォロスの『歴史抄録』は、コンスタンス二世時代に関しては何の記録もなく、コンスタンティノス四世時代についても、全体で四ページ、一一六行である。

（25） E. W. Brooks, 'Who was Constantinus Pogonatus?', Byzantinische Zeitschrift (BZ), 17 (1908), pp. 455–62. cf. A. N. Stratos, op. cit., vol. III, pp. 7–8, p. 265.

（26） Theophanes, 346.

（27） Regesten, 225. 杉村、前掲書、二二八ページ。

（28） 教皇逮捕、流刑については、A. N. Stratos, op. cit., vol. III, pp. 106–18. シラクサ遷都については ibid., pp. 197–247. 及び渡辺金一「中世キリスト教世界の生成と展開」『世界の歴史』5『ヨーロッパ世界の誕生』、筑摩書房、一九六八年、一七九ページ。渡辺氏の右の論文は、本項執筆の上で大いに参考となった。

（29） Theophanes, 359–60. A. A. Vasiliev, op. cit., pp. 224–5. 杉村、前掲書、二三〇―二三二ページ。

（30） ブルガールの建国については本章第2節第三項をみよ。

（31） Theophanes, 364. Nicephorus, 36. A. A. Vasiliev, 'An Edict of the Emperor Justinian II, September 688', Speculum 18 (1943), pp. 1–13. H. Grégoire, 'Un édit de l'empereur Justinien II daté de septembre 688', B. 17 (1944/5), pp. 119–24 に詳しい紹介がある。cf. G. Ostrogorsky, Geschichte, S. 109. Anm. 2.

（32） H. Goodacre, A Handbook of the Coinage of the Byzantine Empire, London, 1971, pp. 115–6.

（33） G. Ostrogorsky, Geschichte, S. 116. R. Jenkins, Byzantium; The Imperial Centuries A.D. 610–1071, London, 1966, pp. 54–5. 森安、前掲書、七五ページ。

（34） Regesten, 259.

(35) H・ピレンヌ、中村宏他訳『ヨーロッパ世界の誕生――マホメットとシャルルマーニュ――』、創文社、一九六〇年。

(36) ピレンヌ批判については、さしあたり平城、前掲論文をみよ。個々の論文については、H・ピレンヌ他著、佐々木克巳編訳『古代から中世へ――ピレンヌ学説とその検討――』、創文社、一九七五年。P. E. Hübinger(hrsg.), Bedeutung und Rolle des Islam beim Übergang vom Altertum zum Mittelalter, Darmstadt, 1968 をみよ。

(37) 多くのテキストが伝わっているが、P. Lemerle, 'La chronique improprement dite de Monemvasie: le contexte historique et légendaire', Revue des Études Byzantines(REB), 21(1963), pp. 5–49 を利用した。他に、P. Charanis, 'The Chronicle of Monemvasia and the Question of the Slavonic Setlement in Greece', DOP. 5(1950), pp. 141–66 も参照した。

(38) Migne, PG, CXVI, 1325–84.

(39) Constantine Porphyrogenitus, De Administrando Imperio(DAI), ed., G. Moravcsik, R. J. H. Jenkins, Washington, 1967.

(40) たとえば、Studien zum 7. Jahrhundert in Byzanz, Probleme der Herausbildung des Feudalismus, hrsg. von H. Köpstein, F. Winkelmann, Berlin, 1976 所収の論文。東ヨーロッパの研究者によるこの共同研究報告集については、拙稿「転換期ビザンツ社会をめぐる二つの共同研究」『西洋史学』一一〇、一九七八年、五四―六二ページ、を参照のこと。

(41) この間の状況を知るには、P. Lemerle, 'Invasions et migrations dans les Balkans depuis la fin de l'époque romaine jusqu'au VIIIe siècle', RH. 211(1954), pp. 265–308. D. Obolensky, 'The Empire and its Northern Neighbours, 565–1018', Cambridge Medieval History(CMH), IV–I, 1966, pp. 473–518. R. Browning, Byzantium and Bulgaria, pp. 21–53 などを参照せよ。なお本節のテーマ全体と関連しては、その他に、H. Ditten, 'Zur Bedeutung der Einwanderung der Slawen', Byzanz im 7. Jahr-

hundert, Berlin, 1978, S. 73–160 が包括的な研究として必読である。

(42) ドナウ渡河については、Theophanes, 246–7. シルミウムの陥落 ibid., 252. シンギドゥヌムの陥落は ibid., 253 に伝えられている。パトラスについては P. Lemerle, 'La chronique', pp. 9–10.

(43) A. N. Stratos, op. cit., vol. I, p. 32.

(44) Regesten, 131. Theophanes, 279.

(45) P. Charanis, 'Ethnic Changes in the Byzantine Empire in the Seventh Century', DOP. 13(1959), pp. 23–44 とくに pp. 37–8 など。

(46) A. N. Stratos, op. cit., vol. I, pp. 33, 319, 357 など。

(47) P. Lemerle, 'La chronique', pp. 9–10, p. 13, pp. 16–17. P. Charanis, 'The Chronicle of Monemvasia', pp. 147–8. 年代のずれについては、P. Lemerle, 'La chronique', p. 16.

(48) Theophanes, 290.

(49) Migne, PG, CXVI, 1325 ff. ここに現われるスラヴ人は、ドナウの北から侵入してきたというよりは、すでに以前からバルカン、ギリシアに定住していたと思われる。cf. P. Charanis, 'Ethnic Changes', p. 38.

(50) 竹内正三『西洋中世の世界』、学生社、一九七七年、第三章「イシドールの年代記」、一〇二ページ。cf. H. Ditten, op. cit., S. 96.

(51) 内陸諸都市については、H. Ditten, op. cit., S. 113–19.

(52) Constantine Porphyrogenitus, DAI. chap. 29, 30.

(53) A. N. Stratos, op. cit., vol. I, pp. 195, 323. 杉村貞臣氏も七世紀バルカンの国境について論じられ、帝国の失った部分はわずかであるとされたが、帝国の建前と実態とは別であろう。杉村、前掲書、一二一―一三〇ページ。なお六二六年のコンスタンティノープル包囲については、前掲の、F. Barišić, 'Le siège' の他に、A. N. Stratos, 'The Avares' Attack on Byzantium in the Year 626', Byzantinische

Forschungen(BF), 2(1967), pp. 370–6. Idem., Seventh Century, vol. I, pp. 173–96 も参照せよ。

(54) Constantine Porphyrogenitus, DAI. chap. 31, 32.

(55) P. Lemerle, 'Invasions', pp. 301–2. 『聖デメトリオスの奇跡』の伝えるこのエピソードをルメルルは六七四／五―七七年とする。

(56) Nicephorus, 24. なお Nicephorus, 12 によると、六一九年頃フン族の長がコンスタンティノープルで洗礼を受けた、とされている。オルガノスとクーヴラトスのことであろう。

(57) Migne, PG. CXVI, 1361 ff.

(58) H. Grégoire, 'L'origine et le nom des Croates et des Serbes', B. 17(1944/5), pp. 88–118. P. Lemerle, 'Invasions', pp. 297–300. さらに、K. M. Setton, 'The Bulgars in the Balkans and the Occupation of Corinth in the Seventh Century', Speculum, 25(1950), pp. 502–43 もこの説をとる。

(59) H. A.-Bibicou, 'A propos de la première mention d'un „stratège des Caravisiens"', Byzantinoslavica(BS), 27(1966), pp. 71–91.

(60) P. Charanis, 'Kouver, The Chronology of his Activities and their Ethnic Effect on the Regions around Thessalonica', Balkan Studies, 11–2(1970), pp. 229–47. 他に A. Pertusi もこの説に近いといわれるが、彼の論文は筆者未見。

(61) A. N. Stratos, Seventh Century, vol. II, pp. 163–6 もパトリキオスの称号は、すでに洗礼を受けていたクーヴラトスにこそふさわしいとする。

(62) Nicephorus, 33 は Κοβρᾶτος、Theophanes, 357 は Κροβᾶτος と表記しているが、同一人物、同一記事であることは間違いない。

(63) R. Browning, Byzantium and Bulgaria, p. 46. この点については、P. Charanis, 'Kouver', pp. 241–3 の説く方が説得的である。

(64) Theophanes, 357–9.

(65) Theophanes, 359. Nicephorus, 35. ブルガリア王国の建国については、さしあたり、H. Ditten, op. cit., S. 140–5.

(66) Nicephorus, 42. それ以降の両国関係については、B. Primov, 'Bulgaria in the Eighth Century. A. General Outline', Byzantinobulgarica, 5(1978), pp. 7–40.

(67) スラヴ族の定住問題に関する史料については、P. Lemerle, 'Invasions', pp. 303–4 に紹介されているが、ルメルルは主教会議署名録はとりあげていない。

(68) 原史料は、Mansi, Sacrorum conciliorum nova et amplissima collectio, Florenz, XI, 640–53(＝六八〇—一年)、XI, 988–1005(＝六九一—二年)であるが、筆者は直接見ることはできなかった。G. Ostrogorsky, 'Byzantine Cities in the Early Middle Ages', DOP. 13(1959), pp. 47–66 および主として、R.-J. Lilie, ',,Thrakien" und ,,Thakesion". Zur byzantinischen Provinzorganisation am Ende des 7. Jahrhunderts', Jahrbuch der Österreichischen Byzantinistik(JOB), 26(1977), S. 7–47 とくに S. 36–8 によった。

(69) R. Browning, Byzantium and Bulgaria, p. 43. V. T.-Zaimova, 'Ethnische Schichten auf dem Balkan und die byzantinische Macht im 7. Jahrhundert', Studien zum 7. Jahrhundert in Byzanz, S. 66–72.

(70) G. Ostrogorsky, 'Byzantine Cities', p. 57.

(71) Theophanes, 347, 364, 430, 486.

(72) R.-J. Lilie, ',,Thrakien"', S. 41.

(73) P. Lemerle, 'La chronique', pp. 10, 17–8.

(74) Theophanes, 364. ニケフォロスも同じことを伝えている。Nicephorus, 36.

(75) Constantinus Porphyrogenitus, De Thematibus, ed., I. Bekker, Bonn, 1840, p. 50.

(76) P. Charanis, 'Ethnic Changes', p. 40. より詳しくは、J. Koder, 'Zur Frage der slavischen Sied-

lunggebiete im mittelalterlichen Griechenland', BZ. 71(1978), S. 315–31 を見よ。

(77) 古く一九世紀に J. P. Fallmarayer がこう説いた。現代でも多くのスラヴ系研究者の支持を得ている。また R. Jenkins, Byzantium, p. 43 もこの考えである。Fallmarayer 説をめぐる論争については、P. Charanis, 'Observations on the History of Greece during the Early Middle Ages', Balkan Studies, 11–1(1970), pp. 1–34. とくに pp. 23 ff をみよ。

(78) P. Charanis, 'On the Question of the Hellenization of Sicily and Southern Italy during the Middle Ages', American Historical Review(AHR), 52–1(1946), pp. 74–86.

(79) Studien zum 7. Jahrhundert in Byzanz 所収の諸論文、また H. Ditten, op. cit., S. 160 もスラヴ人の定住は、古い大土地所有を破壊し、ビザンツ封建制成立の準備をしたという。

(80) スラヴ人同化政策については、M. Gräbner, 'The Slavs in Byzantine Europe—Absorption, Semi-Autonomy and the Limit of Byzantinization—', Byzantinobulgarica, 5(1978), pp. 41–55 が近年発表された。ブルガリア王国との関係を重視しながら、一一世紀初頭までを概観している。他に、D. Obolensky, op. cit. も参照。植民政策については、P. Charanis, 'The Transfer of Populations as a Policy in the Byzantine Empire', Comparative Studies in Society and History, 3–2(1961), pp. 140–54 をみよ。

(81) Constantinus Porphyrogenitus, De Thematibus, 11–64. なお A. J. Toynbee, Constantine Porphyrogenitus and his World, London, 1973, pp. 252–74 は三四のテマについて説明している。

(82) さしあたり、A. H. M. Jones, The Decline, chap. XII, XVI を参照せよ。弓削達「後期ローマ帝国史概観」『ローマ帝国の国家と社会』、岩波書店、一九六四年、所収、二六五―九ページにも簡単なまとめがある。

(83) G. Ostrogorsky, Geschichte, 2. Aufl., München, 1952. その英訳は、trad. by J. M. Hussey, History of the Byzantine State, Oxford, 1956.(筆者はオストロゴルスキーの第二版は英訳によってしか参照できなかった。) pp. 86–8. Idem., 'Sur la date et la composition du Livre des Thèmes et sur l'époque de

la constitution des premiers thèmes d'Asie Mineure', B. 23(1953), pp. 31–66.
(84) オストロゴルスキーの時代区分論は、G. Ostrogorsky, 'Perioden' をみよ。
(85) Constantinus Porphyrogenitus, De Thematibus, 12(A), 12–3(B), 16(C), 16(D), 16(E), 17–8(F), 18(G).
(86) Theophanes, 300(A), 303(B), 325(C).
(87) G. Ostrogorsky, 'Sur la date', pp. 49–52.
(88) Ibid., pp. 49, 52–3. この他にオストロゴルスキーは Chronicon Paschale 715(六二六年)にオプシキオン―テマのコメースという記事を読みとり、同じ『復活祭年代記』の同年の条(Chronicon Paschale 721)にも、ロゴテテース・トゥー・ストラティオーティクー(テマ軍財務長官)の存在を読みとる。
(89) A. Pertusi, 'La formation des thèmes byzantins', Berichte zum XI Internationalen Byzantinisten Kongress I, München, 1958, S. 1–40. なお同書の Korreferate, S. 1–8 には、ペルトゥシ報告に対するオストロゴルスキーのコメントが載せられている。J. Karayannopulos, Die Entstehung der byzantinischen Themenordnung, München, 1959. 五〇年代の論争をまとめたものとしては、渡辺金一「テマ(ΘΕΜΑ)制度成立の時期をめぐる論争の現状」『史学雑誌』第六五編一〇号、一九五六年、六一―七九ページ。同「テマ(ΘΕΜΑ)論争の新段階」『史学雑誌』第六八編一一号、一九五九年、七六―九九ページがある。
(90) 一九六〇年以降の研究文献のうち本稿執筆に際して参照したものを挙げておく。なお概説書などは除く。P. Lemerle, 'Quelques remarques sur le règne d'Héraclius', Studi Medievali, 3. serie, 1(1960), pp. 347–61. J. Karayannopulos, 'Über die vermeintliche Reformtätigkeit des Kaisers Herakleios', JOB. 10(1961), S. 53–72. P. Charanis, 'Some Remarks on the Changes in Byzantium in the Seventh Century', ZRVI. 8(1963), pp. 71–6. N. Oikonomidès, 'Une liste arabe des stratèges byzantins du VIIe siècle et les origines du thème de Sicile', Rivista di Studi Byzantini e Neoellenici, N. S. 1(XI)(1964), pp. 121–30. 杉村貞臣「テマ ΘΕΜΑ 制度形成時期考」『関西学院史学』第八号、一九六四年、七六

一九九ページ（杉村，前掲書，一九五―二二〇ページ）。H. A.-Bibicou, Études d'histoire maritime de Byzance. A propos du "Thème des Caravisiens", Paris, 1966 とくに pp. 47–61. Idem., ',,Stratège des Caravisiens"', W. E. Kaegi, 'Some Reconsiderations on the Themes', JOB. 16(1967), pp. 39–53. Idem., 'Al-Balâdhuri and the Armeniak Theme', B. 38(1968), pp. 271–7. A. N. Stratos, Seventh Century, vol. I, pp. 265–82. A. J. Toynbee, op. cit., pp. 224–74. N. Oikonomidès, 'Les premières mentions des thèmes dans la chronique de Théophane', ZRVI. 16(1975), pp. 1–8. J. Mossay, P. Yannopoulos, 'L'article XVI, 2 de l'Éclogue des Isauriens et la situation des soldats', B. 46(1976), pp. 48–57. R.-J. Lilie, ',,Thrakien"', さらに，Byzanz im 7. Jahrhundert, Berlin, 1978 に所収の論文も，テマ制について簡単にふれている。

（91）W. Enßlin, 'Der Kaiser Herakleios und die Themenverfassung', BZ. 46(1953), S. 362–8 はテマ制の成立を，ヘラクレイオス時代の末年，つまり対ペルシア戦争勝利後とする。

（92）N. H. Baynes, 'The Emperor Heraclius and the Military Theme System', English Historical Review(EHR), 67(1952), pp. 380–81. A. Pertusi, op. cit., pp. 36, 40 など。

（93）J. Karayannopulos, Die Entstehung, S. 24. P. Lemerle, 'Le règne d'Héraclius', p. 357.

（94）J. Karayannopulos, Die Entstehung, S. 24–8 など。

（95）N. H. Baynes, op. cit., p. 381. W. Enßlin, op. cit., S. 364–5. A. J. Toynbee, op. cit., p. 234. H.-W. Haussig, 'Anfänge der Themenordnung'(F. Altheim, R. Stein, Finanzgeschichte der Spätantike, Frankfurt a. M., 1957, S. 82–114), S. 84–5 など。

（96）J. Karayannopulos, Die Entstehung, S. 28–9. P. Lemerle, 'Le règne d'Héraclius', pp. 357–9 など。

（97）A. Pertusi, op. cit., p. 33. W. Enßlin, op. cit., S. 366 など。

（98）N. H. Baynes, op. cit., pp. 380–1. W. Enßlin, op. cit., S. 367.

（99）P. Lemerle, 'Le règne d'Héraclius', p. 356.

(100) N. H. Baynes, op. cit., pp. 380–1 など。
(101) A. Pertusi, op. cit., p. 30 など。
(102) P. Lemerle, 'Le règne d'Héraclius', p. 360 など。
(103) A. Pertusi, op. cit., pp. 26–30. より詳しくは、R.-J. Lilie, ',,Thrakien'', pp. 7–18.
(104) J. Mossay, P. Yannopoulos, op. cit., pp. 48–57. J. Karayannopulos, Die Entstehung, S. 81–3 など。
(105) 軍管区としてのテマ＝Theophanes, 364(六八七年)、行政区としてのテマ＝Theophanes, 445(七七一年)、「兵士保有地」＝Jus Graecoromanum, ed., I. Zepos, P. Zepos, 8 vols, Athens, 1931(以下 JGR と略す), vol. I, p. 204(九二二年)。なお九二二年のこの立法については、渡辺金一、前掲書、三九二—四〇〇ページに紹介と分析がある。また「兵士保有地」については、P. Lemerle, 'Esquisse pour une histoire agraire de Byzance: Les sources et les problèmes', RH. 219(1958), pp. 32–74, 254–80, 220(1959), pp. 43–94 とくに 220(1959), pp. 43–70 をみよ。
(106) J. Karayannopulos, Die Entstehung, S. 59–71, 73–5 など。
(107) Ibid., S. 96–99. Karayannopulos, 'Herakleios', S. 55–8 が代表的見解である。
(108) H. A.-Bibicou, Études d'histoire maritime, pp. 57–8. 史料は、Constantine Porphyrogenitus, DAI. p. 80.
(109) W. Enßlin, op. cit., S. 363. A. N. Stratos, Seventh Century, vol. I, p. 277. H. A.-Bibicou, Études d'histoire maritime, pp. 55–6 など。
(110) A. N. Stratos, Seventh Century, vol. I, pp. 274–5.
(111) G. Ostrogorsky, 'Sur la date', pp. 52–3, 64.
(112) Ibid., pp. 52–3. A. N. Stratos, Seventh Century, vol. I, p. 274 など。ただしストラトスはこの記事中のテマは「軍団」の意に解している。

(113)　杉村「テマ制度形成時期考」、七八ページ。P. Charanis, 'Some Remarks', pp. 75–6, H. A.-Bibicou, Études d'histoire maritime, p. 55 なども Theophanes 303 のテマを地域と解している。

(114)　G. Ostrogorsky, 'Sur la date', p. 66. A. N. Stratos, Seventh Century, vol. I, p. 274.

(115)　Ibid., pp. 272–3 など。

(116)　Ibid., p. 273.

(117)　杉村「テマ制度形成時期考」、八一―四ページは、ヘラクレイオス帝時代初期の国内の安定が、テマ制度設置を可能にしたと考えている。

(118)　A. Sharf, 'Heraclius and Mahomet', Past & Present (P&P), 9 (1956), pp. 1–16, p. 5 など。

(119)　W. E. Kaegi, 'Al-Balâdhuri', pp. 273–7.

(120)　両軍団は、それぞれかつての magister militum per Orientem, magister militum per Armeniam 下の軍団である。J. Karayannopulos, Die Entstehung, S. 48.

(121)　A. J. Toynbee, op. cit., p. 230. テマ軍の防衛的性格については、米田治泰「一一世紀ビザンツの文治主義――コンスタンティノス九世を中心に――」『人文学報』二六、一九六八年、一〇八―三二ページ、同『ビザンツ帝国』、角川書店、一九七七年、とくに一七五―六ページ。

(122)　Theophylacte de Simocatta, Historiae, ed., C. de Boor, Leipzig, 1887, 307–8 (六二六／七年).

(123)　N. Oikonomidès, 'Les premières mentions', pp. 2–4. ただオイコノミーデース自身は、この史料分析から、テマが六二二年にすでに地域・地理的概念であったと結論する。テオファネスの年代(六一一／二年)が信用できないもう一つの理由としては、同じ記事を彼は、六〇二年(フォーカスの簒奪の年)の条でも述べていることである(Theophanes, 290)。つまり彼は原史料を忠実に写したのではなく、叙述を効果的にするために編集しなおしたと考えられる。

(124)　本書第二章第3節「都市の発展」参照。

(125)　W. E. Kaegi, 'Some Reconsiderations', pp. 43–50 に多数の具体例が挙げられている。

(126) G. Ostrogorsky, Geschichte, S. 131 f., 173 f. A. J. Toynbee, op. cit., pp. 245–6, 252–74.

(127) この点についてはさしあたり、A. J. Toynbee, op. cit., pp. 247–52 をみよ。

(128) L. Bréhier, Les institutions de l'empire byzantin, =Le monde byzantin II, Paris, 1947(1970), pp. 167–71. 及び、本書第二章第3節「都市の発展」。

(129) 本書第二章第3節「都市の発展」。

(130) 同右。七四六―七年のペストについては、Theophanes, 422–3.

(131) 八―九世紀の史料によると、テマの兵士が給料を受けとるという記録があるが(La vie de S. Philarète, p. 126)、少額であり、主な収入は土地からのものだったと思われる。七世紀については史料はない。

(132) J. Mossay, P. Yannopoulos, op. cit., pp. 55–7.『エクロゲー』は兵士に農業を禁じ、収入源として、ῥόγα(給料)を挙げている。

(133) JGR. I, p. 204(九二二年).

(134) 古代ローマからビザンツへの移行については、さしあたり二つの研究動向紹介、問題提起論文を挙げておこう。G. Weiß, 'Antike und Byzanz: Die Kontinuität der Gesellschaftsstruktur', HZ. 224(1977), S. 529–60 は連続説の立場から、多岐にわたる問題を要領よく整理した好論文。連続説批判としては、З. В. Удальцова, К. А. Осипова, 'Особенности феодализма в Византии', Вопросы Истории, 1974–10, стр. 85–108 がある。

(135) A・J・トインビー『歴史の研究』第八巻、「歴史の研究」刊行会、一九六八年、一三六ページ。

(136) この点に関しては、堀米庸三「ヨーロッパとは何か」、増田四郎編『西洋と日本、比較文明的考察』、中央公論社、一九七〇年、六三ページ以下を参照せよ。

なお聖像破壊問題全般にわたっては、森安、前掲書、一〇八―二七ページに優れた叙述がある。本項執筆に際して同書の叙述を参考とした。古典的研究としては、G. Ostrogorsky, Studien zur Geschichte des byzantinischen Bilderstreites, Breslau, 1929 以下オストロゴルスキーの業績がある。

(137) Theophanes, 404.

(138) Ibid.

(139) Theophanes, 408–9. レオーン三世はみずから 'βασιλεὺς καὶ ἱερεύς εἰμι'「朕は皇帝にして主教なり」と名乗った。cf. G. Ostrogorsky, Geschichte, S. 135, Anm. 5.

(140) Theophanes, 427–8. Nicephorus, 65. G. Ostrogorsky, Geschichte, S. 144.

(141) Theophanes, 437.

(142) ステファノスの殉教については、Theophanes, 436–7. 連座事件については、ibid., 438. cf. Nicephorus, 72.

(143) Theophanes, 445–6.

(144) レオーン四世時代の迫害としては、数名の官位保有者が「至聖なるイコンを崇拝したという理由で捕えられた」事件だけである。Theophanes, 453.

(145) Theophanes, 458.

(146) G. Ostrogorsky, Geschichte, S. 148.

(147) Ibid., S. 149. Theophanes, 462–3.

(148) Theophanes, 465–6.

(149) G. Ostrogorsky, Geschichte, S. 150.

(150) 反乱は失敗し、ストラテーゴスのアレクシオス・ムーセルスは失脚した。Theophanes, 467. 七九三年五月に再びテマ－アルメニアコンで反乱があったが、それも失敗に終わった。Theophanes, 468–9.

(151) G. Ostrogorsky, Geschichte, S. 169 ff.

(152) F. Masai, 'La politique des Isauriens et la naissance de l'Europe', B. 23(1963), pp. 191–221. とくにp. 194は小アジア出身の兵士と聖像破壊運動の親和性を説く。これに対して、W. E. Kaegi, 'The Byzantine Armies and Iconoclasm', BS. 27(1966), pp. 48–70はそれを否定し、小アジアの軍隊が聖像破

壊の立場をとるのは、コンスタンティノス五世による努力(たとえば七六五年の高官の大量処刑、親聖像破壊派の人物のストラテーゴス任命(Theophanes, 440)のためであるとする。なお、H. G.-Ahrweiler, 'L'Asie Mineure', p. 23は小アジアの住民と聖像破壊の親和性を説き、P. Brown, 'A Dark-Age Crisis: Aspects of the Iconoclastic Controversy', EHR. 88(1973), pp. 1–34は、Kaegi説を支持している。ブラウンの論文は、聖像破壊問題に関する通説を全面的に批判したものである。

(153) 森安、前掲書、一一〇―一一五ページ参照。

(154) P. Charanis, 'The Monastic Properties and the State in the Byzantine Empire', DOP. 4(1948), pp. 51–118, p. 54.

(155) Theophanes, 443.

(156) Ibid., 408.

(157) レオーン三世はイタリアへ艦隊を送ろうとしたが失敗した(Theophanes, 410)。艦隊に乗り組んだのは、主としてエーゲ海地方の兵士であり、彼らは聖像崇拝派であったことも注目すべきである。cf. F. Masai, op. cit., pp. 196–7.

(158) Regesten, 301. 編者デルガーはレオーン三世のものとしたが、批判もあって確定は困難である。cf. G. Ostrogorsky, Geschichte, S. 142.

(159) Ibid., S. 142. 聖像破壊を強行したコンスタンティノス五世が、イタリアを無視し(七五一年、ラヴェンナ陥落)、その反面、前後九回にわたる対ブルガリア遠征を行なったこともまた、ビザンツ帝国の新しい性格、その進むべき方向を示しており、興味深い。

第二章　ビザンツ帝国の発展

1　マケドニア朝専制国家の確立

一　帝国の強大化

最初に二つの史料を引用してみたい。

①テオファネス『年代記』七一七／八年の条より、[1]

「……アジア（小アジア）で冬を過したマサルマース（カリフの弟）はレオーン〔三世〕の約束を期待していた。しかしレオーンから何も得られなかったので、欺かれたと知って、彼はアビュドスへ進み、充分な兵力をトラキアへ渡らせ、そして帝都へと向った。彼はまたカリフのスーレイマンにあてて、装備を整えた艦隊を率いて来てくれるよう手紙を書いた。トラキア地方の城を荒したマサルマースは、八月一五日に都を包囲した。人々は陸の城壁のまわりに大きな堀を掘り、その上に胸までの高さのある石造の周壁を築いた。第一インディクティオの年（七一七年）九月一日にキリストの敵スーレイマンは、彼の艦隊とエミールたちを率いてやってきた。彼は戦艦・輸送船一八〇〇隻の大船隊をもち、マグナウラ〔宮殿〕からキュクロビオン岬に至る間に停泊した。二日後南風が吹くと、艦隊はそこから出航し、都の沖を航行した。ある船はエウトロピオン港やアンテーミオン港にまで航行し、別の船はトラキア側へ行き、ガラタの要塞からクレイディオンに至るまでの間に錨をおろした。大きな船は荷物を積んでおり、行動が不自由なので、それを守るために、それぞれ一〇〇人の兵士を乗せた二〇隻の戦艦が後方を警固していた。ところがなぎになり、海峡にはわずかしか風が吹かなかったので、船は潮に流されて海峡の外へと押し流された。敬虔なる皇帝はただちに、アクロポリスから火の船を敵に向けて出し、神の加護の下に、敵船を炎上させた。敵艦の一部は火を出しながら海の城壁へと追い払われ、別の船は乗員もろとも海中深く沈んだ。他の船は被害を受けて、オクセイア島、プラテイア島にまで逃げた。今や都の人々は勇気を得た。逆に敵は、液体の火の恐るべき働きを知って、大いに恐れを抱いた。そこで彼らはその日の夕刻に、海の城壁に錨をおろし、城壁に迫ろうとした。しかし神は、至聖なる聖母マリアの祈りに答えて、敵の計略を打ち砕かれた。この夜、敬虔なる皇帝は、秘かにガラタの港から鎖を取りはずした。敵は、皇帝が自分たちを誘うつもりでそうしたのだと考えて、あえて中に入り、ガラタの内側に錨をおろすことをしようとはしなかった。彼らはソステイニオン湾に航行し、そこに艦隊を退避させた。一〇月八日に、アラブ人の長、スーレイマンが死んだ。そしてウーマルが後を継いだ。トラキア地方ではとても厳しい冬となり、雪が積って一〇〇日間も地面が見えないほどであった。そのため敵の馬、ラクダ、その他の家畜が多数死んだ。春に、スーピアムがエジプトで編成された、四〇〇隻の戦艦と輸送船からなる艦隊を率いてやってきた。彼はローマ人の火の働きを知ると、ビテュニア地方へ向い、さらに対岸へ進んで、カロス-アグロス湾に錨をおろした。そのすぐ後に、武器と食糧を積んだ三六〇隻からなる、アフリカで編成された艦隊を率いて、イジドがやってきた。彼も同様に、液体の火についいて同じことを知ると、サテュロス、ブリュアス、そしてカルタリメノスまでに錨をおろした。この両艦隊のエジプト人はお互いに示し合わせて、夜に戦艦から小船を出して、都へ逃げ込み、そして皇帝に、ヒエレイアから都に至るまで海が船でいっぱいであると告げた。両艦隊が湾内に隠れていることをこうして知った皇帝は、火を注ぐ管を戦艦や二段櫂船に取りつけ、両艦隊を襲うべく派遣した。けがれなき聖母の願いに答えて、神は加護を下され、敵は海中深くへと沈められた。我軍は、戦利品、敵の食糧をも分捕って、歓喜と勝利のうちに帰還した。他方で、マルダサンが、再びピュライからアラブ陸軍を率いて、ニカイア、ニコメディアを衝こうとした時、リボンとソフォンの地において、マルダイテース人の戦術にならって待ち伏せしていた皇帝のアルコンたちが、突然、歩兵を彼らに差し向け、その場から蹴散らし、敗走させた。対岸の事情もよくなったので、都から出る小船が多くの食糧を供給するようになった。同様に漁業、島や都の城壁の近くで魚を取ることもまた妨害されなくなった。他方、アラブ人のもとでは非常な食糧不足が生じていた。彼らは死んだ家畜のすべて、馬、ろば、ラクダを食べた。ある人のいうところでは、彼らは人間の死骸、自分たち自身の排泄物さえも鍋に投げ入れたり、塩づけにして食べたという。そのため、彼らの間ではペストのような病気が生じ、数え切れないほどの多くの者が死んだ。ブルガール人もまた彼らに対する戦いに加わった。正確に知っている人のいうところでは、二万二〇〇〇人のアラブ人が殺されたという。さらに多くの恐るべきことが、この時アラブ人を襲い、その経験から彼らアラブ人に次のようなことを教えたのである。神とけがれなき処女である聖母マリアが、この町とキリスト教徒の皇帝を守っているということ、そしてたとい、我々がその罪ゆえに一時的に罰せられることがあろうと、神は心の底から呼びかける者を決して見捨てはしないということを。」

②レオーン・ディアコノス『歴史』より、(2)

「春になると皇帝ヨハネスはその軍を集め(前年九七四年の夏、ヨハネス一世はシリア、メソポタミアに遠征を行ない、ニシビスを占領するなど大戦果を挙げ、バグダッドすら窺うほどであった)(3)、注意深く装備を整えた。そして帝都を出発し、聖書の言葉を用いるならば、乳と蜜が流れている豊かな土地、パレスチナへと向ったのである。皇帝は、シリア人の言葉でメンペゼースと呼ばれている要塞を攻撃した。激しい攻撃と種々の攻城器具を用いて、皇帝はこの要塞を占領して、そこに我らの救世主キリストのサンダルを見つけ、さらに聖なる洗礼者ヨハネの髪も見つけ、それらを神の贈物として自分のものにした。皇帝はキリストのサンダルを、宮殿内にある有名な聖母教会に、貴重な宝物として納め、ヨハネの髪の方は、新たに建てた救世主の聖堂に納めた。メンペゼースから皇帝は、強固で難攻不落といわれるアパメイアの城塞へと向った。この城も、皇帝は数日のうちに陥落させ、さらに軍を率いてダマスクス方面へと進んだ。この商業都市の住民たちは、高価な贈物を携えて町の前で皇帝を出迎え、皇帝に慈悲を請い願い、贈物によって恩恵にあずからんとした。が、皇帝は彼らに、一定額の恒常的な貢納を課し、ローマ人の臣下とした上で、リバノス(レバノン)山脈を越えて進軍を続けた。この険しい山脈は、この地方を横切り、フェニキアとパレスチナの自然の境界となっているのである。山脈の尾根に陣どっていた皇帝は、防御の堅固な町ボルゾを、不意打ちによって占領した。そこから皇帝はフェニキア地方へと道を下り、バラナイアイの要塞を占領し、ベイリュトス(ベイルート)を包囲した。この地において皇帝は、我らの聖地の十字架のイコンを見つけ、みずから建てた救世主の聖堂にそれを納めた。……バラナイアイとベイリュトスの占領後、皇帝はトリポリスまで進軍した。しかしこの町は一挙に占領することはできなかった。というのもこの町は険しい台地の上に広がっており、一方は海に洗われていて、他方、大陸側は強固な城壁によって守られていたからである。この地方では、海は湾となって風から守られており、良い停泊地として、港がおかれていた。そこで皇帝は再び出発し、進軍を続けて、沿岸の諸都市を占領した。」

(なおレオーン・ディアコノスのこの記事によれば、皇帝ヨハネス一世はダマスクスを服属させたのち、軍を返してレバノン山脈を越え、地中海沿岸の諸都市の征服に向ったとなっているが、実際には皇帝軍はさらに南下して、パレスチナの諸都市(ティベリアス、ナザレ、カイサレイア)を席巻し、エルサレムに迫る勢いであった。この遠征の直後、ヨハネスはアルメニアの王にあてて手紙を書いているが、その中で皇帝は、「全フェニキア、パレスチナ、シリアはサラセン人の軛から解放された」と、九七四―五年の二度の大遠征の成果を誇っている。[4])

二つの史料は対照的な世界を描いている。一方は、イスラム教徒に都を包囲され、滅亡に瀕している帝国。他方には、遠くシリア、パレスチナにまで攻め入り、バグダッドを、エルサレムを指呼の間に望んでいる皇帝。時を経ること二五〇年の間に、ビザンツ帝国は強大な国家となり、かつて二度にわたって都を包囲したイスラム勢力を打ち破って、東地中海に覇をとなえるに至った。帝国のこのような発展はどのようにして進んだのか、それを支えた力は何だったのだろうか。[5]

帝国の発展の第一歩はレオーン三世時代(七一七—四一)に求めることができる。七一七—八年のアラブ人の大侵入を撃退したことによって、帝国は約一世紀にわたった危機を最終的に脱出した。平和を回復したレオーン三世は支配体制の再建に乗り出した。レオーン三世の時代には、今後のビザンツ帝国の進む方向をはっきりと見てとることができる。

七世紀に成立したテマは、前章で検討したように、当初は、帝国の地方行政・軍事の単位というよりも、半独立政権という性格を濃くもっていた。中央政府の威令は各テマにはなかなか及ばなかったのである。このことはレオーンの即位に至る数年間の事態によく現われている。各テマは帝位をめぐって激しく争った。テマの反乱が相次ぎ、帝位はめまぐるしく変わった。帝国の支配体制を安定させるためには、これらのテマを皇帝権力の下に統御することが必要であった。しかしアラブ人の侵入が続いていた時代の皇帝たちには、そのような政策を実施する余裕はなかった。なぜならテマこそが、アラブ人の攻撃から各地方・都市を防衛できる組織であり、皇帝=中央政府は防衛力、安全の保障を各地方に提供する力をもたなかったからである。テマの改革が、アラブ人を撃退したレオーン三世によって始められたことは偶然ではない。

即位前、テマ-アナトリコンのストラテーゴスであったレオーンは、同テマの長官の権限の大きさ(すなわち皇帝にとっての危険性)を熟知しており、それに対する統制の必要性を感じていたに違いない。彼は統制策、ストラテーゴスの権限の縮小策として、同テマの分割を行なった。『テオファネス年代記』七一一年の条には、テマ－アナトリコンの長官の下に、トラケシオンのトゥールマルケース(地区長官)がみえ、七四二年(レオーンの死の翌年)の条には、トラケシオンのストラテーゴスの名が見える。(6) このことから、レオーン三世の治世の間に、テマ－アナトリコンの一地区であったトラケシオンが、分離されて独立のテマに昇格したと推測できるのである。カラビジアノン－テマ(海のテマ)が解体されて、キビュライオートン、クレタ、エーゲ海、の各テマが誕生したのも、レオーン三世の時代であった。(7) レオーン三世によって始められたテマの分割は、続く皇帝たちによって受け継がれてゆく。

テマの分割は、中央政府の指導下に地方行政を円滑に進めるために行なわれたといえよう。統治・行政の円滑化のために、レオーン三世は法典の整備も行なった。レオーン三世の法典『エクロゲー』は、私法・刑法のうち日常よく用いられるものを集め、編纂した、便利な小型法典である。『エクロゲー』は『ローマ法大全』に基づきつつも、ローマ法にはみられない規定も含まれており、オリエントの法慣習、キリスト教の影響がみられると、一般にはいわれている。(8) このような法典が編まれたということは、支配体制を整備し、より効果的な統治を行なおうとする努力の現われであった。

さらにレオーン三世によって始められ、続くコンスタンティノス五世によって一層大規模に行なわれた聖像破壊運動も、第一章でふれたように、皇帝権力の強化につながるものであった。こうしてレオーン三世の時代は、専制国家体制の確立に向けての歩みが始まった時代であった。

レオーン三世以降の帝国の発展を、対外関係を中心に概観しておこう。コンスタンティノス五世は、南部を除いてイタリアを放棄する一方で、バルカン半島での遠征活動に力を注いだ。これはギリシア的・ラテン的帝国から、ギリシア的・スラヴ的帝国への変化を示すものであった。その後も歴代の皇帝は、バルカンのスラヴ系諸民族を帝国の支配下におこうと努力を続けた。たとえば、九世紀初頭のニケフォロス一世(在位八〇二―一一)は、将軍スクレーロスにペロポネソス遠征を行なわせ、スラヴ人を撃破して、八〇五年にパトラスの町を再建した。そして五八七年のアヴァール人による破壊以来、南イタリアに亡命していたかつての市民の子孫を移住させたのである。スラヴ人はただちに反撃に転じ、八〇七年にはこの町を包囲した。テマの軍団の救援は間に合わなかったが、市民はみずから武器をとってスラヴ人を撃退した。ニケフォロスはこの地方を完全に支配下におくために、八一〇年にこの地方へギリシア人の大規模な植民を行なった。これはスラヴ人の同化、キリスト教化をはかるためでもあった。この植民政策は国内ではきわめて悪評であったが、結果としては成功し、ペロポネソス地方は再ギリシア化された(9)。

スラヴ人を帝国の支配下におくことは容易には進まなかった。ニケフォロス一世自身、八一一年にはブルガリア遠征中に戦死した。ブルガリア王国のクルム汗はニケフォロスの頭蓋骨で杯を作り、大宴会を開いたという。一〇世紀初めにはブルガリア王国は最盛期を迎え、シメオン王はコンスタンティノープルを包囲し、交渉ののち、都に迎え入れられて、総主教よりブルガリア人の皇帝《バシレウス》として戴冠される程の勢いをみせた。しかし全体としてみれば、ビザンツ帝国はこれら南スラヴ人を次第にその支配下に組み入れていった。軍事遠征で彼らを屈服させたのち、占領地域に新たなテマを設置するという方法で、バルカンの帝国領化、ギリシア化は進められた。七世紀末―八世紀初にバルカンにおかれていたテマは、テマートラキアとテマーヘラスだけであったが、八世紀末―九世紀初には、テマーマケドニア、ペロポネソス、九世紀にはケファレーニア、テサロニカ、ドュラキオン、ニコポリス、ストリュモン、ダルマティアというようにテマが順次設置されていった。これは帝国の支配領域の拡大を示すものである。(10)

九世紀後半には南スラヴ諸民族をキリスト教に改宗させることに成功した。(11) ブルガリアをめぐっては、東フランク、ローマ、ビザンツの間で角逐があったが、結局ブルガリア教会はコンスタンティノープルの管轄下に置かれることになった。セルビア人もギリシア正教を受け容れ、ブルガリア、セルビアはギリシア正教圏に属した。さらに一〇世紀末には、北方のロシア人もまたギリシア正教に改宗した。このようなギリシア正教圏の拡大は、九―一〇世紀のビザンツ帝国の発展によって支えられていたといえよう。

東方国境においても帝国の勢力は前進した。レオーン三世の即位の年に生じたアラブ人のコンスタンティノープル包囲以降、一進一退はあったが、全体としてみれば、ビザンツの勢力がアラブ人を次第に圧倒してゆくという過程にあった。一〇世紀に入るとビザンツの攻勢は目覚しくなり、九六一年にはクレタ島を奪回し、東地中海の制海権を完全に掌握した。九六五年にはアンティオキアを攻略した。東方世界の重要都市であり、五大主教座の一つであったアンティオキアがビザンツ領となったことは、帝国の威信をいよいよ高めた。そのあとを受けて行なわれたのが、先にあげたヨハネス一世の、シリア、パレスチナへの大遠征である。ビザンツの軍団はこの地方を席巻し、七世紀にアラブ人に奪われた聖都エルサレムを、キリスト教徒の手に取り戻す日も近いと思わせた。

七世紀の混乱の中から生まれた新しい国家、ビザンツ帝国は、八世紀のレオーン三世の時代を出発点として、次第に支配体制を整えてゆく。聖像破壊というオリエント的要素の「反動」を最終的に乗り切った直後、ちょうど南スラヴ民族をキリスト教化しつつあった九世紀後半に、ビザンツ帝国に新しい王朝が生まれた。その後約二〇〇年続く、マケドニア王朝(八六七―一〇五六)である。この王朝の下でビザンツは、専制国家体制を完成させ、東地中海に覇をとなえ、南・東スラヴ諸民族を政治的・文化的に主導する強国となった。

二　官僚制の完成

帝国の発展、その版図の拡大は、支配機構の整備・発展と平行していた。地方行政については、第一章でみたように、七世紀の危機・混乱の中で旧ローマ帝国の行政機構が解体したのち、新しい支配機構として、テマ制が生まれた。中央の行政機構にも大きな変化があった。本項では、帝国が最盛期を迎える直前、九世紀末―一〇世紀初の中央の行政機構を概観する。

帝国の行政機構を知るためのまとまった史料としては、「タクティコン」と一般に呼ばれている官位表がある。九―一〇世紀にはいくつかの「タクティコン」が編まれたが、ここでは、その中でももっとも詳しい、フィロテオス編のもの(八九九年)を取り上げてみよう。[12] 分析を行なうに先立って、同史料についてあらかじめ説明を加えておきたい。フィロテオスは次のように書き出している。

「皇帝の宴における序列についての正確なる陳述、及び各官位の呼称と名誉。我らが皇帝、キリストの友、もっとも賢明なるレオーンの治世、第三インディクティオの年、天地創造より六四〇八年の九月に、プロートスパタリオス・バシリコーンにしてアトレークリネースのフィロテオスによって、古いクレートロロギオンから作成されたもの。[13]」

著者フィロテオスはアトレークリネースという職にあった。その仕事はクレートリオンと呼ばれた。クレートリオンとは晩餐という意味であり、彼の仕事は皇帝の晩餐会に招かれた客を、その序列に従って、順次名を呼び上げ、指定の席につかせることである。それを行なうために、各官位の序列を記したリストが作られた。このリストのことをクレートロロギオン(クレートリオンのリスト)、あるいはタクティカ・クレートロロギアと呼ぶのである。フィロテオス編のこの文書は、一般に『クレートロロギオン』と呼ばれてきたが、以下にみるように、単なるクレートロロギオン、タクティカ・クレートロロギアには含まれない記事も載せている。それゆえ『フィロテオスのクレートロロギオン』という通常の呼び方の代わりに、『フィロテオス文書』と本書では呼ぶことにしたい。[14]

『フィロテオス文書』は四つの章と付録から成り立っている。第一章は、まず一八段階の爵位を説明し、続いて皇帝直属の官職六〇を上位から列挙する。さらにこれら六〇人の直属官に属する下級官僚を、各官職ごとにまとめて挙げている。第二、三章は、第一章で示した爵位・官職の序列に基づきつつ、アトレークリネースによって呼び上げられる順に官位を列挙している。この部分が本来のクレートロロギオンである。第四章は、クリスマスより始めて、一年の宮廷での晩餐会・宴の式次第を記したもの、付録は、いろいろな機会ごとに皇帝から臣下に対して与えられる贈物が記されている。本項では主として第一章を用いる。第一章は、二、三章で示される席次の原理を示したものといってよい。『フィロテオス文書』の他のタクティコンとの違い、史料としての大きな価値は、この部分にある。我々は『フィロテオス文書』の第一章を通じて、九世紀末の官位制を知ることができるのである。

第一章ではまず個人の序列を定める二つの基準が述べられる。一つは「位標による官位 ἀξίαι διὰ βραβείων」、他は「言葉による官位 ἀξίαι διὰ λόγου」である。前者は就任の際に、その官位を象徴する品物（たとえば、スパタリオスは金色の柄の剣、クーロパラテースは金の刺繡入りの赤い衣と短マントと帯)が与えられる官位であり、後者は皇帝から口頭で任じられる官位である。若干の例外はあるが、大体次のように区別することができる。「位標による官位」は職務を伴わないもので、原則として終身の地位である。「言葉による官位」は固有の職務をもち(大部分はその下に部局・役人をもつ)、その地位は短期間で交代することも多い。前者を爵位、後者を官職と考えることができるだろう。[15]

爵位から取り上げてみよう。フィロテオスは一八段階の爵位を列挙している(表1)。ゾーステー・パトリキア以上の四つの爵位は、皇帝一族に与えられる特別の称号である。パトリキオス以上マギストロスまでの爵位は、文武の高官に与えられる。プロートスパタリオス以下の爵位は二つに区分され、それぞれ「皇帝の爵位」と「元老院の爵位」と呼ばれる。前者はその起源を、皇帝に対する個人的(とくに軍事的)奉仕にもつものであり、後者は完全な名誉称号で、保有者は職務を一切もたず、儀式に参加するだけである。[16]

いくつかの爵位について、その起源を検討してみよう。

(イ)マギストロス。[17] 後期ローマ帝国の最高の行政官 magister officiorum に由来する爵位である。magister officiorum は七世紀にその職務の大部分を失った。八世紀には μάγιστρος という官位が有力なパトリキオスに与えられることがあったが、それは終身の称号であった。この場合にはまだ皇帝顧問官という職務もそこに含まれていたようである。ところが九世紀の史料では三名が同時にマ

表1 『フィロテオス文書』(899年)によるビザンツ帝国の爵位

序列	爵　位　名	位　　標	
1	καῖσαρ カイサル	十字架なしの冠	皇族
2	νωβελίσσιμος ノーベリシモス	金糸刺繡入紫紅衣，マント，帯	〃
3	κουροπαλάτης クーロパラテース	金糸刺繡入緋衣，マント，帯	〃
4	ζωστὴ πατρικία ゾーステー・パトリキア	象牙の銘板(叙任証)	〃
5	μάγιστρος マギストロス	金の肩あて付金糸刺繡白衣，マント	文武高官
6	ἀνθύπατος アンテュパトス	緋文字で書かれた叙任証	〃
7	πατρίκιος パトリキオス	象牙板法律文書様式の叙任証	〃
8	πρωτοσπαθάριος プロートスパタリオス	宝石付金のカラー	皇帝の爵位
9	δισύπατος ディシュパトス	叙任証	元老院の爵位
10	σπαθαροκανδιδᾶτος スパタロカンディダートス	胸まで垂れる宝石入金鎖付カラー	皇帝の爵位
11	σπαθάριος スパタリオス	金の柄の剣	〃
12	ὕπατος ヒュパトス	叙任証	元老院の爵位
13	στράτωρ ストラトール	宝石付金色の鞭	皇帝の爵位
14	κανδιδᾶτος カンディダートス	胸までの金鎖付カラー	〃
15	μανδάτωρ マンダトール	赤い杖	〃
16	βεστίτωρ ヴェスティトール	フィブラトーリオン	元老院の爵位
17	σελεντιάριος セレンティアリオス	金色の杖	〃
18 a	στρατηλάτης ストラテーラテース	叙任証	〃
18 b	ἀπὸ ἐπάρχων アポ・エパルコーン	叙任証	

ギストロスとなっている例も見られ、時とともにその数は増えていった。マギストロスは単なる爵位になったのである。

(ロ)アンテュパトス。[18] ローマの proconsul に由来する爵位。プロコンスルは属州の文官であったが、テマ制（ストラテーゴスによる文武両権の掌握）によって有名無実化した。九世紀から現われるアンテュパトスは、以前のプロコンスルとは別のもので、パトリキオスの上の爵位であった。

(ハ)プロートスパタリオス。[19] 第一の太刀持ちというその名が示すように、本来は皇帝のスパタリオス（太刀持ち）の長官であった。すでに七一七／八年には単なる爵位となっていた。この年プロートスパタリオスにしてシチリアのストラテーゴスであるセルギオスなる人物が『テオファネス年代記』に現われる。[20] シチリアのストラテーゴスが帯びていたプロートスパタリオスという官位は、本来の職務を失った単なる名誉称号・爵位であったに違いないのである。

(ニ)ヒュパトス。[21] ラテン語のコンスルにあたる語である。ユスティニアヌス大帝によるコンスル職の廃止（五四一年）後、コンスル＝ヒュパトスも名誉称号・爵位となった。

以上の例から、九―一〇世紀の爵位について次のように考えることができる。九―一〇世紀の爵位の多くは、後期ローマ帝国の官職がその本来の職務を失って、名誉称号化したものである。この変化の時期はほぼ七世紀と考えられる。この頃にいくつかの新しい爵位が作られたことも、それを裏づけている。[22] 七世紀の混乱の中で、後期ローマ帝国の行政機構がその機能を失った後、官職・爵位の再編が行なわれた。七―八世紀の史料がほとんど残っていないため、再編の過程がどのようなものであったのかは不明である。我々は、『フィロテオス文書』やその他のタクティコンを通じて、その結果だけを知っている。

『フィロテオス文書』は次に六〇の皇帝直属官職を位の高い順に並べている(表2)。官職は七種類に分類されている。[23] (イ)ストラテーゴス(属州の軍事・行政)、(ロ)ドメスティコス(中央の軍事)、(ハ)クリテース(司法)、(ニ)セクレティコス(財務)、(ホ)デーモクラテース(市民団体)、(ヘ)ストラタルケース(宮廷警備)、(ト)その他特別の職、である。

まず注目すべきは皇帝直属官僚の数の多さである。後期ローマ帝国の官職表『ノティティア・ディグニタトゥム Notitia Dignitatum』では、帝国東部における皇帝直属官僚は、二二名に過ぎなかったのに対して、『フィロテオス文書』では六〇名にも上っている。支配領域の縮小を考慮に入れれば、二二→六〇という増加は数字が示す以上の大きな変化であったといえよう。[24] 皇帝直属官僚の増加は、地方行政単位の細分化(テマの分割・新規設置――前述)と中央官庁の細分化のためである。かつては各官庁の長官が多数の部局・役人を従えて、皇帝に仕えていたのが、次第に各部局の長が独立して、それぞれ皇帝に直接責任を負うように変わったためである。テマの細分化と同様に、このような変化は、皇帝権の強化、皇帝に対抗しうるような大きな権力をもつ者の出現防止をめざしていた。すべてが皇帝に一元的に帰するような体制、皇帝専制体制の確立をそこに読みとること

表 2　『フィロテオス文書』(899 年)によるビザンツ帝国の官職

序列	官　職　名	職　　務
1	βασιλεοπάτωρ	「皇父」，皇帝顧問官
2	ῥαίκτωρ	元老院議長
3	σύγγελλος	総主教顧問官
4	στρατηγὸς τῶν ᾿Ανατολικῶν	テマ－アナトリコン(小アジア)長官
5	δομέστικος τῶν σχολῶν	スコライ軍団(中央軍)司令長官
6	στρατηγὸς τῶν ᾿Αρμενιάκων	テマ－アルメニアコン(小アジア)長官
7	στρατηγὸς τῶν Θρακησίων	テマ－トラケシオン(小アジア)長官
8	κόμης τοῦ ᾿Οψικίου	テマ－オプシキオン(小アジア)長官
9	στρατηγὸς τῶν Βουκελλαρίων	テマ－ブーケラリオン(小アジア)長官
10	στρατηγὸς Καππαδοκίας	テマ－カッパドキア(小アジア)長官
11	στρατηγὸς Χαρσιανοῦ	テマ－カルシアノン(小アジア)長官
12	στρατηγὸς Κολωνείας	テマ－コローネイア(小アジア)長官
13	στρατηγὸς Παφλαγονίας	テマ－パフラゴニア(小アジア)長官
14	στρατηγὸς τῆς Θρᾴκης	テマ－トラキア(バルカン)長官
15	στρατηγὸς Μακεδονίας	テマ－マケドニア(バルカン)長官
16	στρατηγὸς Χαλδίας	テマ－カルディア(小アジア)長官
17	δομέστικος τῶν ἐξκουβίτων	エクスクービテース軍団(中央軍)司令長官
18	ἔπαρχος Πόλεως	市総督，司法
19	στρατηγὸς Πελοποννήσου	テマ－ペロポネソス(バルカン)長官

20	στρατηγὸς Νικοπόλεως	テマ－ニコポリス(バルカン)長官
21	στρατηγὸς τῶν Κιβυρραιωτῶν	テマ－キビュライオートン(海)長官
22	στρατηγὸς Ἑλλάδος	テマ－ヘラス(バルカン)長官
23	στρατηγὸς Σικελίας	テマ－シチリア長官
24	στρατηγὸς Στρυμόνος	テマ－ストリュモーン(バルカン)長官
25	στρατηγὸς Κεφαλληνίας	テマ－ケファレーニア(バルカン)長官
26	στρατηγὸς Θεσσαλονίκης	テマ－テサロニカ(バルカン)長官
27	στρατηγὸς τοῦ Δυρραχίου	テマ－デュラキオン(バルカン)長官
28	στρατηγὸς τῆς Σάμου	テマ－サモス(海)長官
29	στρατηγὸς τοῦ Αἰγαίου πελάγους	テマ－エーゲ海諸島(海)長官
30	στρατηγὸς Δαλματίας	テマ－ダルマティア(バルカン)長官
31	στρατηγὸς Χερσῶνος	テマ－ケルソン長官
32	σακελλάριος	財務長官
33	λογοθέτης τοῦ γενικοῦ	税務長官
34	κυαίστωρ	司法長官
35	λογοθέτης τοῦ στρατιωτικοῦ	軍隊財務長官
36	δρουγγάριος τῆς βίγλας	宮殿護衛長官
37	λογοθέτης τοῦ δρόμου	運輸・外務長官
38	δρουγγάριος τοῦ πλοΐμου	首都海軍司令長官
39	πρωτοσπαθάριος τῶν βασιλικῶν	皇帝親衛隊長
40	λογοθέτης τῶν ἀγελῶν	御料牧地管理長官
41	δομέστικος τῶν ἱκανάτων	ヒカナトス軍団(中央軍)司令長官
42	δομέστικος τῶν νουμέρων	ヌーメロス監獄長官
43	δομέστικος τῶν Ὀπτιμάτων	テマ－オプティマトン(小アジア)長官
44	κόμης τῶν τειχέων	城壁監獄長官

45	χαρτουλάριος τοῦ σακελλίου	国庫文書局長官
46	χαρτουλάριος τοῦ βεστιαρίου	国家財産収蔵庫管理長官(衣服)
47	χαρτουλάριος τοῦ κανικλείου	皇帝文書確認官，祐筆
48	πρωτοστράτωρ	馬丁長官
49	πρωτοασηκρήτης	尚書局長官
50	ἐκ προσώπου τῶν θεμάτων	各テマの臨時長官
51	κόμης τοῦ σταύλου	馬屋長官
52	ἐπὶ τοῦ εἰδικοῦ	国家財産収蔵庫管理長官(貴金属)
53	μέγας κουράτωρ	皇帝領管理長官
54	κουράτωρ τῶν Μαγγάνων	マンガナ所領管理長官
55	ἐπὶ τῶν δεήσεων	請願・上訴管理局長官
56	ὀρφανοτρόφος	孤児院管理長官
57	δημάρχης Βενέτων	「青党」長官
58	δημάρχης Πρασίνων	「緑党」長官
59	ἐπὶ τοῦ καταστάσεως	儀式長官
60	δομέστικος τῶν βασιλικῶν	皇帝親衛隊長

ができる。

続いてもう一つの特色として、特別の官職を除くと、各テマの長官ストラテーゴスが上位を占め、またドメスティコスの地位も比較的高く、全体として軍人優位で、文官の地位が低いことが挙げられる。その地理的位置のために、帝国が東西において絶えず戦いを行なわなければならなかったことの反映であろう。

フィロテオスは続いて、各直属官の下で任務を分掌する役人を列挙している。[25] たとえばアナトリコンのストラテーゴスの下には、

①トゥールマルケース(地区長官)
②メリアルケース(小地区長官)
③コメース・テース・コルテース(幕

僚長)
④カルトゥーラリオス・トゥー・テマトス(テマ財務官)
⑤ドメスティコス・トゥー・テマトス(中央軍団のテマ分隊司令官)
⑥ドルーンガリオス・トーン・バンドーン(分隊長)
⑦コメース・トーン・バンドーン(分隊長)
⑧ケンタルコス・トーン・スパタリオーン(ストラテーゴス親衛隊長)
⑨コメース・テース・ヘタイレイアース(ストラテーゴス親衛隊長)
⑩プロートカンケラリオス(第一尚書)
⑪プロートマンダトール(第一伝令)
⑫マンダトール(伝令)

がいた。また中央の財務を司る長官の一人、ロゴテテース・トゥー・ストラティオーティクー(軍隊財務長官)の下には、
①カルトゥーラリオス・トゥー・セクレトゥー(財務局長)
②カルトゥーラリオス・トーン・テマトーン(テマ軍の財務)
③カルトゥーラリオス・トーン・タグマトーン(タグマタ＝中央軍の財務)
④レガタリオス(不明、警察的役割か)

⑤オプティネス（給料係）

⑥プロートカンケラリオス（第一尚書）

⑦マンダトール（伝令）

がいた。②カルトゥーラリオス・トーン・テマトーンは、テマ軍団の登録を行ない、軍籍簿の管理を行なう職であるが、同時に各テマのストラテーゴスの下僚でもあった。中央と地方を結ぶ位置にあった役人といえよう。下級役人の多くは終身の職であり、売買も行なわれた。そのためであろう、フィロテオスはこれら下級役人を「言葉による官位」＝官職（直属官）とははっきり区別している。[26]

このあとフィロテオスは宦官の官位について記している。[27]宦官に与えられる官位（爵位・官職）が非常に多いこともまた、皇帝専制体制の強さを示すものといえよう。我々は『フィロテオス文書』第一章を通じて、皇帝を頂点とする官僚制度・身分制度を知ることができるのである。

第二、三章は本来のクレートロロギオンであって、第二章は高位高官をその席次順に並べ、第三章は、それより下の官位まで列挙している。[28]その順序は上位から、

コンスタンティノープル総主教

カイサル

ノーベリシモス

クーロパラテース

バシレオパトール
ゾーステー・パトリキア
以上の六つの官位の保有者は、宴の時に皇帝と同じテーブルにつく。続いて
マギストロス
マギストロス
ライクトール
ローマ教皇のシュンケロス(顧問官)
コンスタンティノープル総主教のシュンケロス
(オリエントの各総主教のシュンケロス)
ブルガリア大主教
宦官のパトリキオス
アンテュパトス、パトリキオス位のテマ－アナトリコンのストラテーゴス
アンテュパトス、パトリキオス位のスコライ軍団のドメスティコス(司令長官)
アンテュパトス、パトリキオス位のテマ－アルメニアコンのストラテーゴス
と続き、さらに

とこれ以下、第一章で挙げた官職リストとほぼ同じ順で続く。

この席次は、教会関係を除くと、次のような原則に基づいている。(29) 爵位の序列(表1)が第一の基準である。マギストロスはアンテュパトスに、アンテュパトスはパトリキオスに優先する。同一の爵位の保有者間においては、官職をもつ者がもたない者に優越する。さらに官職をもつ者の間では、その官職の序列(表2)に従い、もたない者の間での序列は、その爵位への就任順となる。つまり席次は、官職をもつアンテュパトス(官職の序列の順)――官職をもたないアンテュパトス(就任順)――官職をもつパトリキオス(官職の序列の順)――官職をもたないパトリキオス(就任順)――以下同様、となるわけである。下級役人の序列は、基本的には彼らのもつ爵位によるわけであるが、その他に彼らの長官の席次によっても規定されている。各官職に属する下級官僚名が、席次の原則を記した第一章に記載されているのは、このためであると思われる。

以上、『フィロテオス文書』を通じて、九―一〇世紀の身分制・官僚制を考察してきたが、それを帝国史の流れの中に位置づけると次のようになるだろう。

後期ローマ帝国の諸官職が、七世紀にその機能を失って消滅したり、名目化して職務を伴わない名誉称号となる一方で、新しい爵位・官職が必要に応じて置かれるようになった。それらを整理し、体系化したものが、九世紀から現われる「タクティコン」と呼ばれる文書である。九―一〇世紀の一連の「タクティコン」はほぼ同一の官位序列を示している。(30) このことは、九―一〇世紀がビザンツ国家の安定期であったことを意味する。この国家は、皇帝を頂点とする官僚制を備えており、それに対応する身分(爵位)制度をもっていた。爵位と官職との間には相関関係があり、身分制度もまた皇帝を頂点とする一元的な制度であった。

この官僚制・身分制は、一一世紀に崩れた。社会関係の変化に伴って、従来の身分制度(官職に対応し、皇帝を頂点とする一元的な爵位の制度)が現実に合わなくなっていった。皇帝を頂点とする官僚制機構もまたこの時代に緩んでいった。一一世紀の末に即位したアレクシオス一世コムネノスは、多数の新称号を作り、爵位体系を根本的に改めて、支配体制を再建しようとした。そこに誕生した体制は、九―一〇世紀の皇帝専制体制とは多くの点で異なっていた。官位の制度からみて、我々は、一一世紀を境として、ビザンツ帝国を時代区分することができるのではないだろうか。

三　法体系・文書行政の整備

前項でみたような中央集権的官僚機構が実際に機能するためには、いろいろな条件が必要であることはいうまでもない。その条件として、整備された体系的な法、行政を円滑に進めるための文書、そして実際に機構を動かす人間＝官僚の養成、それを維持するための財源などが挙げられる。本項では官僚制を機能させ、専制国家を支えたものとして、法体系と文書行政を取り上げてみたい。

周知のように、ビザンツ帝国はローマ法を国家の基礎としていた。ユスティニアヌス大帝時代に完成した『ローマ法大全』はビザンツ帝国の根本法典であった。[31] それにもかかわらず、実際には同法典が直接用いられることはさほど多くなかった。というのは第一に、七世紀へラクレイオス帝時代からギリシア語が公用語となったため、ラテン語で書かれている『ローマ法大全』を理解できない者が増えたからである。第二に、法の基礎にある社会関係が変化したことが挙げられる。古い法の中には実際には適用できないものもあり、また新たな立法によって効力を実質上失った法もあった。有名無実化した法を整理し、新しい法を採り入れて、法典を再編纂することが必要となっていた。

すでに八世紀前半にレオーン三世は、『エクロゲー』と呼ばれる法典を編纂させた。しかし『エクロゲー』は小型法典であり、かつ聖像破壊主義者の法典であるという理由から、帝国内では余り用いられなかった。『ローマ法大全』の改編という大事業を行なったのは、マケドニア王朝初代皇帝バシレイオス一世(在位八六七—八六)とその子レオーン六世(在位八八六—九一二)であった。ビザンツ帝国は同王朝時代に最盛期を迎えるが、帝国の発展の基礎には、統治を効果的に行なうための不可欠の前提として、法典の編纂、法体系の整備があったのである。

新しい王朝を開いたバシレイオスは、まず裁判制度の改革を試み、統治の安定をはかろうとした。年代記作者の伝えるところによると、(32) 裁判が公正に行なわれておらず、一部の者の私利で動いていることに気づいた皇帝は、まず身分を問わず良き裁判官を選ぶことに努め、また地方の貧しい人々が都で裁判を受けられるような設備・制度を整え、ついにはみずから裁判を行ないもしたという。

裁判上の混乱が生じた原因は、法典の不備にもあった。[33] 裁判官の多くは、『ローマ法大全』のギリシア語版注釈や抜粋を用いていたからである。これらの注釈・抜粋は私編のもので、不正確な点や曖昧な点が多かった。裁判官の裁量・恣意の働く余地が大きかったのである。

裁判の改革、秩序の確立のために法典の整備が必要であると考えたバシレイオス一世は、『ローマ法大全』を改訂し、ギリシア語版の法典を編纂することを命じた。彼の治世のうちに完成したのは、『プロケイロン(備要)』と『エパナゴーゲー(入門)』という二つの小型法典であった。[34] いずれも裁判官のための手引きという性格をもっている。『プロケイロン』『エパナゴーゲー』はそれぞれ序文において、この法典は、『大法典六〇巻』『古き法の改訂法典四〇巻』の入門であると述べている。そこにいう六〇巻、四〇巻の大法典が何を指すのかは明らかではない。恐らくバシレイオス一世時代に準備され、続くレオーン六世時代に完成した『バシリカ法典六〇巻』のことを指すものと思われる。

レオーン六世が父の事業を受け継ぎ、完成させた『バシリカ』は、ギリシア語で書かれ、体系的な構成をもつ、ビザンツ最大の法典であって、これ以降帝国の法の基礎となった。[35]『バシリカ』の完成によって、『ローマ法大全』は名実ともに過去のものとなった。テマ制の完成、官僚機構の完成とほぼ時を同じくするこの『バシリカ法典』の成立は、新しい帝国、ビザンツ帝国の完成を象徴するものといえるだろう。

『バシリカ』とほぼ同時に、レオーン六世は、一一三にも上る新法を一括して発布した。[36] この一括立法は『バシリカ』の補遺という性格をもつものと思われる。というのも、『バシリカ』は、既存の法(その多くは『ローマ法大全』所収)を整理し、ギリシア語訳して、利用しやすくしたものであって、当時の現実の社会関係を法として表現したものではなかったからである。『バシリカ』だけでは社会の諸問題のすべてを律することができなかったため、それを補なうものとして、既存の慣習の成文化などによって、一一三の新法が発布されたのである。それゆえ歴史学の史料として『バシリカ』を用いるには注意が必要であって、同法典をもって九世紀末のビザンツ社会の姿を明らかにすることはできないのである。

法体系の整備とほぼ平行して、文書行政にも大きな改革があった。文書行政の改革、文書の改良もまた、官僚制の完成と対をなすものであった。官僚機構は文書を媒介として機能していたからである。農民はもちろん、貴族の大部分も文盲であった中世の西ヨーロッパでは、日常の契約から封土の授与に至るまで、あらゆる行為は口頭で、記憶で確認されていた。そこでは法もまた書かれたもの(成文法)ではなく、慣習法として存在したのである。これに対してビザンツでは、基本的には「文書主義」がとられていた。もちろんビザンツにおいても、七—八世紀には多くの慣習法が存在したし、[37] 九—一〇世紀においても官職の任命は口頭で行なわれた。しかし「文書主義」という原則は厳存しており、たとえば、私人間の契約についても、どのような形式の文書・文言であれば有効かが、法によってきちんと定められていたのである。[38]

それにもかかわらず、ビザンツの文書行政に関してはまとまった研究はない。根本史料である文書の大部分が、戦乱などによって失われてしまったからである。現存するのは、修道院が大切に保存してきた特権文書、しかもその一部分だけであって、官庁当局に保管されていたはずの文書は一切残っていない。ここで筆者が行なうのも、文書行政全般の研究ではなく、現存するわずかな史料から、レオーン六世時代がビザンツ文書行政の確立期であることを示すことだけである。[39]

この時代が文書行政の確立期であることは、新しい文書様式の採用も含めて、皇帝文書の種類がこの期にほぼ出揃ったこと、その形式もこの期に定まったことに示されている。

(イ)皇帝から官僚・役人に宛てて出され、行政上の指令を伝えるプロスタグマ文書(プロスタクシス、ピッタキオンなど呼称は一定していない)の様式が整ったのは、九世紀末―一〇世紀初のレオーン六世時代のことと考えられる。

(ロ)同じくレオーン六世時代に、クリュソブーロス・ロゴス(金印文書)という新しい文書様式が作られた。この様式は、皇帝による特権付与のために用いられたものである。

(ハ)役人ないし私人から、行政・裁判等の問題に関して出された質問・請願に対する皇帝の回答のための文書として、ローマ時代には rescripta(回答)という様式があったが、その流れを汲む文書として、ビザンツ時代には λύσις(回答)と呼ばれる文書様式がある。リュシス文書は完全な形で伝わっているものが一通もなく、その起源を明らかにすることは困難である。現在知られている最古のリュシスは一〇世紀半ばのものである。[40] 筆者は、リュシスも、プロスタグマやクリュソブーロス・ロゴスとほぼ同じ頃に様式が整ったのではないかと考えている。

新しい文書様式の採用は、行政の円滑化、統治の効率化をめざすものであった。この点に関してとくに注目すべきは、文書の日付であろう。[41] ローマ時代の文書は、コンスル年(誰がその年にコンスルであったか)を記していたが、ユスティニアヌス一世によってコンスル職が廃止されると、この紀年法は修正された。新たに、皇帝の治世年数を記入する方法などもとられたが、それも九世紀にはほとんど行なわれなくなり、結局インディクティオ紀年法が広く行なわれるようになった。インディクティオとは、ディオクレティアヌス帝が採用した一五年周期の財政年度であって、二九七年(もしくは三一二年)の九月を第一年の始まりとし、以降一六年目にまた第一年が始まるのである。「第何インディクティオの年何月」という日付は、ビザンツにおけるもっともポピュラーな紀年法であった。

しかしインディクティオ年は一五年ごとに同じ年が現われるわけで、正確さに欠ける。たとえばデルガー編纂のビザンツ皇帝文書目録を例にとると、第一一一三号文書(リュシス)は、その発給年を一〇八四年ないし一〇九九年ないし一一一四年とされている。このようなことは、同文書がアレクシオス一世(在位一〇八一―一一一八)の文書であるが、日付が「第七インディクティオの年一月」

としか記されていないために生じたのである。行政文書プロスタグマの場合には、インディクティオ年数でも不便は余りなかったであろう。しかし長期にわたって効力をもつべき文書では、そのような厳密性に欠ける日付は適当ではなかった。また文書の数が増えるにつれて、多数の文書を手際よく整理するために、通算の年代法が是非とも必要となった。レオーン六世時代に作られたクリュソブーロス・ロゴス様式は、その日付に世界年代を採用している。これは旧約聖書に基づき、天地創造を元年(紀元前五五〇九年)として通算年数を数える紀年法である。この世界暦を文書の日付に採用することによって、年の数え方はもっとも合理的に行なえるようになった。クリュソブーロス・ロゴス文書に取り入れられたこの紀年法は、のちには立法のための文書様式である、エーディクトン様式にも採用されることになる。文書様式の整備に加えて、日付の改良によって、ビザンツの文書行政は一段とその機能を増したのである。

以上本節においては、①七世紀の危機を切り抜けた帝国が、一〇世紀には強大な専制国家に成長した。②その基礎には皇帝を頂点とする官僚制・身分制があった。③官僚制を機能させるための条件である、法典、文書行政もこの時期に整備された、という三点を確認することができた。続く第2、3節においては、このような専制国家を支えた経済的な基礎について考察することにする。

2　農村社会の変容

本節と次節においては、第1節でみたビザンツ専制国家の経済的・財政的基礎の検討を行なう。帝国の財政的基礎はいうまでもなく、農民からの税と商工業者からの税および関税にあった。近代以前、より正確にいえば「産業革命」以前の社会においては、土地がもっとも重要な生産手段であり、農業がもっとも重要な産業部門であった。同時代の西ヨーロッパと比べて、商業が盛んであったといわれるビザンツでも、このことに変わりはない。それゆえ、まず本節において農村の問題を扱い、続いて節を改めて都市の問題を取り上げようと思う。

農業・農民が国家の基礎であることは、為政者もよく知っていた。九三四年九月に出された一勅令は、農民の土地所有を保護しようとしたものであるが、次のように述べている。

「……土地所有者の数が多ければ多いほど、国税は納められ、軍事の諸義務は果されることになり、反対にその数が減少すればこれらのすべては失われる……」(42)

当時の皇帝たちが国家の基礎と考えたところの「土地所有者」とはどのような存在であったのか。また国家は農民をどのように支配していたのだろうか。

一　『農民法』と七―八世紀の農村

後期ローマ帝国時代には、いわゆる古典古代奴隷制はすでに過去のものとなっていた。この時代の農業構造を特徴づけるのはコロヌス制である。コロヌス制は奴隷制の一変種なのか、それとも農奴制の第一段階なのか、あるいは奴隷制とも農奴制とも異なる生産関係なのかについては学界でも見解は一致していない。この問題自体は本書の扱う対象外であるが、次の点だけを指摘しておきたい。古典古代奴隷制の衰退とともに生まれてきたコロヌス制は、古代地中海世界＝ローマ世界の解体の条件を準備した。しかしそれにもかかわらず、ローマ世界を解体させ、新しい歴史的世界を生みだしたのは、コロヌス制ではなく、アラブ人・スラヴ人などの異民族の侵入であった（第一章参照）。それゆえコロヌス制は新しい生産関係ではなく、奴隷制の行き詰りの表現であった、と考えるべきである。

ユスティニアヌス大帝の後継者たちも、なお耕作者の土地への緊縛を定めた勅令を発布している[43]。これらの法律は、この時期の農業構造を知るためのもっともよい史料であるが、ここでは六世紀末―七世紀初になおコロヌス制が存続していたことだけを確認しておく。七世紀には、東方・北方から異民族の侵入の嵐が帝国を襲った。この時期の農村に関する史料は一切残っていない。ようやく侵入が収まった頃になって、『農民法 νόμος γεωργικός』と呼ばれる、村落生活の規定集が現われる。『農民法』は、七―八世紀の農村社会に関する唯一のまとまった史料である。

まず『農民法』の史料的性格について分析しておこう。『農民法』は多数の写本として伝わっているが、原テキストは知られていない。そこで写本を対照して原テキストを復元するという作業が行なわれてきた。この点でA・アッシュバーナー[44]の校訂が秀れていることは、多くの研究者の認めるところである。筆者もそれに倣い、テキストとしてはアッシュバーナー版を用いることにする。

続いて『農民法』の成立年代・成立過程について述べておこう。この点についてはさまざまの見解があり、学説史を紹介するだけでもかなりのスペースが必要となるので、ここでは筆者の結論だけを示しておく。[45]『農民法』は皇帝によって出された法令集ではなく、古来の法、村の慣習、判例を私人(恐らく裁判官)がまとめたものである。条項の配列が不規則なこと、体系性に欠けることは、『農民法』が公撰ではなく、私撰の法令集であることを示唆している。複数の『原農民法』が帝国内各地に存在した可能性も否定できない。このような性質の法律集であるので、成立年代の特定は難しい。前後の幅を見て、さしあたり七世紀後半―八世紀前半としておく。また『農民法』の条項には、特定の地域を指し示すものはない。一地方の法令集というよりは、帝国の広い地域に適用されたものと考えてよいだろう。

『農民法』の内容は、刑法(収穫・家畜などへの加害と罰則)及び土地貸借関係の規定が大部分であって、私法(家族・相続など)や売買関係の規定はほとんどない。また村落内部の問題・紛争についての規定が大部分で、他村や他所領との関係・紛争についての条項もほとんど含まれていない。まとめると、『農民法』は、七世紀後半―八世紀前半の農村の刑事事件・貸借関係に関する法令集で、裁判役人によって編まれたものであり、類似の法書が帝国の各地で別個に作成された可能性もある。それゆえこの史料を使って、七—八世紀の農村社会を考察することが可能である。続いて内容の分析に移る。

まず『農民法』に現われる直接生産者について検討を加えよう。『農民法』が主たる対象としているのはゲオールゴイ γεωργοί(単 γεωργός)と呼ばれる農民[46]である。ゲオールゴイとは、農民を意味するギリシア語普通名詞である。六世紀末の皇帝立法ではゲオールゴスはコロヌスと同意語とされていた[47]。つまり六世紀末には主要な農業生産者、普通にいう「農民」とはコロヌスだったのである。しかし、『農民法』では事情は違っている。『農民法』のゲオールゴイは土地所有者であった。「みずからの耕地で働いている農民《ゲオールゴイ》」(第一条)、「土地の主人」(第二条)、「みずからの分割地」(第八二条)、「耕地の所有者」(第八四条)といった表現が随所にみられる。彼らはみずからの土地の処分権をもっていた。第三—五条は彼らの間での土地の交換にふれている。土地を小作に出すこともできた[48]。彼らは領主の土地を耕す「隷属農民」ではなかったのである。もちろん彼らの土地所有権は近代的な所有権ではなく、のちにみるように共同体を媒介としたものではあったが、彼らは土地所有者であった。

ゲオールゴイは移動の自由をもっていた。『農民法』には彼らの移動を禁止したり、本籍地への登録・緊縛を定めた条項はない。第一四条によると、

「貧しくなり土地からはなれた農民の土地を分益で得た者が、もしその心をひるがえし、耕地を耕さないならば、彼は収穫物を二倍にして返さなければならない。」

とあり、移動の禁止にふれないばかりか、逃亡農民・出稼農民も、国税さえ支払っておれば、一定の権利が保証されたのである。

ゲオールゴイの裁判能力については、『農民法』からはほとんどわからない。契約の当事者たりえたこと(第三条)、土地分割(後述)に対する異議申し立て権があったこと(第八条)などが知られるだけである。裁判が現われるのは第七条のみで、裁判官 ἀκροατής が現われるのも、第七、三七、六七条だけである。[49] ゲオールゴイは国家の裁判役人に服していたことは確かであるが、同時に村落共同体(後述)の慣習法にも規制されていたと考えられる。

まとめると、『農民法』のゲオールゴイは土地所有農民であり、土地の処分権、移動の自由、そして裁判能力をもっていた。彼らを「自由農民」と呼ぶことができよう。彼らはテマ制の「農兵」(「兵士保有地」所持者)と同じ社会層に属し、ビザンツ専制国家を支える基盤となった。ローマ末期のコロヌスとは明らかに社会的性格の異なる農民である。

右にみた土地所有自営農民以外にも、ゲオールゴイと呼ばれる者がいた。第九―一〇条には、ゲオールゴス・モルティテース(分益小作農民)とコーロドテース(土地提供者)、第一一―一五条には、ヘーミセイアテース(折半小作人)と土地提供者がそれぞれ現われる。彼らもまたゲオールゴイ(農民)と呼ばれている。彼らは本来のゲオールゴイ＝土地所有自営農民から変化した存在であった。土地提供者とは貧しくなり、自分の土地を経営できなくなった農民《ゲオールゴイ》であり、小作人とは隣人の土地の耕作も請負う、豊かな農民《ゲオールゴイ》であった。しかし両者の関係は単なる契約関係であり、解消されて、元の状態に戻ることもあった。第一五条には、

「もし折半小作を請負った者が、仕事の時期以前にその心をひるがえし、耕地の主人に〔自分には耕す〕力がないと告げたのに、耕地の持ち主がそれを無視した場合、折半小作農民は無罪である。」

と定められている。

『農民法』には、ミストートイと呼ばれる傭いの労働者も現われる。彼らの仕事は主に羊飼いであり(第二三—三〇条、第三四条)、その他に果実の見張りも行なっている(第三三条)。彼らも身分的には自由人であったが、土地を所有しておらず、ゲオールゴイとは決して呼ばれない。

奴隷も多数いた(50)。奴隷は家畜の番人として現われる(第四五—四七条、第七一—七二条)。奴隷は法的権利をもたなかった。他人に損害を与えても、奴隷はそれを弁償する義務—権利をもたず、被害の弁済は奴隷の主人が行なう(第四五条)。また奴隷は契約の当事者とはなりえなかった。第七一条には、

「牧場へ出すための家畜を、奴隷の主人の同意なしに、奴隷に渡した者は、その奴隷がその家

畜を売ったり、傷つけたりしても抗議できない。奴隷も奴隷の主人も無罪である。」
とある。

『農民法』の村には、土地所有自営農民の他に、貧困化して自己の土地の耕作を隣人に委ねる「土地提供者」、隣人の土地をも耕す「小作人」がおり、ゲオールゴイと呼ばれていた。その他に身分的には自由だが、土地をもたないミストートイと、不自由身分の奴隷がいた。続いてこれらの住民の生活・生産の場である村について考察を加えよう。

近代以前の社会においては、人々は何らかの共同体の一員として生産・生活を行なった。人々がその中で生産・生活を行なっていた共同体の性格が、その社会のあり方を強く規定していたことはいうまでもない。『農民法』にもそのような共同体がみられる。それは「村(コーリオン)」と呼ばれるものである。この「村」=共同体の性格・構造[51]を明らかにすることによって、この時期のビザンツ帝国の性格を解明する基礎が与えられるだろう。

村にはいろいろな人々が住んでいたが、村落共同体を構成していたのは、ゲオールゴイたちであった。土地を所有しないミストートイや奴隷は村落共同体の正規のメンバーではない。土地所有という点からみれば、村落共同体の土地はその性格上二つに分けることができる。私有地と共有地である。園宅地はもちろん、果樹園・耕地も個々の農民家族の私有地であった。しかし私有地とはいっても、個人の完全な所有権が確立していたわけではない。第七八条は、

「もしある者が自分の分割地を刈り取り、隣人の耕地がまだ刈り取られていないうちに、自分の刈りあとへ家畜を放って、隣人に害を与えたならば、彼は三〇発の鞭打ちを受け、被害者に対して弁償しなければならない。」

と耕作強制について定め、同様の規定が第七九条にもみられる。第二一条には、

「もし農民が他人の耕地や土地に家を建てたり、ぶどうの木を植えたりし、そしてしばらくしてその土地の所有者がやってきた場合、土地の所有者は家を倒したり、木を引き抜いたりする権利はもたず、同価値の別の土地を受けとる権利をもつ。もし建てたり、植えたりした者が、同価値の土地を与えることを断ったならば、土地の所有者はぶどうの木を引き抜き、家を倒す権利をもつ。」

とあり、同じ原則が共有地についても定められている(第三二条)。土地所有権の基礎は「加功」、つまり、土地への働きかけ、改良にあったことが確認できる。私有権の根拠としてはこの他に、国税の支払いがあった(第一八、一九条)。土地に対して直接的に働きかけることと、国家に対して税を支払うことが私有権の根拠であった。逆にいえば農民の土地所有権に対しては、同じ村落共同体の構成員、国家によって制限が課せられていたのである。

共同体自体が所有者である共有地も存在した。「共有地」「村の土地」「未分割地」と呼ばれるものがそれである。共有地は村落共同体員間で分割されて(52)、私有地にされることがあった。第八二条

には、

「もし村の土地が分割されたのちに、誰かが自分の割り当て地に水車の建設に適している場所を見つけて、水車を作ったならば、他の割り当て地の農民は、その水車について何の発言権ももたない。」

とあり、第三二条も、「未分割地」の分割、個人への割り当てについて述べている。また水車小屋が村落共同体の共有とされることもあった(第八一条)。

村落共同体は、以上みたように、私有地も含めて村の土地財産、その経営に対して一定の規制を加えていた。さらに村落共同体は対外的に、とくに対国家関係において重要な機能を果した。第一八条には、

「もし貧困化した農民が自己のぶどう園の耕作を放棄して、逃亡し、他処に逗留しているならば、国庫から要求されている者たちが、このぶどう園の摘み取りを行なうこと。〔逃亡した〕農民は戻ってきても、彼らに対してぶどう酒を要求する権利はもたない。」

とある。税を支払えない者に代って、同じ村の農民たちが支払わなければならなかった。国家は確実に徴税を行なうための手段として、村を徴税の単位とし、村落共同体員に税の連帯責任[53]を課したのである。その結果、村民たちは仲間内から逃亡者を出さないよう、耕地が荒廃しないよう、対策を講じなければならなかった。先にみた小作制度もそのような相互扶助的な対策の一つであろう。

『農民法』の村はきわめて閉鎖的な性格をもっていた。[54] 条項中には村の外部との交渉に関する規定はほとんどない。また第一八条にあったように、村落民が逃亡した場合、その土地の税は同一村落の者たちが負担し、彼らにはその土地の用益権が認められた。このような土地は一定期間後に、実際に耕作・納税を行なっている村落民の間で分割され、各人の私有地となった。村落民間での土地の交換はあったが、土地の売買はほとんどなく、また共有地の分割にあずかることができたのも共同体の構成員のみであったから、村の土地が外部の者の所有に帰するということもなかった。このような閉鎖的・排他的な共同体を徴税＝支配の単位として、ビザンツ帝国は成立したのである。

『農民法』の村落共同体とビザンツ国家の関係については、ソ連の研究者Ａ・Π・カジュダンの見解が注目に値する。[55] それによると、この共同体制度はスラヴ起源のものであるが、なお原始的な性格をもち、共同体の内的結合力は強く、個々の農民の私的所有は未熟であった。その結果、彼らの間での階層分解はなかなか進行せず、封建領主層の形成は遅れていた。未発達の私的封建領主に代わって、国家が共同体ぐるみ農民を隷属化・農奴化した。共同体は国家の支配の単位に変えられた。ビザンツでは、農奴制の上に集権的な専制国家がそびえるという、「アジア的封建制」が成立したが、その究極の原因は、スラヴ人がもたらした共同体の性格、その強さにあった。

以上のカジュダン説に対して、筆者は次のように考える。スラヴ共同体がもっていた、私的所有の未発達、共同体規制の強固な残存という特徴は、確かに共同体農民の階層分解を阻止する要因であった。しかしこの共同体は、ギリシア－ローマ文明と接触して、その性格を変えた。私的所有は発展しつつあった。『農民法』には共同体農民の階層分解を読みとることができる。第一一条には、

「もしある人が貧困化した農民から土地を得て、耕すことだけを約束して、〔収穫を〕分けることに合意するならば、この合意は有効である。もし種蒔きも約束するならば、その合意もまた有効である。」

とあり、牛・農具を失って経営に行き詰った農民、種籾さえもたず自己の割当地を経営できない農民がいたことがわかる。[56] また第九―一〇条に現われる、収穫の一〇分の一だけ手に入れる「土地提供者」とは、恐らく土地の税さえも「小作人」に支払ってもらう農民であったと思われる。このような小作制度は、貧農の経営を維持するための共同体による相互扶助的活動の一つであり、共同体の結合力の強さを示すものといえるだろうが、それでも農民の没落をとめることはできず、「貧しくなり土地からはなれた農民」(第一四条)が次第に増えていった。もちろん、その反面では隣人の土地を合わせて耕作・経営する富裕な農民もいたのである。

「ビザンツ封建制」の形成という観点からみれば、『農民法』の社会は次のように位置づけることができる。[57] そこにはまだ封建的生産関係は存在しない。土地を失った農民たちもまだ身分的には自由であった(ミストートイ)。しかし彼らは土地＝生産手段に続いて、人格的自由も失う。いったん土地から切りはなされた農民が再び土地と関係をもつ時、以前のような土地所有者、「自由な」

共同体の一員としてではなく、経済外強制を受け、地代を支払う隷属の農民として土地と結びつけられる時、封建的生産関係は成立する。「自由農民」の分解の中から領主・農奴が形成されるという過程(カジュダンのいう西欧的な封建化のコース)の第一段階を、我々は『農民法』に読みとることができるのである。

以上のように考える時、『農民法』にみられる自由な小土地所有農民と、彼らの構成する村落共同体という、コロヌス制とは異なる新しい社会構造を生みだしたものは何かという問題にも、筆者は一つの見通しを提示することができる。カジュダンに代表されるように、ソ連・東欧の研究者の多くは、七世紀におけるスラヴ人の侵入・定住が変革の原動力であったと考える。コロヌス制に基づく大土地所有は、戦乱の中で解体し、それに代わってスラヴ人の共同体がバルカンの各地に広がった。スラヴ人は集団で小アジアへも移され、その共同体制度は帝国全域に広がった。これが『農民法』の示す農村社会である、と。

西ヨーロッパの研究者の間ではスラヴ人の役割を低く評価する傾向が強い(58)。しかし筆者は、スラヴ人の侵入・定住が果した歴史的役割は正しく評価する必要があると考える。ただカジュダンらのように、スラヴ的な共同体が規定的要因であって、国家形態もそれによって規定されたというのは一面的であると思う。スラヴ人のもつ原始的な共同体制度は、ギリシア文化、とりわけローマ法(私有権)と接触するなかで変質した。またスラヴ人の侵入は、コロヌス制大土地所有を破壊しただけではなく、奴隷制大経営の下で窒息していたヘレニズム的村落共同体を、新たな形で蘇らせたのである。こうして、スラヴ的要素とギリシアーローマ的要素とが合わさって、『農民法』にみられる共同体が生みだされたのである。それはギリシアースラヴ的共同体というべきものであった。第一章において筆者は、ビザンツ帝国のギリシアースラヴ的性格を説いたが、その基礎は共同体の構造・性格にも求めることができるのである。(59)

二 『徴税要綱』と一〇世紀の農村

『農民法』にみられた七―八世紀のゲオールゴイ(農民)、コーリオン(村落共同体)はその後どのような変化を示すのだろうか。ビザンツ農村に関する次のまとまった史料は『徴税要綱』である。(60)その内容が、徴税役人、とくにエポプテースと呼ばれる税査定官の手引きであることから、『徴税要綱』と呼び慣わされているこの史料は、ヴァチカン所蔵の一一世紀半―一二世紀半の羊皮紙写本として伝わっている。原テキストの成立年代については諸説があるが、(61)ほぼ一〇世紀前半と考えられる。つまり『農民法』より約二〇〇年のちの農村社会の姿を伝える史料である。『徴税要綱』もまた記述全体が統一性、表現の厳密性に欠け、繰り返しもあるから、国家の手になるものとは考えにくいが、一〇世紀の農村の姿を伝える貴重な史料である。

『徴税要綱』もまたゲオールゴイとコーリオンを主たる対象としており、一〇世紀前半の農村社会の基本的な構造が、『農民法』の時代と同じであったことを思わせる。しかし以下にみるような重大な変化も生じていた。

『徴税要綱』の農民《ゲオールゴイ》も、移動の自由をもち、領主に服すことなく直接国家に税を納める「自由農民」であった。しかも彼らの土地所有権は、『農民法』の農民たちよりも一層確実なものになっていた。彼らの分割地は世襲財産であった。相続に関する条項がそれを明示している。「メタテシス(転記)」とは、以前の所有者から後継者・相続人に所有権が移される時の処置を指す用語として説明され、「1/2、1/3、1/4」という表現は、遺言によって相続人の間で、土地財産が分割された場合、台帳に記入する用語であると述べられている。[62]

農民の土地所有権の確立は、開墾に関する条項からも明らかである。開墾という行為が、土地所有権を成立させるもっとも重要な根拠であることは周知のとおりであろう。『徴税要綱』は、村《コーリオン》の外に家を建て、開墾・土地改良を行なって、それを自己の所有地とする農民について述べている。このような農民を『徴税要綱』は、「家畜や奴隷を多くもっている者」「貧しい隣人たちによって圧迫されている者」と呼んでいる。[63]こうして成立した開墾私有地には、二種類があった。[64]所有者みずからが移り住んでいるものをアグリディオンといい、所有者はそこには住まず、「彼に服す奴隷・ミスティオイ(傭い人)・その他」が住んで耕作を行なっているものを、プロアステイオンといった。アグリディオン及びプロアステイオンは、いずれも本村と一括の徴税単位をなしていた。それゆえ、開墾は農民の土地所有権を一層強固なものにすると同時に、国家には税収の増加をもたらすものであった。開墾は人口増加[65]、生産力の発展の反映であった。一〇世紀ビザンツ帝国の発展の基礎はここにあったと考えられる。

アグリディオン、プロアステイオンを所有する農民を、筆者は、『農民法』に現われる、隣人の土地を請負って耕作する「小作人」＝富裕農の一層成長したものと考えたい。しかし彼らもまだ封建領主ではなかった。アグリディオンは家族労働を主体として経営されていたし、プロアステイオンも奴隷・賃金労働者を用いる経営体であった[66]。両者とも本村と一括の徴税単位として、国家の掌握するところだったのである。

アグリディオン、プロアステイオンを所有する富裕農の成長の反面、貧困化して耕地の経営が行なえなくなり、ついには土地を捨てて逃亡する農民が増加した。『徴税要綱』は、次のような条項を含んでいる。

「クーピスモイ(一時的免税)が次に挙げられる。土地所有者が立ち去ったが、なお生存しており、しかもどこか近くにいて、その所在地も明らかであるような時に行なわれるものである。彼らの逃亡が右のようなものであり、ほどなく帰還することも明らかであるので、エポプテース(査定官)は村の残余の農民までもが、隣人の荒地に連帯責任を課せられて、逃亡しないようにと、……立ち去った者がみずからの土地に戻るまでの間、彼が納入の義務を負っていた税項目について、軽減措置を講ずる。〔これがクーピスモイである。[67]〕」『徴税要綱』においても、村《コーリオン》は徴税の単位であったが、ここにみられるように、逃亡農民の増加のため、国家は税の連帯責任制という原則をしばしば断念した。連帯責任を課せられた農民までもが逃亡するからである。

より深刻な事態もみられた。逃亡農民の帰還が望めない場合である。

「いわゆる独立アグリディオン、独立プロアステイオンは次のようにして成立する。異民族の攻撃、あるいはその他の災いのために、〔所有者がいなくなって〕土地が荒廃してしまった。残された者たちも、荒廃したその土地を〔税とともに〕割り当てられるので、逃亡しかねない場合には、皇帝から派遣されたエポプテースが来て、調査し、荒廃した土地の税項目のすべて、あるいはその一部を免除する。もし所有者が三〇年以内に戻ったならば、臨時免税はただちに〔やめて〕再課税される。もし三〇年たっても戻らなかったならば、ただちに別のエポプテースが派遣され、以前の臨時免税はクラスマ(切りはなし)とされる。[68]」

クラスマとされた土地は、村の他の土地とは区別され、国庫の台帳にその旨登録される。国庫の帰属となったクラスマ地は、のち売却・贈与されたり、小作に出されたりして、再開発されるが、元の村とは別個の財政単位となるので、独立アグリディオン、独立プロアステイオンと呼ばれるのである。[69]

クラスマ、独立地の成立は、村落共同体の弱体化、機能の低下を示している。第一に、無主となった荒廃地は、かつてのように村落共同体の管理下におかれ、共同体員によって用益され、のちに彼らの間で分割されるのではなく、今や国家の管理下に入り、一定期間経過後は、共同体から切りはなされるようになった。このことは土地に対する共同体的所有の弱体化を示している。第二に、先にみたような農民間の貧富の差の拡大に加えて、独立地が成立することによって、村落内に別個の性格の土地が混在するようになり、村落共同体のまとまり・結合力は低下した。第三に、村落共同体員を結びつける有力な原理であった、租税の連帯責任制が施行されなくなっていった。[70] こうして生産力の発展とともに生じた村落民の階層分解、貧富の差の拡大、私的所有の前進と共同体的所有の弛緩は、租税の連帯責任制をゆるめ、また村落内部に異種の土地、所有者を混在させることになった。村落共同体はその性格を大きく変えた。『農民法』にみられたような排他性・閉鎖性は減少し、村は開かれたものに変わっていった。それはビザンツの村落共同体の発展であった。この変化＝発展は、ビザンツ帝国がその姿を変えてゆく起動力となるであろう。

独立地は荒廃地の収公以外の方法でも成立した。『徴税要綱』は続いて種々のロギシマ(免税)について述べる。[71] ロギシマとは、修道院や慈善施設または個人に、皇帝からの恩恵として与えられる免税である。指定された土地の税項目は台帳から抹消される。つまりその土地は、元の財政単位＝村落共同体から切りはなされて、独立地となるのである。ロギシマは単純ロギシマ、名誉ロギシマに大きく分けられ、さらにいくつかの種類に分かれるが、(イ)修道院などが、ある村落から一定額の税を徴収する形態、つまりその農民が、徴税役人にではなく、修道院に税を支払う形態、(ロ)修道院などが、みずから納めるべき税を皇帝よりの贈与として免除され、みずからの収入とする形態、などは、一一世紀から現われる有名なプロノイアに似た形態であり、その先駆といえるだろう。[72]

特定の個人ないし施設に対して税を納めるよう、国家によって指定された農民は、本来は、単に納税先を国家から修道院その他に移したのにすぎないはずであった。しかし税の支払いは次第に身分的な隷属へと転化していった。我々はここに、ビザンツにおける封建的生産関係の形成のもう一つのコースを認めることができる。「自由農民」の分解によるコースとは異なり、ここでは農民の土地からの分離は生じなかった。「自由農民」の分解によるコースを「下からの」封建化というならば、国家権力による働きかけに起動力をもつ第二のコースは、「上からの」封建化のコースと呼ぶこともできるだろう。

以上にみたように、『農民法』の示す七―八世紀の農村社会と、『徴税要綱』の示す一〇世紀の農村社会の間には大きな違いがあった。両者の差を表3にまとめてみた。筆者はこの相違を発展段階の差と考える。[73] それではこのような変化＝発展は、いつどのようにして進行したのだろうか。村落共同体の性格の変化を集中的に表現している、連帯責任制の弛緩、クラスマの成立に焦点をあてて、

表3 『農民法』と『徴税要綱』

	『農民法』	『徴税要綱』
時期	7世紀後半〜8世紀前半	10世紀前半
対象	γεωργοί(農民), χωρίον(村)	同左
内容	裁判	徴税
農民の階層分解	小作人—土地提供者(富農) 逃亡農民	アグリディオン・プロアステイオン所有者—逃亡農民
村の土地	共同体所有(共有地+私有地)	国家に収公された土地, 独立地が混在
徴税	村落共同体の連帯責任	同左. ただししばしば実施されず
荒廃地の処理	村落民が管理. のち村落民の間で分割され, 私有地となる	国家が管理(免税), のち第三者へ譲渡
共同体の結合力	強い	弱くなっている
村落共同体の性格	閉鎖的, 排他的, 国家の支配の単位	左の性格弱体化(村落外への開墾, 村落外の者による村の土地の取得)

『農民法』から『徴税要綱』への村落共同体の変化=発展を考えてみよう。

両史料の間の時期には農村に関する史料はほとんどなく、クラスマ制の開始時期を特定することは難しい[74]。若干の記述史料から推測できるだけである。

九世紀初頭のニケフォロス一世の政策を批判して、『テオファネス年代記』は次のように記している。

「彼の第二の悪事は、貧民を軍隊に入れ、そしてその者を他の村落民の費用で装備させよという命令である。村落民は一人の兵士につき一八・五ノミスマタを国庫に支払わねばならなかった。その際に村落共同体は国庫に対して連帯責任を負った[75]。」

この記事から、九世紀初頭には、連帯責任制が実施されていたことがわかる。続いて、『続テオファネス年代記』のバシレイオス一世時代(八六七―八六)に関する次のような記事[76]が注目に値する。財務長官が皇帝に、「全ての属州《テマ》に国庫の財務役人を派遣して、土地調査を行ない、所有者のいない土地を他の者に移すこと」を提議したところ、皇帝は承知しなかった。その結果、同帝時代には、「属州のすべての人々は国庫と税の圧迫をのがれ、〔無主の〕土地は、それを利用しえたところの、貧しい隣人たちの享受するところであった。」

この記事にみられる土地所有権の移転は、(イ)『農民法』のいうような、連帯責任制に基づく隣人への土地割り当て、(ロ)『徴税要綱』が述べているようなクラスマ地の第三者への譲渡、の二通りに解釈できる。[77]筆者は、恐らく後者であろうと考える。つまり九世紀後半には、すでに荒廃地の国庫への回収が行なわれていたと考えたい。いずれにしてもここでは、『農民法』が定めていたような連帯責任制は、とられていないのである。それゆえ、連帯責任制がゆるみ始めた時期、村落共同体の性格の変化の時期は、一応九世紀前半ないし半ばと考えられるだろう。

『続テオファネス年代記』の右の記事はもう一つ重要なことを我々に伝えている。それは国家といえど容易には、荒廃地を収公し、処分することができなかったということである。所有者の逃亡後三〇年間という猶予期間(『徴税要綱』)、さらには猶予期間後もなお、その土地が隣人の利用にまかされていたということは、村落共同体がその構成員の土地に対して一定の権利を有しており、皇帝といえども簡単にはその権利を否定し、土地を収公することができなかったことを示している。しかし私的所有の確立、構成員の自立とともに、共同体の弱体化が進むと、国家は共同体員の私有地を収公することができるようになったのである。

『農民法』から『徴税要綱』へのビザンツ農村の変容は、共同体農民の共同体からの自立の進展(私的所有・経営の発展)、それに伴う共同体の弱体化を基礎としている。国家はこの基礎過程に対応しつつ、共同体を介して個々の農民を支配する体制(連帯責任制)から、次第に農民個々を直接支配する体制へと、支配の方式を変えてゆく(後述)。このような発展を押し進めたのは、村落外への開墾に端的に表現されるような、生産力の上昇、人口増加と、共同体を単位とする国家の収奪に対する抵抗としての、農民の逃散であった。後者は一種の階級闘争と考えることができる。生産力の発展と階級闘争が歴史を進めたといってよいだろう。

一〇世紀には、内部の階層分解によって変質・解体しつつあった村落共同体に、外部の勢力が侵入し、その解体を一層進めるという事態も生じた。続いて、この外部の勢力について検討することにしよう。

三　『マケドニア王朝の新法』と『ラウラ修道院文書』

『徴税要綱』の分析を通じて明らかとなった、土地所有農民の分解・没落と、彼らが形成する村落共同体の変質は、それらを財政的・軍事的基礎としてきたビザンツ帝国政府にとって、座視できない重大な問題であった。一〇世紀の皇帝たちは、土地・農民問題に関する法を次々と発布して、このような事態を食い止め、自己の支配の基盤を守ろうとした。『マケドニア王朝の新法』(以下『新法』と略す)と総称されるこれらの法は、多岐にわたる内容をもっており、発布時期によって目的と内容に違いがある。(78) ここでは次の三点について、『新法』の述べるところに耳を傾けてみよう。

①村落共同体農民の間での階層分化と、それに対する皇帝の対策。

②共同体外の勢力の共同体への侵入と、それに対する皇帝の対策。

③表4からも明らかなように、九二二年以降立法は繰り返し行なわれた。このことは『新法』が所期の効果をあげなかったことを示唆している。そこで、皇帝の対策が成功しなかったのはなぜかという問題。

まず、共同体農民の階層分化についてみてみよう。『徴税要綱』にみられたような富裕な農民の姿は、ここでも読みとることができる。「以前はいやしい存在であったのに、いまやその生活状態が非常によいものになった者」(79)(九二二年立法)、「以前は共同体の一員であったが、いまや独自に自分の所有地をなんらわずらわされることなく境界づけたばかりでなく、実力をもつようになった者」(80)(九四七年立法)が『新法』に現われる。その典型は九九六年立法に見られるフィロカレースという人物であろう。

の新法(土地立法)

主 な 内 容	JGR. I.	渡辺，前掲書	Regesten	P.Lemerle, 'Esquisse'
「先買権」，有力者，「兵士保有地」	pp. 198 ff.	pp. 392 ff.	595	B
有力者の土地取得禁止，細民保護	pp. 205 ff.	pp. 400 ff.	628	C
同上	pp. 214 ff.	pp. 406 ff.	656	D
「兵士保有地」，兵士	pp. 222 ff.	pp. 414 ff.	673	E
同上	pp. 243 ff.	pp. 431 ff.	690	G
細民による土地取り戻しについて	pp. 240 ff.	pp. 426 ff.	—	F
修道院・教会の所領	pp. 249 ff.	pp. 437 ff.	699	J
「有力者」の土地取得禁止規定の修正	pp. 253 ff.	pp. 442 ff.	712	K
「兵士保有地」	pp. 247 f.	pp. 434 ff.	720	H
「有力者」に村落内での土地拡大禁止	p. 255	pp. 446 f.	719	L
「兵士保有地」	pp. 255 f.	pp. 447 ff.	721	M
修道院・教会，Jの破棄	p. 259	pp. 451 f.	772	N
「有力者」の土地取得禁止	pp. 262 ff.	pp. 453 ff.	783	O

表4 マケドニア王朝

日　付	発給者	宛　所	様　式
(922.4)	ロマノス1世	—	νεαρά, διάταξις
934.9	ロマノス1世	—	νεαρά
947.3	コンスタンティノス7世	(全テマ)(コイアイストールのテオフィロス)	(νεαρά)
?	コンスタンティノス7世	(コイアイストールのテオドロス・デカポリテース)	νεαρὰ νομοθεσία, ἔδικτον
962.3	ロマノス2世	(テマ－トラケシオンの人々)	ἔδικτον
?	テオドロス・デカポリテース	テマの裁判官	λύσις
964	ニケフォロス2世	(プロートアセクレテースのシュメオーン)	νεαρά, ψήφισμα βασιλικὸν
?	ニケフォロス2世	(同上)	νεαρά
?	ニケフォロス2世	—	νεαρά ἐν λύσει ἀναφορᾶς
967	ニケフォロス2世	—	νεαρά
?	ニケフォロス2世	—	(κέλευσις)
988.4(?)	バシレイオス2世(?)	—	νεαρά, χρυσόβουλλον
996.1	バシレイオス2世	—	νεαρά

「たとえばここにフィロカレースという者があった。かれはもと貧乏であり、村落民の一人であった。しかし後に名誉ある地位と富を得た。……かれは村落全体を所有し、それを自己所領化した。そして村落の名祖のかわりに自分の名前をいれかえた。[81]」

このような有力農民の成長は、「近隣者に掠奪を行ない」、彼らを「いっそう不幸な状態におとしいれ[82]」(九三四年立法)ることによって、つまり他の共同体農民を犠牲にして行なわれた。それゆえ、国家は事態を傍観することはできなかった。皇帝は、隣人を犠牲にして豊かになった者に対して、「最初の所有状態にもどらなければならない[83]」(九三四年立法)と命じている。フィロカレースに対しても、バシレイオス二世は、九九六年立法で、

「朕自ら現場におもむいて、告発のため細民たちの事情を調査した。そしてフィロカレースの家屋が高価なのをみて、それを土台まで打ち倒し、細民たちにもとの所有地を返還した。[84]」

と述べている。フィロカレースの土地兼併は無効とされ、彼には最初に所有していた土地だけが残されて、彼は「ふたたび村落民の一人」とされたのである。

続いて第二の問題、外部の勢力の共同体への侵入に移ろう。すでに『徴税要綱』の規定からも、村落共同体の土地が収公されたのち、第三者に売却・贈与されたことが確かめられたが、『新法』の記事は、共同体外の人物が共同体の土地(農民所有地・共有地)を、直接取得するという事態を伝えている。

「テマートラケシオンの有力者は……農地の贈与および相続をうけて村落内に入り込んだ。[85]」（九四七年立法）

「このような有力者は、村落共同体内に入り込んで土地を新たに獲得するか、ないしそこで土地を拡大する。[86]」（九九六年立法）

災害・飢饉によって経営に行き詰まり、税も払えなくなった農民が、土地を手放したのである。これに対しても、皇帝は厳しく禁じている。九二二年立法では、

「〔有力者は〕細民から、近親関係にあるのでなければ、養子縁組、たんなる贈与、死亡、遺言、使用、のいかなる理由によるにせよ、また保護と協約のためであれ、何ものをも獲得してはならない。[87]」

とあり、九三四年立法も、

「上記すべての有力者は、購入・贈与・その他いかなる方法によっても、村落ないし部落の土地所有を密かに獲得してはならない。[88]」

と定めている。

それでは、村落内に土地を取得しているという「有力者」とはどのような人々か。九三四年立法では、次のように規定している。

「マギストロス、パトリキオス、ストラテーゴス、文武の官職あるいは位階の就任者、元老院

議員、テマのアルコンおよび前アルコン、都主教、大主教、主教、修道院長、教会関係のアルコン、国家・教会機関の長、がそれ(有力者)である。[89]」

「有力者」とは国家の官位の保有者、教会・修道院の上層に他ならなかった。[90]

このことは第三の問題、つまり『新法』が所期の効果をあげなかった理由の一端を示している。つまり『新法』を実施すべき人々こそが、他ならぬ「有力者」、取り締りの対象だったのである。九九六年立法も次のように述べている。

「事実朕は、エポプテースその他の国庫管理役人が勤務のため派遣されて、国庫にたいして数多くの詐欺をおこない、朕の指令を仕遂げた者はごくわずかであったことを、つぶさに体験したのである。[91]」

『新法』が効果なかった理由としては、さらに、「有力者」による共同体農民の土地兼併を防ぐためにとられた「先買権」の制度もあげられる。九二二年立法は、「家屋・農地・ぶどう園・その他の不動産を……売却ないし……賃貸借関係を通じて移譲しようとする者」がいた場合、その個人・不動産と関係の深い者から順に、五段階の優先取得権を定めている。[92] この規定はクラスマ地の処分にも適用された。「先買権」設定の狙いは、村落共同体外の「有力者」が村落内に土地を取得することを防ぐというものであった。しかし皇帝が保護しようとした一般の村落民には購入能力はなく、法を厳格に実施しても、富裕な村落民が村の土地を兼併することに終わっただろう。のちにみるように、多くの場合は「有力者」が法の網をくぐって、不正に土地を取得することになった。『新法』はキリスト教イデオロギーをまとい、弱者保護を謳っている。しかしその本質は、国家の基盤である小農民に対する収奪の体制の維持をめざしたものであった。その限りにおいて、小土地所有農民を「有力者」や富裕農から保護したものにすぎない。農民の側からみれば次のようにいえる。本来、土地は生産・生活の基盤であり、共同体はそれを実現するための機関であった。しかし同時に、土地は税負担を伴い、共同体は徴税団体として、農民を収奪するための機関でもあった。天災や異民族の攻撃、不慮の事故などで経営に行き詰まり、税が払えなくなった農民は、土地を処分し、「有力者」のもとへ逃げ込むより他はなかった。それは国家の支配に対する農民の必死の抵抗でもあった。再三の立法にもかかわらず、「有力者」による土地兼併を阻止できなかった最大の原因は、このような農民の抵抗があったからである。

農村社会の実態を明らかにするためには、これまで用いてきた法史料や記述史料だけでは不充分であり、文書史料が必要である。しかし絶えず異民族の攻撃を受けてきたビザンツ世界では、官僚制に伴う「文書主義」の発達にもかかわらず、古文書の大部分は失われ、伝来している文書はわずかである。その中にあって、一千年にわたって聖域とされてきたアトスの諸修道院は、比較的多くの文書を伝えている。[93] アトスに建立された修道院のうちでもっとも古いラウラ修道院（一〇世紀後半建立)の所蔵する文書をとりあげて、『徴税要綱』や『新法』と対比しながら、一〇世紀農村の姿を検討しようと思う。

最初にとりあげるのは、九五二年一一月付でテサロニカの判事サモーナースが発給した売買確認の文書(ラウラ修道院文書第四号)[94]である。内容を要約すると次の通りである。

ダビドという聖職者が、自己の相続財産のうち、レンガ工場を修道院長のステファノスに売却し、同時に工場の土地と家屋を無償で譲った。これに対して、元ドルーンガリオスのヨハネスら隣人たちが、売買は不当であると抗議した。両者は法廷で対峙したが、裁判官はダビドース・テファノスの主張を正当とした。その判決理由は、三方が「有力者」の土地であるので、貧民の「先買権」は成立しない。またレンガ工場に関してのみ「先買権」を行使することはできない。なぜなら工場と土地とは一体であり、土地は売買の対象ではないから。しかも「先買権」の申し立て期間四ヶ月はすでに過ぎている。かくしてダビドからステファノスへの売却・贈与は有効である。

九四七年立法は、「有力者」の土地取得がしばしば裁判問題を引きおこしたと伝えているが[95]、この裁判はその具体例の一つであろう。この文書の解釈については研究者の間で論争がある。筆者は次の点に注目したい。

「先買権」の訴えをおこしたのが元ドルーンガリオス(「有力者」に数えられる)のヨハネスであっ

たこと。このことは、貧民＝一般の共同体農民は、法に定められてはいても実際には、「先買権」を行使することが少なかったことを思わせる。多くの場合は「有力者」の横車が通ったのである。しかもこのようにたまたま共同体側に元「有力者」がいて、法廷にもち込まれても、裁判官は『新法』の規定を骨抜き、曲解して、修道院長＝「有力者」の土地兼併に協力しているというのが現実であった。

次に九四一年八月付のテマ－テサロニカの財務官トマスによるクラスマ地売却の文書（ラウラ修道院文書第二号）(96)を取り上げよう。前半部の内容はほぼ次の通りである。

皇帝からトマスに対して、パレーネー半島にあるクラスマ地を望む者に売却するようにとの指示が下された。トマスは聖アンドレ修道院長エウテュミオスに、一二〇〇モディオイの耕地と六〇〇モディオイの荒れ地を、計三六ノミスマタで売却した。エウテュミオスには、この土地にかかる税一二ノミスマタを今後支払うことが命じられる。

この文書に関して注目すべきは、クラスマ地の売却に「先買権」の規定が適用されず、望む者に売られていることである。その結果、当然のことながら、それを購入したのは富をもつ「有力者」＝修道院長であった。この措置は、同年六月のロシア人のコンスタンティノープル攻撃(97)と関連があるかも知れない。帝国軍の整備のため緊急に資金が必要となり、クラスマ地の無条件の売却が行なわれたと考えられる。また一ノミスマにつき五〇モディオイの土地という価格も、同時代史料が乏しいため断言はできないが[98]、非常に安価であったことは間違いない。これも至急に現金が必要だったためであろう。と同時に、財務官の措置は「有力者」にとってきわめて有利であったことも忘れてはなるまい。

続いて九七四年九月付の財務官シュメオーンのラウラ修道院宛のシギリオン(特権文書)を取り上げる(ラウラ修道院文書第六号)。その内容は以下の通り[99]。

財務官シュメオーンに、アルコン(貴族)や教会の許に逃げ込んだ農民を調査し、もしアルコンや教会の所領で、国家の税台帳に記載されている農民を見つけたならば、彼らを連れ戻し、再課税するようにとの皇帝の命令が下った。そこでシュメオーンは、その命令通り実施した。国家の税台帳に記載されていない者については、シュメオーンは次のように処置した。先の皇帝たちの特権文書が、ラウラ修道院に三二名のパロイコイ(隷属農民)を与えていたので、三二名を修道院のもとに残し、その名をこの文書に列挙する。ここに列挙されたパロイコイたちは、修道士が望み定める場所で、修道士の支配に服すること。彼らに対する国税はすべて免除される。

『徴税要綱』、『新法』にみられた共同体農民の逃亡について、この文書は、彼らの逃亡先が貴族や教会の所領であったことを伝えている。さらにこの文書は、国家の逃亡対策の根本的な変化を伝える。『農民法』、『徴税要綱』では、租税の連帯責任制という形で、共同体を通じて、逃亡を未然に防ぎ、逃亡後の処理も行なうという方法がとられ、逃亡農民の連れ戻しについては何もふれられていない。今や相次ぐ逃亡のため、連帯責任制を実施できなくなった国家は、役人を派遣して、貴族や教会の所領に立ち入り調査を行ない、逃亡農民を連れ戻すという方法をとっている。個々の農民に対して直接統制を加えるようになったのである。共同体の変質に応じて、国家もその農民支配の方法を変えたのである。(100)

国家は国庫農民の確保に意を注ぐ反面、国家に納税義務をもたない無産の浮浪民については、数を限ってではあるが、「有力者」が領有することを許した。ラウラ修道院文書第六号から我々は、「有力者」の農民獲得・農民支配を、国家が特例として認め始めたことを、国家の「有力者」への譲歩を認めることができる。(101)このような傾向は続く一一世紀に入ると、一層大規模になる。専制国家の経済的・財政的基礎が崩れてゆくのである。

四　まとめと展望

本節では、八―一〇世紀ビザンツ帝国の財政的基礎である農民・農村について考察を行なった。最後に、内容の要約と、一一世紀以降への展望を述べて、節を終えることにしたい。

六世紀末の一連の皇帝立法は、その時代なお主要な農業生産者がコロヌスであったことを示していた。しかしその直後から異民族の侵入による混乱期に入り、農村社会の状態は不明となる。ようやく七世紀後半から八世紀前半になって『農民法』が現われ、農村の姿が再び我々の前に示されるが、そこでは、主要な生産者はもはやコロヌスではなく、「自由農民」であった。農村はコロヌスを用いる大土地所有から、小土地所有農民の村落共同体へとその姿を変えていた。このような新しい農村社会を生みだしたのは、スラヴ人などの異民族の侵入、及びスラヴ人の共同体制度とギリシア－ローマ文明との接触であった。

『農民法』にみられる村落共同体は、内部の結合力の強さ、外に対する閉鎖性をその大きな特徴としていた。多分に原始的な性格を残していたのである。異民族の侵入の時代に実質的に滅亡した東ローマ帝国は、このような新しい村落共同体に基礎をおき、再建された。ビザンツ帝国の成立である。帝国は村落共同体を徴税＝支配の単位とし、村落民に税に対する連帯責任を課した。

村落内に無主の土地が生じた場合、その土地の管理、その土地の税は共同体農民が責任をもつなど、村落共同体の結合力は強く、かつ「分益小作制」などによって貧農の没落を防ぐ措置もとられていたが、それでも村落民間の階層分化は進んだ。ローマ法との接触による私的所有の確立もその一因であった。「自由農民」の階層分解は、一方に富裕農、他方に貧農、逃亡農民を生みだし、封建的生産関係形成の原動力の一つとなった。

一〇世紀前半においても、「自由農民」の村落共同体が農村社会の中核であったことが、『徴税要綱』から確かめられる。しかし生産力の発展、商業の復活は、農民間の階層分化を一層進め、一方には村落内外に所領をもつ富裕農、他方には多数の逃亡農民が生じた。逃亡の増加は国家に連帯責任制の原則の放棄を余儀なくさせた。無主となった土地はもはや共同体には委ねられず、国家が直接管理した。その土地は一定期間後にクラスマとして村落共同体から分離された。このような事態、つまり共同体農民間の貧富の差の拡大、連帯責任制の放棄、荒廃地の収公＝共同体からの分離は、村落共同体の弱体化を示している。

土地所有農民の分解・没落、共同体の弱体化に乗じて、村落外部の者が、村の土地を取得するという事態も一〇世紀には生じた。国家によるクラスマ地の売却に加えて、「有力者」と呼ばれる人々が、没落農民から直接土地を手に入れることが頻繁に生じたのである。これに対して国家は、自己の財政的・軍事的基盤である小土地所有農民と、彼らの村落共同体(税の単位)を維持しようと努力した。『マケドニア王朝の新法』と呼ばれる一連の立法はその努力の現われであった。しかし効果はなかった。国家役人はしばしば『新法』の規定を無視して、「有力者」の土地兼併を援助した。なぜなら彼ら、国家の官位の保有者が「有力者」に他ならなかったからである。国家の重税に苦しむ農民も、場合によっては積極的に「有力者」に土地を譲渡し、その庇護下に入ろうとした。『新法』が所期の効果をあげなかった原因はここにもあった。

このような事態に直面して、国家は農民支配の方式を変更した。村落共同体に責任をもたせて逃亡を予防させ、処理させる方式に代わって、国庫役人によって逃亡農民を強制的に連れ戻すことが行なわれるようになった。一〇世紀の所領は、まだ不入特権を獲得していなかったから、この方法は一定の効果をあげただろう。こうして村落共同体を媒介とする農民支配から、農民に対する個別支配へと、国家の農民支配の方式は変化した。このような変化は、第1節でみた、行政機構の整備、文書行政の確立といったこの時期の動向と対応するものであり、同時に税台帳の完備を伴っていたと推定できる。

一〇世紀には、他方で、国家による私人への土地・農民の贈与、免税特権の下賜も行なわれるようになった。「自由農民」の分解による封建的生産関係の形成とは異なった過程をとるものではあるが、これもまた封建的生産関係を生みだす前提となったのである。

一〇世紀の農村にみられたこれらの現象は、続く一一世紀には一層大規模になった。[102] 一一世紀末の『テーベの土地台帳』は、やはり村落共同体《コーリオン》を対象としているが、そこに記されている納税者＝土地所有者の大部分は、『新法』のいうところの「有力者」であった。「有力者」による土地兼併がほぼ完了した段階、「自由農民」が完全に分解・没落した状態をそこにみることができる。一一世紀後半には、国家・皇帝による私人への土地・農民下賜の事例も増加する。ビザンツ封建所領研究のもっとも重要な史料であるプラクティコン（所領台帳）の初出も、周知のプロノイアの初出もこの時期である。我々は一一世紀に封建的生産様式の開花を認めることができよう。社会構造の変化に対応して、一〇世紀までのビザンツ専制国家もまた、一一世紀にはその姿を変えざるをえなかった。一一世紀以降の帝国の変容については第三章で論じることにし、次節では、一〇世紀までの専制国家体制を支えていた、もう一つの基盤である、都市の問題をとりあげたい。

3　都市の発展

本節ではビザンツ帝国のもう一つの経済的・財政的基盤である、都市・商工業の問題をとりあげる。同時代の西ヨーロッパに比べて、ビザンツでは都市の繁栄が著しかったといわれているが、その実態はどうだっただろうか。

七—八世紀に関してはまとまった史料がなく、都市・都市生活を全体として明らかにすることは困難であるので、史料の残存状態を考慮に入れ、研究の進んでいる西ヨーロッパ中世都市研究[103]の方法・成果を参考にしながら、次のような課題を設定したい。

㈠西ヨーロッパ中世都市の起源をめぐる論争、とくにローマ都市との連続・断絶の問題を念頭におきつつ、ローマ世界東部における都市の連続・断絶を検討する。従来は、連続を説く見解と、七世紀の異民族の侵入による断絶を主張する見解とが対立し、論争となっていた[104]。考古学の成果も摂取しながら、この問題を考えてみたい。

㈡近年の西ヨーロッパ中世都市研究の大きな潮流として「社会史」研究がある。しかしこの期のビザンツ都市については、残念ながらそのような研究はまだ不可能である。また中世都市成立の原動力として、従来は遠隔地商業の復活・発展が考えられてきたが、近年では農村市場の発達を説く傾向が強い。しかしこの点についても史料上の制約のために、論じることはできない。そこで、都市の自由・自治という観点から、七―八世紀のビザンツ都市を考察することにしたい。このような都市の法制的な側面、国家との関係については、史料も比較的多いのである。近年の西ヨーロッパ中世都市研究では、自治の問題はさほど重要視されなくなっているようであるが、都市の発展・変容を示す重要な指標であることに変わりはないだろう。

一〇世紀になると、都市・商工業に関する重要な史料として『総督の書』が現われる。そこで、㈢『総督の書』を手がかりとして、一〇世紀コンスタンティノープルの商工業ギルドと国家の関係を明らかにしたい。

以上が本節の課題である。

一　都市の連続・断絶――七・八世紀

ローマ世界の東部、ギリシア文化圏では、三世紀の軍人皇帝時代と呼ばれる危機ののち、都市は再び繁栄した。ここでは四世紀の民族移動の影響もほとんど及ばず、古代都市は連続していた。六世紀初のヒエロクレースの『旅行の友』によれば、多数の都市が繁栄を続けていたことが窺える。(105) ギリシア文化圏では、古代都市の連続・断絶が問題となるのは、七世紀に関してである。東方からのペルシア人・アラブ人の侵入、北方からのアヴァール人・スラヴ人の侵入によって、六世紀末から七世紀にかけてこの地域は大混乱に陥った。この混乱の中で都市・都市生活はどうなったのだろうか。破壊され、消滅したのか。姿を変え、変質して生き残ったのか。それとも影響を受けることなく存続したのだろうか。

　ビザンツ史の「暗黒時代」というべきこの時期には、都市・都市生活に関する史料もきわめて乏しい。それゆえに、文献史料の他に、古銭学・考古学などの成果も合わせ用いる必要がある。

　まず、都市 civitas, πόλις と呼ばれるものが、この時代にどれほど存在したのかを考えてみよう。その手がかりを教会関係の史料に求めることにする。第一章第2節でも用いた、六八〇―一年の第六回公会議、六九一―二年の主教会議の主教の署名リスト[106]をもう一度とりあげてみよう。宗教会議決定への署名リストは、記述史料に断片的に現われる言及と異なって、全国的な性格をもっており、主教座＝都市の分布を調べるのに好都合である。また六八〇―九二年という時点も、約一世紀間続いた混乱の、都市への影響度をはかるのにふさわしい時期といえるだろう。

　六八〇―一年の公会議決定には一七四名の主教が、六九一―二年の決定には二一一名の主教が署名している。出席主教座を地図の上で確認してゆくと次のような結論が得られる。

　(イ)二度の宗教会議に小アジアからは多数の主教が出席している。小アジアからの出席主教数は、四―六世紀の公会議の出席者数とほとんど変化がない。なかには属州パフラゴニア(主教の署名はなお旧ローマ属州単位で行なわれた)のように、四―六世紀の主教座と七世紀末の主教座が完全に

一致するものもある。(107)

(ロ)これに対して、バルカン、ギリシアからの出席はきわめて少ない。両会議録に署名した主教座＝都市は、それぞれ一二であって、全体の一割にも満たない。それを地図上で示すと五五ページの地図2となる。

教会の文書史料を用いることによって、次のことが判明した。小アジアではササン朝ペルシア軍、アラブ人の侵入にもかかわらず、多くの主教座＝都市が存続したのに対して、バルカンではアヴァール人・スラヴ人の侵入によって大部分の都市は破壊され、都市生活は絶えた。ローマ世界東北部＝ギリシア文化圏における都市の連続・断絶の問題は、小アジアとバルカンという地域差を考慮に入れなければならないことがわかった。そこから新たに二つの問題が生じてくる。

(イ)小アジアにおいて存続していたという主教座＝都市の性格は、混乱の時代の前後で、違いはしなかっただろうか。

(ロ)バルカン、ギリシア地域における都市の復活は、いつ頃から、どのようにして進んだのだろうか。

第一の問題から考察を始めよう。この点に関しては文献史料による研究には限界がある。そこで考古学の成果(都市域・都市景観の変化、出土貨幣の状態)を大幅に利用することにする。取り上げる対象は、内陸部のアンカラ、沿岸部のエフェソスを中心とし、その他の都市については、必要な限りで言及するにとどめたい。[108]

小アジア地方は、帝政前期にはローマの属州の中でも、もっとも豊かで、都市の多い地方であった。軍人皇帝時代(三世紀)には小アジアの諸都市も、異民族の侵入によって打撃を受けた。アンカラは破壊され、エフェソスでも有名なアルテミスの神殿が破壊されている。しかし回復は速かった。アンカラの場合、ヨハネス及びその他の有力市民によって、城壁・競技場・役所などが再建されたことが、碑文によってわかる。[109] 四世紀以降、コンスタンティノープルが都であったことも、小アジアの諸都市の繁栄を促したようである。アンカラはローマ街道の要衝にあり、都から、シリア、メソポタミアへの最短コース上に位置していた。エフェソスはエーゲ海に面する港として、コンスタンティノープルとアレクサンドリア(帝国の穀倉エジプト)を結ぶ航路の中継地であった。両都市はその恵まれた地理的位置を背景に、商工業都市として栄えた。「ガラティアの商人(アンカラ商人)」の名は古代末期には有名であった。エフェソスでは四三一年に公会議が開かれたが、開催地に選ばれた理由は、「陸路・海路をとって容易に行けるところであり、かつその住民に対して、その地方の、あるいは〔遠くから〕輸入された、あらゆる有用な品物を豊富に供給している町」だからということであった。[110] 考古学の発掘調査は、四—六世紀には両都市において、多くの公共建築物が存在したことを明らかにしているが、それを支えていたのは、商工業による富であったと考えられる。同じ現象は、サルディス、ミレトスなどでもみられる。[111] 小アジアは三世紀の危機を乗り越えて以降、長い平和と繁栄を享受していた。

平和は七世紀初めのササン朝ペルシア軍の侵入によって破られた。アンカラは六二〇年ないし六二二年[112]にペルシア軍によって占領され、エフェソスも被害を受けた。六二六年のコンスタンティノープル攻撃の失敗ののち、小アジアにおけるペルシア軍の圧力は減少し、六二八年の講和によって平和が回復した。しかしそれも束の間であった。六四一年からはアラブ人が侵入してきた。六五四年にアンカラは再び占領され、同じ頃エフェソスもアラブ軍の掠奪を受けた。長期にわたって繰り返されたアラブ人の攻撃も、六七四―八年のコンスタンティノープル包囲の失敗によって、一時中断されることになった。小アジアの都市は生き残った。六八〇―一年、六九一―二年の宗教会議には、小アジアの各属州から多数の主教が出席している。

七世紀の危機を乗り越えた小アジアの都市が、危機以前の時代とその性格を変えただろうか。上述のように、古代末期のアンカラ、エフェソスは商業都市として栄えていたが、七世紀以降の両都市の商業活動を伝える文献史料はほとんどない。文献史料の沈黙は、この期における商業活動の不振を窺わせるが、史料自体の性格、残存状態の悪さのために、それ以前の時代との比較は難しい。ここでは危機をはさむ両時期における、都市景観の変化をみることによって、小アジアの都市の変質を明らかにしようと思う。

古代末期のアンカラは、アクロポリスとその麓の平原部に広がる市街地とからなり、多くの公共建築物をもつ大都市であった。その遺跡の一つに、町の中心部にあったローマ闘技場跡がある。そこから出土した貨幣を時代順に並べてみると、四世紀のものがもっとも多く、五―六世紀のものもかなり出土するが、ヘラクレイオス帝時代後半以降の貨幣はきわめて少ないことがわかる。[113] このことは、文献史料が伝えるペルシア軍のアンカラ占領(六二〇ないし二二年)の打撃の大きさを裏づけている。古代市民生活の中心の一つが、七世紀初めの破壊以降、ほとんど完全に放置されたのである。ローマ闘技場だけではなく、その他多くの公共建築物が破壊されたまま、再建されずに放っておかれたことを、発掘調査は示している。三世紀の破壊後には、豊かな市民が中心となって再建工事が行なわれたのと対照的である。七世紀のアンカラにおける唯一の大規模な土木工事は城壁の強化であった。破壊された古代建築物の石材を用いたと思われるこの城壁は、コンスタンス二世時代(六四一―六八)のものと推定されている。[114] のちにアンカラは、「有名な大カストロン(城塞都市)、力強く、かつ防備を施された町[115]」といわれた。七世紀の異民族侵入を契機としてアンカラは、下町＝商工業地区の大部分を放棄し、アクロポリスを中心とする要塞都市へと変化したのである。

エフェソスでも都市景観は大きく変わった。ここでは六一四年頃の地震とペルシア軍の侵入のあと、古代の市域は約半分に縮小した。古代都市の中心部であった、上アゴラとアゴラ及び両者を結ぶエンボロス大通りを含む地区は、新しく建設された城壁の外に取り残されてしまっている。[116] また町から一マイル東方にあり、有名な聖ヨハネ教会のあるアヤスルクの丘が要塞化され、防衛上好適なこの丘に町の中心が移り始めていた。[117] 主教は六世紀にいち早くここへ移っていたらしい。このエフェソスの場合に、我々は古代都市から中世都市への変化の典型をみることができる。

都市域の縮小・要塞化は、サルディス、ペルガモンでもみられる。[118] これらの町は、単なる要塞に近い状態にまで縮小した。本来農村的性格をもっていた、その他の中小の古代都市の場合でも、事情は同じであったと推測される。さらにミレトス近郊のディデュマの例[119]も興味深い。ディデュマは七世紀に独立の主教座となり、ヒエロンと呼ばれた。しかしこの主教座は、教会とそれを囲む城壁の他には、周囲にわずかな住居が散在しているだけであった。教会=城をもつ村というべきものであったが、それでも主教座とされたことは、逆に他の主教座=都市もまた、このような存在ではなかったかと推定させるものである。小アジアの都市は、アクロポリスを中心とする地域に収縮し、周囲に城壁をめぐらすことによって、危機を乗り越えたのである。

このような都市景観の変化は、記述史料からは窺いえない都市の性格・機能の変化を、我々に伝えている。アラブ人、マジャール人、そしてノルマン人の侵入の時代の西ヨーロッパにみられた現象、つまり商工業都市から軍事・行政・宗教都市への変化を、[120] 小アジアにも認めることができるのである。小アジアの大部分の都市は要塞都市と化した。都市を指す言葉も、ポリスからカストロン κάστρον(ラテン語の castrum 城塞より派生)に変わる。ただエーゲ海に面し、交通の要衝であったエフェソスやスミュルナでは、[121] 市域は縮小したものの、まだかなりの広さをもっていた。

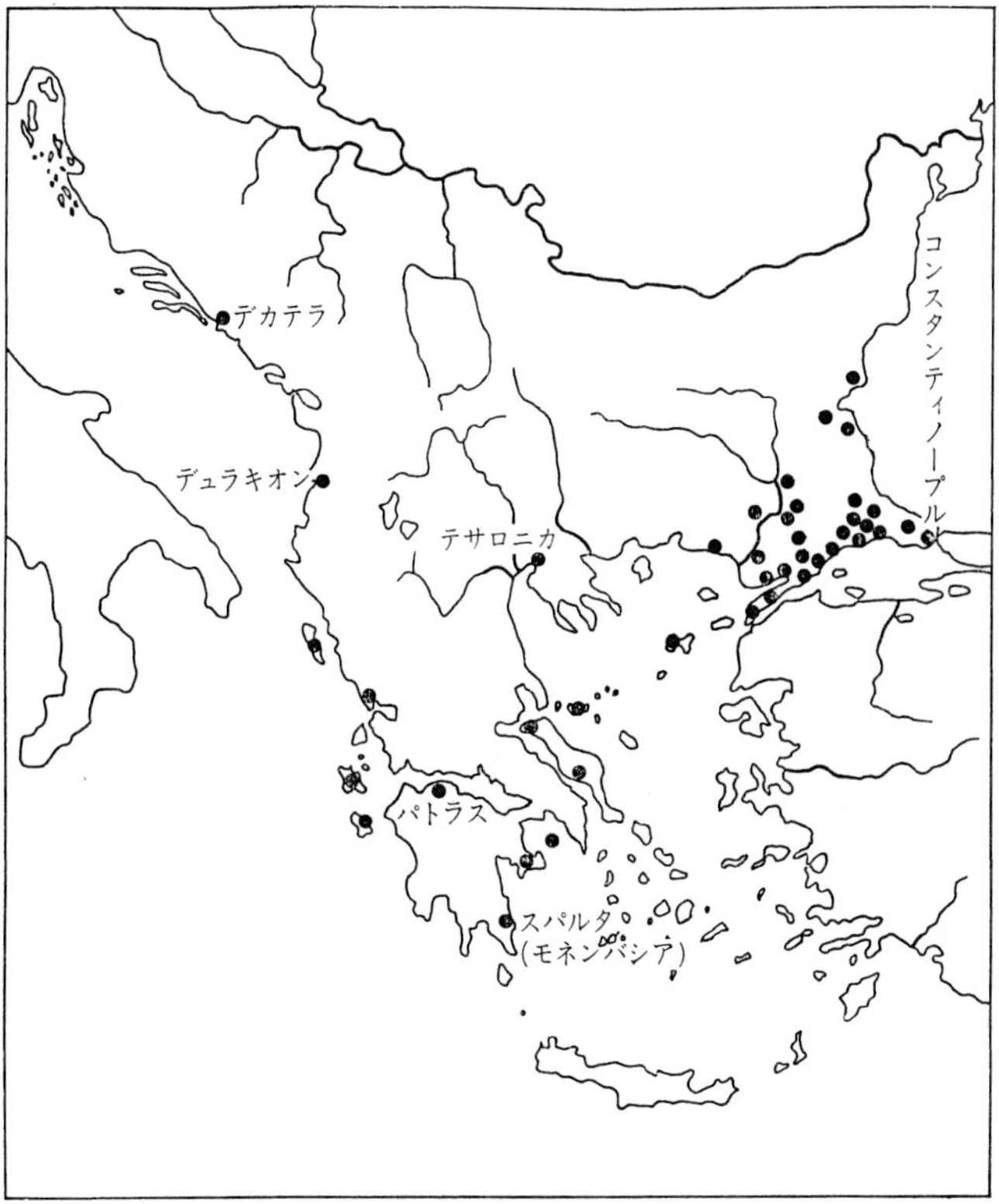

地図 3　第 7 回公会議出席主教座(787 年) (R. -J. Lilie, Thrakien, S. 42–44 より)

第二の問題に移ろう。バルカン地域における都市の復活はいつ、どのようにして進んだのだろうか。この問題を考える手がかりをやはり教会史料に求めることにしよう。先の二つの宗教会議から約一〇〇年後の七八七年に開かれた第七回公会議の出席主教の署名リスト[122](三一九名)のうち、バルカン、ギリシアの主教座を地図上にとると、地図3となる。コンスタンティノープルの後背地トラキア地方での主教座＝都市の増加が著しい。このことは記述史料からも確認できる。あるイスラム史家は、八世紀末のトラキアについて、

「今ではトラキアには人が多い。もし今日軍団がアル・クスタンティニア(コンスタンティノープル)へ行ったならば、補給が必要な場合も、穀物を〔遠くから〕運ぶ必要はない。穀物供給者は、穀物を必要な量以上に、彼らのすぐ近くから調達することができるだろう。」

と述べている。[123]ギリシア南部でも都市の復活は著しい。反面、テサロニカ付近では七世紀末に存在した主教座が消滅している。この地域の都市は、ユスティニアノス二世の遠征(六八八/九)及びその後の植民によって、一時回復したが、まもなくスラヴ人によって再度破壊されたと思われる。

七八七年の公会議署名リストには、当然出席するはずの主教座でその名が見えないものがいくつかある(アテネ、アルゴス、セリュンブリアなど)。たまたま空位だったなどの理由が想定されるが、いずれにせよ、二度の宗教会議の署名リストから作成した地図2に比べて、地図3は誤差が大きいと思われる。そこで、九世紀初めに書かれた『テオファネス年代記』に現われる都市を、順に地図

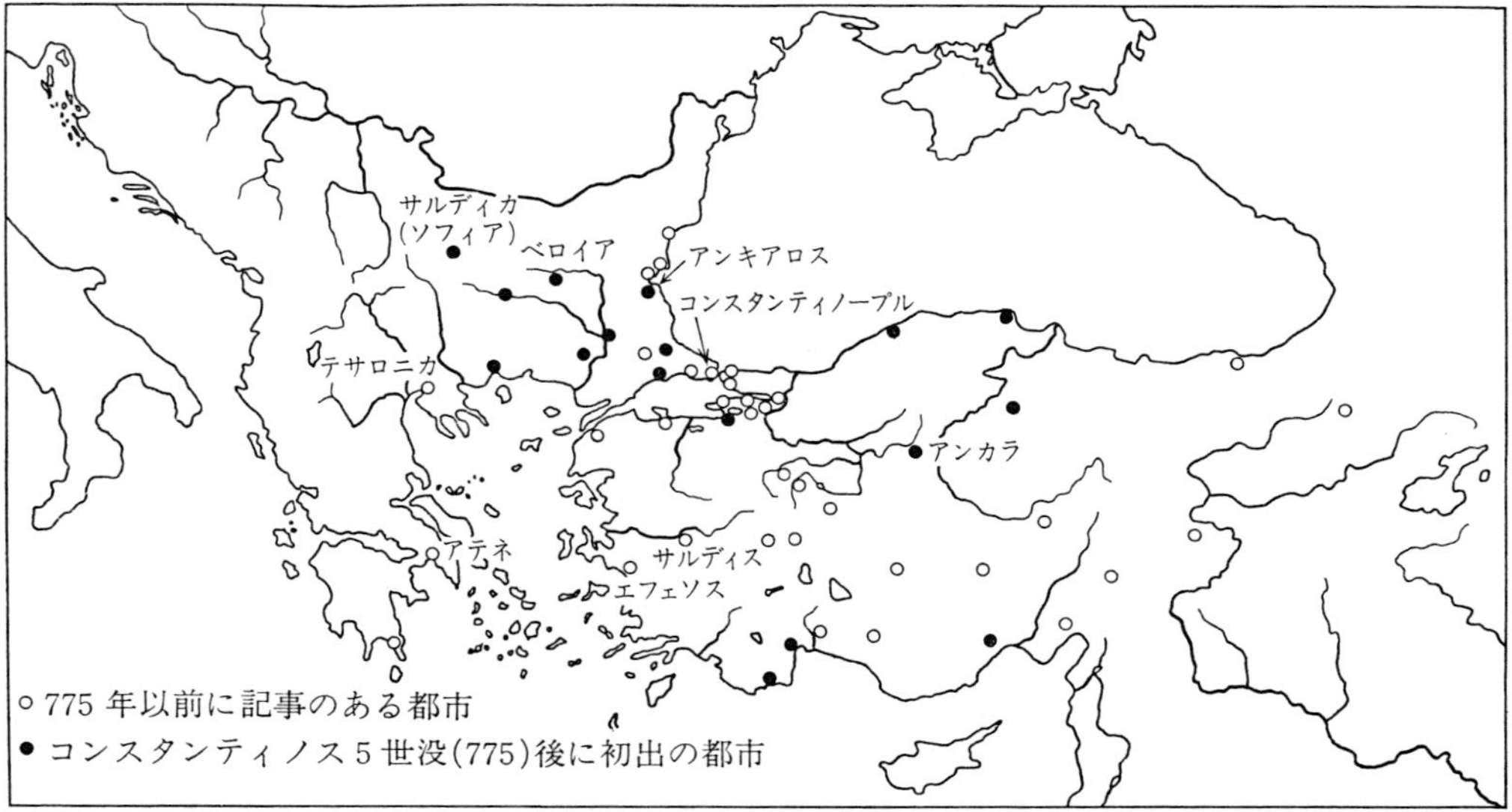

地図4　『テオファネス年代記』717-813年の条に現われる都市

の上にとって、地図4を作成してみた。著者テオファネスの関心の度合が地方によって異なったから、この地図も完全な都市分布図とはいえないが、先の地図3と合わせることによって、この時期の都市の存在状況を大体把握することができるだろう。

『テオファネス年代記』では八世紀の後半、とくに末になって、バルカンの都市への言及が増える。このことはようやくその頃になって、バルカン地方に都市が復活してきたことを示している。では次に、『テオファネス年代記』その他の記述史料によりつつ、その具体的な内容を検討してみよう。

(イ)『テオファネス年代記』七五五年の条。(124) コンスタンティノス五世はトラキア地方に都市を建設し、東方国境のシリア人・アルメニア人をそこに住まわせた。

(ロ)同、七八四年の条。(125) エイレーネー皇太后はみずからベロイア、アンキアロスを訪ね、これらの町の再建を指示した。

(ハ)『モネンバシア年代記』(八〇五年)(126)。皇帝ニケフォロス一世によってパトラス、スパルタの町が再建され、亡命していたギリシア人が母市に帰還した。

典型的な事例を三つ引用したが、現存の史料による限り、バルカンにおける都市の復活は、商工業とは直接関係はなく、国家の防衛・行政・宗教政策と結びついて、皇帝が主導したものであったといえる。都市建設は帝国の軍事拠点の設置、支配圏の拡大と結びついていた。近年の西ヨーロッパ中世都市成立論において強調されている、領域権力による都市建設の事実は、再征服という条件はあるものの、基本的にはビザンツ領バルカンにもあてはまるようである。

以上から七―八世紀のビザンツ都市、古代都市との連続・断絶の問題について、次のような結論が得られる。小アジアでは都市は連続したが、その性格は大きく変わった。主教の所在地という性格は変わらなかったが、大都市も商工業の中心地という機能を失い、城壁に囲まれた要塞となった。他方バルカン、ギリシアでは、六世紀末―七世紀に多くの都市が破壊され、消滅した。ようやく八世紀末に都市の復活が見られるが、再建を進めた主体は商工業市民ではなく、皇帝・帝国政府であった。七―八世紀のビザンツ世界では、コンスタンティノープル、テサロニカ、エフェソスなど若干の例外を除いて、商工業は衰退したというのが筆者の結論である。

二　古代自治都市の終焉とビザンツ帝国

前項における考察によって、ビザンツ世界成立期には、都市は消滅したり、その商業上の機能を後退させたりしたことが明らかとなった。次に視点を変えて、都市の自治の問題を検討する。

西ヨーロッパを対象としたH・ピレンヌの学説[127]では、①古代地中海商業の繁栄、②イスラム教徒の侵入による地中海商業の途絶、③商業の復活、という経済史上の変化は、

①ローマ自治都市制度、②自治制度の消滅、③中世自治都市の成立、という法制史の変化に対応するものと考えられている。

ピレンヌやプラーニッツに代表される通説は、商人ギルド=誓約団体の成立、その自治権獲得に、中世都市成立の最大のメルクマールを求めていた。近年の中世都市研究では、このような法制史的側面は余り重視されていないようであるが、筆者は、都市の自治という視角はこの時代のビザンツ都市研究にとっては、一定の有効性(史料上の利点も含めて)をもっていると思う。本項では、ローマ世界の解体からビザンツ世界の形成期における都市の問題を、その自治権という点から検討することにしたい。史料の存在状態及び地域的バランスという点を考慮して、次の五つの都市を考察の対象としたい。

(イ)首都コンスタンティノープル
(ロ)小アジアのアンカラ
(ハ)黒海北岸のケルソン
(ニ)ギリシア、ペロポネソス半島のパトラス
(ホ)バルカン西北部ダルマティアのラグーサ

(イ)コンスタンティノープル

三三〇年にローマ帝国の都となったコンスタンティノープルの場合、当然のことながら、帝都ということが市民の自治に大きな制約を加えている。たとえば西欧中世都市の自治の担い手とされる同職組合《ギルド》に似たものが、四—六世紀コンスタンティノープルにあったが、それは厳しい国家統制下にあり、ギルド員の自治はみられない。この時期の帝都の市民活動の中心は、デーモイ δῆμοι ないしメレー μέρη と呼ばれる団体であった[129]。デーモイとは、ローマ帝国下の大都市で行なわれていた馬車競走の応援団体であって、競走が、緑(＋赤)と青(＋白)に分れて行なわれたことに応じて編成されたものである。競馬場では青と緑の両派の応援合戦が行なわれ、興奮の余り、喧嘩などもしばしば生じたという。

この市民団体デーモイの性格については諸説があるが、筆者は四—六世紀のデーモイを、古代都市の自治制度が、帝都という条件の下で歪められ、消滅しつつあるものと考える。というのは次のような理由からである。デーモイの活動は競馬の応援だけにとどまらなかった。彼らは都の公共事業にも従事している。有名なテオドシウスの城壁の建設(四一三年)、修理(四四七年)にも参加しており、市民軍として都の防衛にあたったこともあった。これらの事実は、都市の自治、各都市の市民がみずからの町をみずからの手で管理していたことのなごりではないだろうか。

ローマとは異なり、コンスタンティノープルの競馬場では、国家のさまざまな儀式も行なわれた。その際に、青・緑のデーモイはそれに出席し、定められた役割(皇帝歓呼の音頭取りなど)を果している。デーモイは次第に本来の性格を失い、一種の国家役人のようなものに変わっていく。しかし四—六世紀にはなおデーモイは皇帝政治の単なる一機関ではなかった。それは皇帝の支配に対する市民の抵抗の基盤でもあった。五三二年、皇帝ユスティニアヌスによる戦争のための課税に反対して、それまで互いに争っていた青と緑のデーモイが一致して蜂起した。デーモイに先導された反乱市民は、「ニカ(勝利せよ)!」を合言葉に皇帝軍と戦った。[130] 三万人ともいわれる犠牲者を出して鎮圧されたが、このニカの乱は、皇帝専制に対する古代都市民の最後の大きな抵抗と評価することができよう。

六〇二年にもマウリキウス帝に対して、「緑」のデーモイが反乱をおこし、同帝を退位に追い込んだが、[131] それ以降、デーモイは国家・市民生活における影響力を失い、最終的には儀式を飾るだけの存在となってしまう。フォーカス帝、ヘラクレイオス帝による弾圧、ヘラクレイオス帝による首都市民への穀物配給の最終的な廃止[132]は、この過程を促進させた。七三九年、レオーン三世は大城壁の修復に関して、市民あてに次のような勅令を出している。

「城壁を修復することは汝らのなしうるところではない。そこで朕は徴税役人に命じた。彼らは一ホロコティヌス(ノミスマ)につき、一ミリアレシオン(ノミスマの一二分の一)の割合でカノナ(税)を徴収する。そして帝国がその金を得て、城壁を修理する。[133]」

かつてはデーモイが行なった町の公共事業が、今や完全に国家・皇帝の仕事となっている。コンスタンティノープルの町の問題は、帝国政府が全面的に統轄するようになっていたのである。

コンスタンティノープルでは、三三〇年に帝都となって以来、古代都市の自治は急速に衰退過程に入り、七世紀にはほぼ完全に消滅した。帝都にみられたこの現象は、帝国の他都市の場合にはどのような形をとったのだろうか。(134) 次に属州のいくつかの都市について、市民の政治活動、自治の状況を検討してみよう。

(ロ)アンカラ

アンカラは古代末期にはガラティア属州の首府、テマ制施行後はテマ－オプシキオン、テマ－ブーケラリオンの首府として、帝国行政上の重要都市であった。しかし四世紀の史料は、町の行政を行なうブーレー(市参事会)が、国家役人と並んで存在したことを伝えている。市参事会員になったのは、商業に従事し、郊外にヴィラを所有したりする、豊かな市民であった。(135) 帝国の他都市では当時、市参事会員の地位は、それに伴う負担の重さ(徴税責任)のために忌避されていたが、アンカラでは豊かな市民によってその職務は遂行されていたようである。三世紀の破壊のあとの再建に努力したヨハネスら有力市民の伝統がなお続いていたと思われる。しかし町の行政の実権は時とともに国家役人の手に移っていった。五三五年にユスティニアヌス帝が、この町にいるガラティア属州統治官に comes の称号を与え、大幅な権限をもたせたこともそのような傾向の現われであった。(136)

六二〇ないし二二年のペルシア軍の侵入・破壊、引き続くアラブ人の侵入・破壊によって、アンカラの景観は大きく変わり、アクロポリスを中心とする要塞都市となった。[137]古代的な市民生活の中心であった浴場・競技場なども放棄されてしまった。都市景観の変化とともに、統治体制にも大きな変化があった。アンカラはテマの首府となり、文武両権を握るストラテーゴスの管掌下におかれた。当初においては多分に自立的な性格をもっていたストラテーゴスは、のち国家役人と化し、中央政府に完全に従属するものとなるわけであるが、いずれにしても、市民の自治の伝統は絶えた。自治を担いうるような有力な市民層そのものが存在しなくなったのである。八三八年アラブの大軍が小アジアに侵入し、アンカラに迫った時、皇帝はアンカラへ一宦官を派遣して、都市防衛のための市民軍を組織させようとした。この試みは成功しなかった。[138]防衛を担いうるような市民層が存在しなかったのである。アンカラ奪回後、大城壁が再建されたが、再建を讃える碑文には、「敬虔なる、諸都市の建設者、全能にして信仰厚き主ミカエル」[139]とあり、皇帝ミカエル三世(在位八四三—六七)によって再建されたことが伝えられている。三世紀の再建の碑文(ヨハネスら有力市民)と九世紀の碑文(皇帝ミカエル三世)を比べれば、町の公共事業の主体が、有力市民から国家、皇帝へと変わったことがわかる。それはアンカラという都市の性格の変化であり、同時に、ローマ帝国からビザンツ帝国への変化を示すものでもあった(後述)。

(ハ)ケルソン

クリミア半島南部のケルソンは商業都市である。市民は毛皮・蠟など北方の物産をコンスタンティノープルに転売し、黒海南岸からワインや穀物を輸入していた。[140] ドナウ下流にブルガール族が勢力を確立して以来、黒海―ケルソン経由の北方交易路は重要性を増した。

ケルソンは、古くディオクレティアヌス帝、コンスタンティヌス大帝によって、自由と免税の権利を認められており、[141] ローマ帝国下でも最大限の自治権を享受していた都市の一つであった。七世紀末―八世紀初には、ここへ皇帝ユスティニアノス二世が流されたり、また復位した同帝がこの町へ遠征を行なったりしたために、その頃のケルソンの状態について、ある程度記録が残っている。[142] それによると、当時のケルソンではなお古い自治体制が存続していた。町の行政はプロートポリテースあるいはプローテウオーンと呼ばれる長と、「町の父たち」と呼ばれる有力者によって担当されていた。注目すべきは、彼らは帝国の官位をもっていないことである。もちろん帝国役人もいた。しかしそれは貿易監督官であって、町の行政は市民に任されていた。

ケルソンの自治は九世紀前半に終わりを告げる。この地方へ派遣された帝国役人の一人が、皇帝テオフィロス（在位八二九―四三）にあてて次のように申し出たのである。

「もし陛下がケルソンの町とその地方を完全に支配したいとお望みでしたら、陛下御自身のストラテーゴスを任命されなければなりません。彼らのプローテウオーンやアルコンに、〔町の行政を〕まかせておいてはなりません。[143]」

皇帝はこの奏上を行なった人物をストラテーゴスに任命し、「プローテウオーンやその他すべての者は彼に従うべし」という命令を添えて、ケルソンに派遣した。

こうしてケルソンもテマ体制下に入った。しかし市民はなお自立意識をもち続け、ストラテーゴスに抵抗することもあったという[144]。ケルソンの場合は、国境地帯という位置と商業活動を背景に、古代的な自治都市制度がかなり遅くまで保持されていた例といえるだろう。しかしその自治を否定して、ビザンツ帝国の支配が確立してゆくのである。

㈡パトラス

五八七年、アヴァール人・スラヴ人によって破壊されたパトラスは、八〇五年にニケフォロス一世によって再建され、大主教座がおかれた[145]。再建直後のパトラスについて『帝国統治論[146]』は興味深い事件を伝えている。それによると、近隣のスラヴ人が反撃に転じ、町へ迫ってきた。当時、テマのストラテーゴスの保護は充分にはこの町に及んでいなかったので、町の住民は、ブーレー(集会)を開き、スラヴ人に平和的に町をあけわたそうと相談を行なっていたが、聖アンドレウスの奇跡がおこった。勇気づけられた市民軍は、スラヴ人と戦い、これを撃退した。三日後にようやくこの町に救援に来たストラテーゴスは、市民の勝利を皇帝に報告しただけであった、という。

パトラスはこの時代のバルカン、ギリシア都市の典型である。この町は、アヴァール人・スラヴ人によって破壊され、平和の回復後、帝国政府の主導下に再建されるという歴史をたどった。都市の再建は、帝国の支配の回復と平行している。ただその初期においては、都市にたいして、帝国政府およびテマの支配権も完全には及ばず、その保護も充分ではなかった。そのため、危機に立たされたパトラスでは、市民の集会が開かれ、市民軍が組織されたのである。しかし危機に直面して生まれた、パトラスの自治体制は短命であった。第一に、この時期のパトラスでは大規模な商工業は営まれておらず、有力市民が存在しなかった。第二に、その後まもなくニケフォロス一世によって、テマ体制が強化され[147]、帝国の支配が完全に及ぶようになったからである。

(ホ)ラグーサ

七世紀初めのアヴァール人・スラヴ人の侵入によって、ダルマティア(バルカン西北部)の住民は、沿岸の岬・島など防御に適したところへのがれ、そこを要塞化して定住した[148]。デカテラ、スパラト、ラグーサなどがそうである。これらの都市《カストロン》は自治を行なっていた。『帝国統治論』によると、「帝位にあった者の無能さのために帝国が衰え、……ダルマティアの諸都市の住民たちもまた、ローマ人の皇帝にも他の誰にも服すことなく、みずからの長をもつようになった[149]」と伝えられている。

同記事は続いて、バシレイオス一世時代(在位八六七―八八六)にアフリカのイスラム教徒のダルマティア攻撃・都市占領について伝える。

「サラセン人はラグーサへも行き、一五ヶ月もこの町を包囲した。そこでラグーサの人々は、永遠に記憶さるべきローマ人の皇帝バシレイオスに訴えて、次のようにいった。『我々に情をかけて下さい。キリストを否定する者たちによって破壊されないようにして下さい[150]。』

皇帝は艦隊を送り、ラグーサの危機を救った。その後まもなく、この地方にもテマ－ダルマティアが設置されるのである。[151] ただ、ダルマティアの諸都市は、帝国の支配下に入ったのちも、比較的自立性が高かった。国境地域であったこと、ヴェネツィアとの交易が営まれていたことなど、条件はケルソンに似ていたと思われる。

以上の五つの都市の自治の問題をまとめ、帝国史全体の中に位置づけて、本項の結論としたい。後期ローマ帝国のいわゆる専制君主制の下で、諸都市は自治特権を失いつつあった。しかし少なくとも帝国の東部では、各都市の自治は残っていた。一つの例を示してみよう。[152] 五九五年、マウリキウス帝はアヴァール人・スラヴ人の侵入に対抗するため、弟のペトロをドナウ国境に派遣した。ペトロはアセムスの町へ行き、この町の守備軍を遠征に動員しようとしたが、市民はユスティヌス二世(在位五六五—七八)から与えられた特権、アセムスの市民軍は市外で戦う義務はない、を根拠に参加を拒否し、城門を開かなかった。ペトロは目的を果せず、この地を立ち去らなければならなかった。

弱体化しつつあったとはいえ、古代末期にはなお存続していた自治都市制度は、七世紀以降、消滅過程に入った。個別に検討を加えた五つの都市の例が示すように、帝都、属州の中心都市、国境の都市、再建都市、という条件の違いに応じて、その形態には若干の差があったが、基本的には都市・市民の自治が否定され、それに代って帝国の集権的行政機構が各都市を統轄するようになった。九世紀末に皇帝レオーン六世が発布した一勅令は次のように定めている。

「古来の法のうち、市参事会と市参事会員に関するいくつかの法は、重く遂行困難な負担を参事会に課し、他方で参事会員にアルコンに昇進し、自立して都市を統治するという特権を与えていた。これらの古来の法は、今、行政上の問題が改善されたこと、すべてのことは皇帝の配慮と統治にのみ依存すべきことのゆえに、この勅令によって法から除外される。[153]」

古代以来の都市自治制度は、法的にも否定され、最終的に姿を消した。自治都市制度に基礎をおいていたローマ帝国のなごりはすべて消え、すべては皇帝に発するというビザンツ専制国家の確立が、ここに宣言されたのである。

最後に、これ以後の都市の自治について簡単に述べておきたい。ビザンツ帝国下の都市が再び自治・自立の傾向をみせるのは一二世紀以降であり、一二〇四年の帝国滅亡によって、その動きは完成された。この時、自治の担い手となったのは、一部の例外を除いて、大土地所有貴族層であった。彼らは都市を中核として独自の支配を樹立しようとしたのである。一三世紀以降、東地中海の歴史は新たな段階に入った。ビザンツは「帝国」ではなくなり、一小国に転落した。都市史の面からも、この世界の歴史は七世紀と一二世紀で区分されるのである。

三　国家による商工業統制——『総督の書』と一〇世紀のコンスタンティノープル

七世紀から八世紀初めにかけての戦乱の中で、ビザンツの都市・商工業は衰退した。首都コンスタンティノープルでも、かなりの人口減少が生じたようである。現在でもその一部分が残っている有名なヴァレンスの水道は、六二六年のアヴァール人の攻撃によって、城壁外の部分が破壊されたが、そのまま放置されていた。水道が不完全でも水不足が感じられなかったことは、首都の人口減少のためであろう。さらに七四六—七年のペストによっても、コンスタンティノープルでは「埋葬も間にあわない」ほどの死者が出たという(154)。しかしほぼこの頃から対外関係は好転し、商工業も復活のきざしを見せてきた。七五五年には、コンスタンティノス五世の命令で、ギリシア本土及び周辺の島々から多数の人々が都へ移された(155)。移住政策、国家の行政・軍事機構の膨張によって、コンスタンティノープルの人口は八世紀半ばから増加に向う。『テオファネス年代記』七六六年の条(156)は、夏の水不足を痛感した皇帝が、帝国の各地から技術者を集め、ヴァレンスの水道の修復を行なったことを伝えているが、明らかに人口増加の反映である。人口は商業の復活・発展によっても増加した。コンスタンティノス五世が税の金納を義務づけたこと(157)は、貨幣経済の発展を示しているし、エイレーネー女帝は商工業育成のために免税措置をとっている(158)。

商工業の発展は属州でもみられた。エフェソスの商業活動についての記録も、八世紀末にはみられるようになり(159)、各テマ当局にもかなり多額の現金が用意されていたことが知られている(160)。商工業の復活とともに豊かな大商人も出現しはじめた。[161]

前項でみたように、ビザンツ帝国は各都市の自治を否定し、国家役人による都市行政を確立させたが、同様に、都市において営まれる商工業に対しても国家統制を加えている。とくに首都コンスタンティノープルの経済生活に関しては、国家は深い関心を寄せた。都の商工業者は同業者組合、ギルドを作っていたが、国家はこの組合を通じて商工業への統制を行なおうとした。以下本項では、コンスタンティノープルの商工業者の組合に関する規定集、『総督の書』[162]をとりあげて、一〇世紀初め頃の国家と商工業・商工業者との関係を検討することにしたい。なお同史料の性格、同史料をめぐる研究史については、米田治泰氏の論文[163]があるので、それに譲り、ただちに内容分析に入ってゆこう。

『総督の書』は、序文と本文二二条からなる。各条はそれぞれのギルドを扱い、いくつかの項目から成っている(表5)。ここに挙げられているものが当時存在したギルドのすべてというわけではない。たとえば第一四条二項には、「鞍職人は皮なめし工と同一のギルドを構成することは禁じられ」るとあり、全二二条中には言及のない皮なめし工のギルドの存在が、推定されるからである。

さてここに現われるギルドはどのような性格をもっていただろうか。後期ローマ帝国の同職組合コレギア[164]は、厳しい国家統制下にあり、コレギアに入ることは身分上の自由を失うことであり、その職業は世襲とされていた。これに対して一〇世紀コンスタンティノープルのギルドは、加入希望

表5 『総督の書』

表　　　　題	ギ　ル　ド	条項
προοίμιον	(序)　―	
1. περὶ ταβουλλαρίων	公 証 人	26
2. περὶ ἀργυροπρατῶν	貴金属加工	12
3. περὶ τραπεζιτῶν	両替商・銀行	6
4. περὶ τῶν βεστιοπρατῶν	絹織物商	9
5. περὶ τῶν πρανδιοπρατῶν	シリア等の商品取扱商	5
6. περὶ τῶν μεταξοπρατῶν	生糸商人	16
7. περὶ τῶν καταρταρίων	絹織物工	6
8. περὶ τῶν σηρικαρίων	絹 染 工	13
9. περὶ ὀθωνιοπρατῶν ἤτοι μιθανέων	リンネル工・商人	7
10. περὶ τῶν μυρεψῶν	香 料 商	6
11. περὶ τῶν κηρουλαρίων	ろうそく工	9
12. περὶ σαπωνοπρατῶν	石けん製造工	9
13. περὶ τῶν σαλδαμαρίων	(各種)食料品商	6
14. περὶ τῶν λωροτόμων	鞍・馬具工	2
15. περὶ τῶν μακελαρίων	肉　　屋	6
16. περὶ τῶν χοιρεμπόρων	豚 肉 屋	6
17. περὶ τῶν ἰχθυοπρατῶν	魚　　屋	4
18. περὶ τῶν ἀρτοποιῶν ἤτοι μαγκίπων	パン焼き人	5
19. περὶ καπήλων	居 酒 屋	4
20. περὶ λεγαταρίου	(市総督の代官)	3
21. περὶ τῶν βόθρων	家畜商代理人	10
22. περὶ πάντων τῶν ἐργολάβων ἤτοι λεπτουργῶν, γυψοπλαστῶν, μαρμαρίων ἀσκοθυραρίων, ζωγράφων καὶ λοιπῶν	(各種雇傭契約――大工，石膏職人，大理石工，錠前屋，ペンキ屋，その他)	4

者が資格試験を受け、加入金を支払って入る団体であった。[165] 組合員は身分的に自由であり、脱退、他組合への転出も許されていた。第七条三項には、

「もし自由人である絹織物工が、生糸商人の組合に加入したいと望むならば、彼の希望はまず市総督に伝えられる。そして彼が絹織物に従事するのをやめたということが証明されねばならない。そののちに彼は、通常の加入金一〇ノミスマタを支払って、上記の組合に加入することができる。」

とある。この時代には国家による経済統制も、ローマ末期に比べてゆるくなっていた。ユスティニアヌス法典では、一般人には禁じられていた、特殊な布地の売買も一部は許されるようになってお り、[166] 金細工・宝石細工の組合へも、一定の条件さえ満たせば誰でも加入できるようになっていたのである。

一〇世紀の組合は、自由な商工業者が結成する団体であった。組合は一定の自治を行なっていた。各組合員は組合の長を互選した。第一条二二項には、

「プリミケーリオス(公証人組合の長)が選ばれる時には、その地位に就く者が全組合員によって、その地位にふさわしいと証言され、そして市総督(＝帝国役人)によって任命されるべし。」

とある。また各組合の長の名称が、組合によって違うことも、各組合が自主的に代表を選んでいたことを示すものであろう。さらに組合のメンバー間のトラブルについても、自主的な解決がはから

れていた。第一条一一項には、

「もし公証人が別の公証人に対して不満をもつならば、まずプリミケーリオスに訴え出よ。しかるのちに市総督の大法廷に訴え出るべし。そのようにしない場合には、その訴えは却下される。」

とある。一〇世紀コンスタンティノープルの組合は、ローマ末期のコレギアとは違って、身分的に自由な商工業者の結成する団体であり、一定の自治も行なっていたのである。しかしそれは、国家による介入・保護=統制が強く及んだという点で、西欧中世都市のギルドとも違っていた。

商工業の復活とともに、次第に経済力をもつようになった商工業者層に対して、国家は彼らの組合を通じてさまざまの保護を与えた。それは同時に彼らの経済活動に対する統制でもあった。以下、保護=統制の諸規定を各条項から具体的にみてゆこう。(167)

国家は貴族が商工業に介入することを禁止した。とくに主要産業である絹工業(168)に関しては、多くの条項がそれを定めている。第五条四項では、シリアから輸入された品物(生糸・香料など)は関係組合のみに購入が許されるが、「もしアルコン(貴族)ないしその他の者が、送られてきた物産を入手せんと望むならば、自分の家で消費できる分だけを入手すること」とあり、第六条一〇項には、「もしある生糸商人が、有力者あるいは金持ちのために生糸を購入するならば、……彼は鞭打たれ、ひげを剃られ、組合から除名される」とある。これらの規定は、貴族が原料(生糸)を入手して、絹織物業を営むことを防止したものである。この点でさらに興味深いのは、第八条七項、及び第六条一六項である。

「奴隷あるいは傭い人あるいは職人を、〔都の〕外部あるいは外国人に売り渡す者は手を切られる。」（第八条七項）

「生糸商人は、生糸を、市外へ転売するところのユダヤ人や商人に売ってはならない。」（第六条一六項）

これらの規定は、当時属州において成長しつつあった大土地所有者が、コンスタンティノープルから技術者を迎え入れ、原料も仕入れて、その地で絹織物経営を行なうことを防ぎ、首都の絹織物業の独占的地位を守ろうとしたものと考えられる。(169) 反面首都の貴族に対しては抜け道が用意されていた。それは組合によっては奴隷の加入も認められていたことである（絹関係の組合は認めていた）。商工業への従事を禁止されていた首都の官僚貴族は、自己の奴隷を組合に送り込んでいたと思われる。(170)

『総督の書』はコンスタンティノープルにおける外国人の経済活動にも、厳しい制約を設けている。第五条五項、第二〇条二項では、外国人商人はコンスタンティノープルの商館に三ヶ月以上滞在することを禁じられている。滞在期間中の商業活動も、市総督とその代官によって管理される。第四条八項には、

「外国人宿舎に泊っている外国人が、自分の個人的使用分以上に、禁止された衣服を購入しないよう注意が払われるべし。個人的使用の場合、品物はコンスタンティノープルで製造されたものに限ること。外国人はコンスタンティノープルを立つに際して、購入した品物の審査を受けるため、市総督に知らせること……」

とあり、第八条五項は、

「市総督の許可なしに外国人に商品を売る者は、その財産を没収される。」

と定めている。『総督の書』の規定は、外国人商人と帝都外(属州)のビザンツ人商人とをほとんど区別していない。ビザンツ帝国は前近代の「帝国」であって、近代的な国境、国民経済という観念をもたなかった。ともあれ、外国人商人・属州商人の商業活動に対する統制もまた、首都コンスタンティノープルの商工業を保護するためのものであった。

『総督の書』は、各ギルドの経済活動そのものについても詳しい規定を定めている。これらの規定の基本的な精神は、小規模経営の維持であると筆者は考える。大規模な経営体、豊かな大商人・大企業家が出現しないようにとの配慮が、『総督の書』の随所にみられるのである(171)。

最重要の産業である絹関係の仕事には、工程に従って五つの組合があった。そして複数の組合への同時加入=兼業は禁止されている(上述の第七条三項をみよ)。第四条一項は、絹織物商人に他商品の売買を禁じ、同七項は絹織物商人に染物業の兼業を禁止している。絹関係以外でも兼業は禁止された。第一四条二項は鞍職人と皮なめし工、第一五条六項は羊肉屋と豚肉屋の区別を定め、第一八条五項は、全般的に兼業禁止を定めている。

兼業の禁止と並んで、各経営者の経営規模にも制限が設けられた。原料の購入量に制限があり(第二条八項)、購入時期・価格にも制約があり(第七条四項)、購入先が指定され(第六条一二項、第八条八項)、市総督に原料購入について報告する義務があった(第七条五項)。賃傭いの職人を集める場合にも、一ヶ月分以上の前金の支払いは禁止された(第六条二項、第八条一二項)。前金の制限は、資本をもつ者が、多数の労働力を長期間にわたって確保し、彼らを自己に隷属する労働者として、経営拡大を行なうことがないようにという措置であろう。(172) その他に、仕事場や取り引きの場所にも指定があり(第六条一三項など)、香料商の場合には、取り引きの日にも制限があって、違反者には罰が加えられた(第一〇条二項)。

これら一連の規定によって、国家は自由な企業経営を束縛した。それは自由競争の結果として必然的に生じる、小規模な生産者の没落を防ごうという意図をもっていたと思われる。『総督の書』はこの他に、積極的に小生産者を保護する規定も多数もっている。第一〇条三項では、

「仲間の家賃を秘かに、あるいは公然とつり上げようとする香料商人は、鞭打たれ、ひげを剃られ、組合から除名される。」

とあり、第九条四項でも、家賃をつり上げて借り手である職人を追い出すことを禁止している。ま

た同じ生糸商人組合の中でも、貧しい商人で、みずから輸入品を購入するだけの資金をもたず、豊かな組合員から転売してもらう商人もいたが、第六条九項は、その場合に豊かな商人がとる手数料に制限を設けている。これらの規定によって、貧しい組合員にも平等に営業できる可能性が保証されたのである。

国家が首都の商工業者を、組合を通じて保護＝統制したのはなぜだったのだろうか。まず考えられるのは、首都の日常生活において不可欠の品物を、恒常的に確保するために、経済統制が行なわれたということである。食料品関係の組合にはとくにこの性格が濃いと思われる（第一三、一五—一九条）。続いて、国家が帝国直営工場において独占生産しており、外交用としても用いられた高級絹織物の生産を[173]、一般市民に禁止するために、統制が行なわれたことも確かであろう（第八条一、二、四項）。しかし最大の理由は、当時の帝国の社会構造の中に求められなければならない。

本章第2節でみたように、当時の農村にあっては、「有力者」が土地兼併を行ないつつあった。帝国政府は彼らの勢力を抑え、国家の財政的・軍事的基盤である小農民を保護することに努めていた。このような事態は、当時経済力を高めつつあったコンスタンティノープルの商工業者層を、よりしっかりと把握することの必要性を帝国政府に教えていた。国家は首都の商工業者を保護＝統制することによって、一方では、属州における「有力者」の商工業経営を抑えることをめざし、他方では、首都の商工業者に、保護の代償として、種々の対国家義務を課したのである[174]。他方、コンスタンティノープルの商工業者も、外国商人、市外の商工業者との競争において、国家の保護を期待していた。なぜなら彼らの経営規模はまだ小さく、保護が必要だったからである。商工業の発展段階は、まだ国家統制、ギルド統制と適合的な関係にあったといえよう。このような保護＝統制によって、商工業者は安定した経営を行ないえたのである。

一〇世紀マケドニア朝専制国家は、平和の回復とともに成長してきた、首都の商工業者＝小生産者層を組合を通じて統制し、自己の支配の基盤とした。それは同王朝が、小土地所有農民を、彼らの村落共同体を通じて支配し、国家の財政的・軍事的基盤としていたことに対応している。ビザンツ専制国家の基礎はこの両者にあったのである。

最後に次の時代への展望を述べて、この項を終えたい。一〇世紀には、農村において大土地所有が成長しつつあったのと同様に、都市の商工業も、恵まれた条件の下で一層発達した。コンスタンティノープルには大商人・大経営者が現われ、一一世紀にはそのような社会層から皇帝が出るほどまでになる。しかし経済の全般的な発展段階、対外的条件は商工業における大経営の維持・発展にとって好適ではなかった。大商人層はほどなく、富を官職や土地といったより安定した形態に移し、貴族化して、経済の積極的な担い手たることをやめてしまう。一一世紀の末に成立したコムネノス王朝は、このような変化を追認した。同王朝は、マケドニア王朝が行なっていたような、首都の商工業者への保護＝統制政策を放棄し、イタリア都市に大幅な商業特権を与えるのである（第三章第

3節)。

(1) Theophanes, 395–8.

(2) Leo Diaconus, Historiae, ed., C. B. Hase, Bonn, 1828, pp. 165–8. 訳文は、F. Loretto, Nicephorus Phocas, „Der bleiche Tod der Sarazenen" und Johannes Tzimiskes, Byzantinische Geschichtsschreiber X, Graz-Wien-Köln, 1961, S. 150–2 によった。

(3) ヨハネス一世のメソポタミア遠征の日付については、九七二年説、九七四年説があるが、M. Canard, 'La date des expéditions mésopotamiennes de Jean Tzimiscès', Mélanges Henri Grégoire, II. Annuaire de l'Institut de Philogogie et d'Histoire orientales et slaves, 10(1950), pp. 99–108 の説く、七二、七四年の二度遠征が行なわれたというのが説得的であろう。

(4) G. Ostrogorsky, Geschichte, S. 246–7.

(5) この問題に関する最新の学説としては、W. T. Treadgold, 'The Revival of Byzantine Learning and the Revival of the Byzantine State', AHR. 84(1979), pp. 1245–66 がある。

(6) Theophanes, 378(七一一年), ibid., 414(七四二年). テマートラケシオンについては、L. Bréhier, Institutions, p. 357. A. J. Toynbee, op. cit., pp. 253–4.

(7) Theophanes, 410(七三二／三年). cf. G. Ostrogorsky, Geschichte, S. 132. L. Bréhier, Institutions, p. 289.

(8) CMH. IV–2, pp. 62–3. ビザンツの法については、K. E. Zachariä v. Lingenthal, Geschichte des griechisch-römischen Rechtes, 3. Aufl., Berlin, 1892(1955)が基本文献である。『エクロゲー』はJGR. II, pp. 3–62 に所収されている。

(9) P. Charanis, 'Nicephorus I, The Savior of Greece from the Slavs', Byzantina-Metabyzantina, I (1946), pp. 75–92. いわゆるニケフォロスの第一悪政(スラヴの地への強制移住)については、Theopha-

nes, 486.

(10) G. Ostrogorsky, Geschichte, S. 162–3, 196–7. これに対して A. N. Stratos, Seventh Century, vol. I, p. 321 はテマの設置は危機への対応であって，テマが存在しないことは，帝国の支配が及ばなかったことではなく，むしろ逆であるという。しかしストラトスの見解は少数意見。cf. P. Lemerle, ‘Invasions’, pp. 307–8.

(11) 森安，前掲書，二五五ページ以下。

(12) J. B. Bury, The Imperial Administrative System in the Ninth Century, London, 1911. N. Oikonomidès, Les listes de préséance byzantines des IXe et Xe siècles, Paris, 1972. 後者はフィロテオス編のものも含めて，四つの「タクティコン」を紹介，分析している。個々の官位については R. Guilland の詳細な研究があり，その大部分は，R. Guilland, Recherches sur les institutions byzantines I–II, Berlin-Amsterdam, 1967 及び，idem., Titres et fonctions de l’Empire byzantin, London, 1976 に所収されている。他に，idem., ‘Les logothètes: études d’histoire administrative de l’Empire byzantin’, REB. 29 (1971), pp. 5–115 も重要な研究。爵位に伴う年金については，本書ではとりあげられなかったが，さしあたり，P. Lemerle, ‘“Roga” et rente d’Etat aux Xe–XIe siècles’, REB. 25 (1967), pp. 77–100 をみよ。

(13) N. Oikonomidès, Préséance, p. 81. J. B. Bury, Imperial, p. 131.

(14) N. Oikonomidès, Préséance, p. 65.

(15) Ibid., pp. 281–2.

(16) Ibid., p. 87, p. 99 n. 57, pp. 295–7.

(17) J. B. Bury, Imperial, pp. 29–33. N. Oikonomidès, Préséance, p. 294.

(18) J. B. Bury, Imperial, pp. 28–9. N. Oikonomidès, Préséance, p. 294. R. Guilland, Recherches II, pp. 68–79, 82–7.

(19) J. B. Bury, Imperial, p. 27. N. Oikonomidès, Préséance, p. 297. R. Guilland, Recherches II, pp.

99–131.

(20) Theophanes, 398.

(21) J. B. Bury, Imperial, pp. 29–30. N. Oikonomidès, Préséance, p. 296. R. Guilland, Recherches II, pp. 44–67.

(22) スパタリオスも七世紀からは爵位と化し(Theophanes, 377, 391)、ストラトールも同様に変化した。新たにスパタロカンディダートス(初出七世紀)、ディシュパトス(初出九世紀初)の爵位も作られた。

(23) 和田廣『ビザンツ帝国』、教育社、一九八一年、一八一ページは七等級としているが、厳密には七種類である。

(24) J. B. Bury, Imperial, pp. 19–20. 米田治泰「ビザンツ世界の国家と経済」岩波講座『世界歴史』7、四四〇ページ。

(25) N. Oikonomidès, Préséance, pp. 109–25. なお『フィロテオス文書』には財政に関する役人以外、属州の役人は姿を見せない。その理由は不明であるが、そのためにストラテーゴスと属州の文官の関係はよくわからない。

(26) N. Oikonomidès, Préséance, pp. 282–4.

(27) Ibid., pp. 125–35, pp. 299–301. J. B. Bury, Imperial, pp. 120–9.

(28) N. Oikonomidès, Préséance, pp. 135 ff.

(29) Ibid., pp. 141–3. なおテマ－アナトリコンのストラテーゴスと、スコライ軍団のドメスティコスは、その職務の重要性ゆえに、たとえ下位の爵位しかもたずとも序列では上位になった。

(30) N. Oikonomidès, Préséance, pp. 303–4 の九－一〇世紀の官位序列表をみよ。

(31) CMH. IV–2, pp. 55, 65–6.

(32) Theophanes continuatus, ed., I. Bekker, Bonn, 1838, p. 259–61 はバシレイオス一世の政治・財政改革を伝える。cf. A. Vogt, Basil Ier: empreur de Byzance (867–886) et la civilisation byzantine à la fin

du IXe siècle, 1908, rep. New York, 1972, pp. 126–9.

（33）　Theophanes cont., 262–3.

（34）　『プロケイロン』はJGR. II, pp. 107–228に『エパナゴーゲー』はibid., pp. 229–368に所収されている。『エパナゴーゲー』には総主教フォティオスの影響が強く、皇帝権と教会の対等性を表明する条項が含まれており、ビザンツにおける俗権と教権の問題に関して注目すべき史料である。cf. A. A. Vasiliev, History, p. 341. マケドニア王朝の立法・法典編纂については、最近、Е. Э. Липшиц, Законодальство и юриспруденция в Византии в IX–XI вв, Ленинград, 1981が出た。

（35）　Е. Э. Липшиц, op. cit., стр. 63–79.

（36）　P. Noaille, A. Dain, Les novelles de Léon VI le Sage. Texte et traduction, Paris, 1944.

（37）　CMH. IV–2, p. 61.

（38）　たとえばレオーン六世の第七一新法。P. Noaille, A. Dain, op. cit., pp. 258–9. cf. CMH. IV–2, pp. 67–8.

（39）　本書終章「まとめと展望」を参照せよ。F. Dölger, J. Karayannopulos, Byzantinischen Urkundenlehre, 1. Abs. Die Kaiserurkunden, München, 1968は各文書様式の歴史についてもふれている。

（40）　Reg. 720. 皇帝のリュシスとしてはこれが最古である。

（41）　F. Dölger, J. Karayannopulos, Urkundenlehre, S. 49 ff.

（42）　JGR. I, p. 209. 渡辺金一「十世紀のビザンツ村落の社会構造――マケドニア王朝の土地立法の分析――」、前掲書、四〇一ページ。マケドニア王朝の新法の全容については表4（一六四―五ページ）をみよ。なお以下の訳文は渡辺氏の訳によった。

（43）　H. Köpstein, 'Zu den Agrarverhältnissen', Byzanz im 7. Jahrhundert, S. 1–72, S. 22–8.

（44）　W. Ashburner, 'The Farmer's Law I', Journal of Hellenic Studies (JHS), 30(1910), pp. 85–108. 訳注はidem., 'The Farmer's Law II', JHS. 32(1912), pp. 68–95.

(45) 研究動向については、渡辺金一「"NOMOS GEŌRGIKOS" 研究の近況」『一橋論叢』三〇—五、一九五三年、七一—九〇ページ、同「『農民法』研究の新段階」『一橋論叢』四三—五、一九六〇年、四〇—六〇ページ。六〇年以降は研究は余り活発ではない。G. Ostrogorskij, 'La commune rurale byzantine. Loi agraire—Traité fiscal—Cadastre de Thèbes', B. 32 (1962), pp. 139–66. D. Angelov, 'Zur Frage des Agrargesetzes und der Herausbildung der Feudalverhältnisse in Byzanz', Studien zum 7. Jahrhundert in Byzanz, S. 3–9. S. Maslev, 'Die soziale Struktur der byzantinischen Landgemeinde nach dem Nomos Georgikos', ibid., S. 10–22. H. Köpstein, 'Zu einigen Aspekten der Agrarverhältnisse im 7. Jahrhundert (nach den juristischen Quellen)', ibid., S. 23–4. M. Loos, 'Quelques remarques sur les communantés rurales et la grande propriété terrienne à Byzance', BS. 39 (1978), pp. 3–18. H. Köpstein, 'Zu den Agrarverhältnissen', S. 40–60. 邦語の研究文献としては、杉村、前掲書、二三八—六六ページがある。

『農民法』の成立年代については、Zachariä v. Lingenthal, Geschichte, S. 250 が、八世紀半ばないしそれ以降とする他は、七世紀後半—八世紀前半ということで研究者の見解は一致している。G. Ostrogorsky, Geschichte, S. 76 はユスティニアノス二世(六八五—九五、七〇五—一一)による公撰とする。P. Lemerle, 'Esquisse', p. 54 は私的な編纂と考えている。筆者は、J. Karayannopulos, 'Entstehung und Bedeutung des Nomos Georgikos', BZ. 51 (1958), S. 357–73 説に従う。ただし、筆者は、『農民法』は古来の法の集成ではなく、七—八世紀の現実の社会の反映と考えており、その点ではカラヤンノプーロス説には反対である。cf. S. Maslev, op. cit., S. 11–2.

(46) ゲオールゴイについては、杉村、前掲書、二三八—五七ページ。P. A. Yannopoulos, La société profane dans l'empire byzantin des VIIe, VIIIe et IXe siècles, Louvain, 1975, pp. 172 ff. H. Köpstein, 'Zu den Agrarverhältnissen', S. 41–8 もみよ。

(47) H. Köpstein, 'Zu den Agrarverhältnissen', S. 41.

(48) Ibid., S. 48–50.

(49) ἀκροαταί, ἀκροατής については、S. Maslev, op. cit., S. 12–3. 三七、六七条は条項の配列の上からも不自然で、後に挿入された可能性もある。cf. P. Lemerle, 'Esquisse', RH. 219, p. 54.

(50) 七―九世紀の奴隷については、P. A. Yannopoulos, La société, pp. 267–99.

(51) 『農民法』の村落共同体をめぐっては、渡辺、前掲二論文(注(45))の他に、H. Köpstein, 'Zu den Agrarverhältnissen', S. 53–60. M. Loos, op. cit., pp. 4–7. 太田秀通『共同体と英雄時代の理論』増補版、山川出版社、一九六七年、三〇、二二二―五ページ。

(52) 共有地の分割については、さしあたり P. Lemerle, 'Esquisse', RH. 219, pp. 58–61. なお S. Maslev, op. cit., S. 19–22 も参照せよ。

(53) 税の連帯責任制については、長い論争史がある。渡辺「ビザンツ農民に関する若干の考察――オストロゴルスキーの『国家農民』説をめぐって――」、前掲書、三一七―八四ページなど同氏の一連の研究動向紹介を参照のこと。Zachariä v. Lingenthal, Geschichte, S. 228–36. G. Ostrogorsky, Geschichte, S. 114–5. Idem., 'Agrarian Conditions in the Byzantine Empire in the Middle Ages', Cambridge Economic History of Europe, vol. I, 1966, pp. 205–34, p. 214. J. Karayannopulos, 'Die kollektive Steuerverantwortung in der frühbyzantinischen Zeit', Vierteljahrschrift für Sozial- und Wirtschaftsgeschichte (VSWG), 43(1956), S. 289–322. P. Lemerle, 'Esquisse', RH. 219, p. 37, n. 3, pp. 61–62, 261–263. J. Danstrup, 'The State and Landed Property in Byzantium to c. 1250', Classica et Mediaevalia (CM), 8(1947), pp. 222–62 とくに pp. 242–62. H. Köpstein 'Zu den Agrarverhältnissen', S. 47–8. S. Maslev, op. cit., S. 22.

(54) P. Lemerle, 'Esquisse', RH. 219, pp. 61–2.

(55) 松木栄三「共同体と封建制の関係をめぐって――ビザンツ封建制に関するア・ペ・カジュダンの分析から――」『社会経済史学』三三―四、一九六七年、七三―八五ページ。

(56) 『農民法』、四一、六二条。

(57) D. Angelov, 'Zur Frage', S. 7–8.

(58) 代表的なものとして、P. Lemerle, 'Esquisse', RH. 219, p. 63. 東独の研究者にもこの傾向はみられる。B. Töpfer, 'Zu einigen Grundfragen des Feudalismus' Zeitschrift für Geschichtswissenschaft, 1965, H. 5, S. 785–809. なお H. Köpstein, 'Zu den Agrarverhältnissen', S. 59 は中間的立場。

(59) 七—八世紀には小土地所有農民の村落共同体が、帝国の全域に広がっていたが、大土地所有がなくなったわけではない。教会・修道院領の他に、『聖フィラレートス伝』が伝える小アジア、アムニアの大農場や、少し時代は下るが、『続テオファネス年代記』の伝える、パトラスのダニエリスの大所領などが知られている。H. E.-Kappesowa, 'Une grande propriété foncière du VIIIe siècle à Byzance', BS. 24 (1963), pp. 32–40. P. Lemerle, 'Esquisse', RH. 219, pp. 65–9. M. Loos, op. cit., pp. 9–14. H. Köpstein, 'Zu den Agrarverhältnissen', S. 60–9.

(60) テキスト、訳注は、W. Ashburner, 'A Byzantine Treatise on Taxation', JHS. 35 (1915), pp. 76–84. F. Dölger, Beiträge zur Geschichte der byzantinischen Finanzverwaltung, besonders des 10. und 11. Jahrhunderts, Leipzig-Berlin, 1927 (Hildesheim, 1960), G. Ostrogorsky, 'Die ländliche Steuergemeinde des byzantinischen Reiches im X. Jahrhundert', VSWG. 19 (1927), S. 1–108. 以下、引用はデルガー版テキストによる。

(61) F. Dölger, Beiträge, S. 7–8. G. Ostrogorsky, 'Steuergemeinde', S. 1–8. J. Danstrup, op. cit., p. 228. P. Lemerle, 'Esquisse', RH. 219, pp. 257–9, 261–2.

(62) F. Dölger, Beiträge, S. 121, l. 5–13, l. 38–43.

(63) Ibid., S. 115, l. 21–38.

(64) Ibid., S. 115, l. 39–43.

(65) 『徴税要綱』はアグリディオン成立の原因として分家をあげている。Ibid., S. 115, l. 28–38.

(66) プロアステイオンについては、さしあたり、F. Dölger, Beiträge, S. 127–8, 137–8. M. Loos, op. cit., p. 8, n. 29 などをみよ。
(67) F. Dölger, Beiträge, S. 119, l. 19–27.
(68) Ibid., S. 116, l. 1–10.
(69) Ibid., S. 116, l. 10–19.
(70) P. Lemerle, 'Esquisse', RH. 219, pp. 262–3. G. Ostrogorsky, 'La commune', p. 150–1.
(71) F. Dölger, Beiträge, S. 117, l. 1–S. 118, l. 20.
(72) P. Lemerle, 'Esquisse', RH. 219, p. 265.
(73) オストロゴルスキーらの通説(＝発展段階の差)に対して、M. Loos, op. cit., pp. 8–9 は、『農民法』＝属州の裁判官、『徴税要綱』＝国庫役人という、村落に対する視点ないし関心の差が、両史料に見える農村社会の姿の違いの原因であると主張しているが、説得力に乏しい。
(74) クラスマの史料上の初出は八九三年の立法である。
(75) Theophanes, 486.
(76) Theophanes cont., 346–8.
(77) P. Lemerle, 'Esquisse', RH. 219, pp. 256–7.
(78) テキストについては一六四—五ページの表4を参照。訳文は渡辺「十世紀のビザンツ村落」、前掲書、三八五—四七六ページによった。個別研究としては、E. Bach, 'Les lois agraires byzantines du Xe siècle', CM. 5(1942), pp. 70–91. P. Lemerle, 'Esquisse', RH. 219, pp. 265–84, 220, pp. 43–54. G. Ostrogorsky, 'Agrarian Conditions', pp. 215–22. 最近発表された R. Morris, 'The Powerful and the Poor in Tenth-Century Byzantium: Law and Reality', P & P. 73(1976), pp. 3–27 は、時期による新法の内容の違い、文書様式の違いに注目して分析している。
(79) JGR. I, p. 211. 渡辺、前掲書、四〇二ページ。

(80) Ibid., p. 216. 同書、四〇七ページ。

(81) Ibid., p. 265. 同書、四五四—五ページ。

(82) Ibid., p. 211. 同書、四〇二ページ。

(83) Ibid., p. 211. 同書、四〇二ページ。

(84) Ibid., p. 265. 同書、四五五ページ。

(85) Ibid., p. 215. 同書、四〇六ページ。

(86) Ibid., p. 264. 同書、四五三—四ページ。

(87) Ibid., p. 203. 同書、三九五ページ。

(88) Ibid., p. 213. 同書、四〇三ページ。

(89) Ibid., p. 209. 同書、四〇一ページ。

(90) 「有力者」の概念に経済面(大土地所有)を含めているのは、G. Ostrogorsky, 'Observations on the Aristocracy in Byzantium', DOP. 25 (1971), pp. 1–32 とくに pp. 6–7 であり、社会的側面(官位)を強調するのは、P. Lemerle, 'Esquisse', RH. 219, p. 279 である。カジュダン(А. П. Каждан, Социальный состав господствующего класса Византии XI–XII вв, Москва, 1974, стр. 29–30)はオストロゴルスキー説に近く、R. Morris, op. cit., pp. 13–6 や M. Loos, op. cit., pp. 17–8 はルメルル説に近い。

(91) JGR. I, p. 270. 渡辺、前掲書、四六〇ページ。

(92) Ibid., pp. 198 ff. 同書、三九二—五ページ。

(93) Archives de l'Athos 叢書が現在逐次刊行中である。本書で利用したのは同叢書第五巻の Actes de Lavra I, ed., P. Lemerle, A. Guillou, N. Svoronos, Paris, 1970 である。

(94) Actes de Lavra I, n° 4.

(95) G. Ostrogorsky, 'Peasants' Pre-emption Right: An Abortive Reform of the Macedonian Emperors', Journal of Roman Studies, 37 (1947), pp. 117–26. P. Lemerle, 'Esquisse', RH. 220, pp. 71–4.

(96)　Actes de Lavra I, nº 2.

(97)　Theophanes cont., 423–6. Ostrogorsky, Geschichte, S. 231. また九〇四年のアラブ人のテサロニカ攻撃・占領事件との関係も考えられる。戦争による住民の逃亡から三〇年たって、クラスマ期限が過ぎ、多くの土地が収公されたためでもあろう。

(98)　Actes de Lavra I. nº 3(九四一年)も同じ価格でクラスマ地を売却している。cf. G. Ostrogorsky, 'Peasants' Pre-emption Right', pp. 122–6. P. Lemerle, 'Esquisse', RH. 220, pp. 74–6.

(99)　Actes de Lavra I, nº 6. 渡辺、前掲書、三二四—五ページに訳出されている(旧 Rouillard-Collomp 版より)。

(100)　P. Lemerle, RH. 220, pp. 84 ff. とくに pp. 90–1 は、農民が共同体を介さず、直接国家と向い合うようになったと説き、G. Ostrogorskij, Quelques problèmes d'histoire de la paysannerie byzantine, Bruxelles, 1956, pp. 11–24 は、「自由農民」の「国家隷属農民」への変化・転落とみなす。「国家隷属農民」の問題については、渡辺「ビザンツ農民」、前掲書、三一七—八四ページ。

(101)　他にこの時代の史料としては、Actes de Lavra I, nº 33(一〇六〇年), l. 27–42 に引用されている、コンスタンティノス七世のクリュソブール(特権文書)がある。

(102)　一一世紀の農村については、第三章第2節「大土地所有の発展」参照。

(103)　一九七七—九年に、西ヨーロッパ中世都市研究の動向整理を行なった論文が、次々と発表され、研究が大きな転換点に立っていることを我々に示した。代表的なものとして、瀬原義生「ヨーロッパ中世都市の起源と支配権力」『歴史学研究』四七一、一九七九年、一二一—二八ページのみを挙げておく。

(104)　大ざっぱに分けるならば、連続説は、G. Ostrogorsky, 'Byzantine Cities', S. Vryonis, 'An Attic Hoard of Byzantine Gold Coins (668–741) from the Thomas Whittmore Collection and the Numismatic Evidence for the Urban History of Byzantium', ZRVI. 8(1963), pp. 291–300, R. S. Lopez, 'The Roll of Trade in the Economic Readjustment of Byzantium in the Seventh Century', DOP. 13(1959), pp.

69–85など、断絶説は、А. П. Каждан, Деревня и Город в Византии IX–X вв, Москва, 1960, стр. 260–70, P. Charanis, 'The Significance of Coins as Evidence for the History of Athens and Corith in the Seventh and Eighth Centuries', Historia, 4(1955), pp. 163–72. E. Francès, 'La ville byzantine et la monnaie aux VIIe–VIIIe siècles', Byzantinobulgarica, 2(1966), pp. 3–14などに代表される。

(105) E. Kirsten, 'Die byzantinische Stadt', Berichte zum XI Internationalen Byzantinisten-Kongress, München, 1958, S. 1–48, Anm. S. 1–32, S. 9. キルステン報告については、渡辺金一「ビザンツ都市の諸問題」、前掲書、一〇一―三五ページ。

(106) 本書一〇二ページ、注(68)。

(107) G. Ostrogorsky, 'Byzantine Cities', p. 109.

(108) この時代の小アジア都市については、近年C・フォスが次々と論文を発表している。概観としては、C. Foss, 'Persians in Asia Minor and the End of Antiquity', EHR. 90(1975), pp. 721–47. Idem., 'Archaeology and the "Twenty Cities" of Byzantine Asia', American Journal of Archaeology, 81 (1977), pp. 469–86. アンカラについては、idem., 'Late Antique and Byzantine Ankara', DOP. 31 (1977), pp. 29–87. エフェソスについては、idem., Ephesus after Antiquity, a Late Antique, Byzantine and Turkish City, Cambridge, 1979. なおエフェソスについては他に、H. Vetters, 'Zur byzantinischen Ephesus', JOB. 15(1966), S. 273–87がある。また、W. Müller-Wiener, 'Mittelalterliche Befestigungen im südlichen Ionien', Istambuler Mitteilungen, 11(1961), S. 5–122も参照せよ。

(109) C. Foss, 'Ankara', p. 32.

(110) C. Foss, Ephesus, p. 7.

(111) C. Foss, 'Twenty Cities', pp. 475–7, idem., 'Persians', pp. 736–8(サルディス)、idem., 'Twenty Cities', pp. 477–8(ミレトス).

(112) Theophanes, 302は六二〇年と伝えているが、オリエント側の史料はヘジラの年(六二二年)としている。 cf. C. Foss, 'Ankara', p. 70, n. 167.

(113) C. Foss, 'Ankara', pp. 62–3, 71, 87.

(114) Ibid., pp. 74–5.

(115) Digenes Akrites, ed., I. Mavrogordato, Oxford, 1956, p. 2, l. 9–11.

(116) C. Foss, Ephesus, p. 104, fig. 35.

(117) W. Müller-Wiener, op. cit., S. 85 ff., C. Foss, Ephesus, p. 91, idem., 'Twenty Cities', pp. 474–5.

(118) ペルガモンについては，C. Foss, 'Twenty Cities', pp. 479–81, idem., 'Persians', p. 742.

(119) C. Foss, 'Twenty Cities', pp. 478–9.

(120) さしあたり，H・ピレンヌ，佐々木克巳訳『中世都市――社会経済史的試論――』，創文社，一九七〇年，六五ページなど。

(121) C. Foss, 'Twenty Cities', pp. 481–2.

(122) 原史料 Mansi, op. cit., XII, 1095 ff は筆者未見。R.-J. Lilie, ',,Thrakien"', S. 42–3 によって内容を知った。

(123) R.-J. Lilie, ',,Thrakien"', S. 45.

(124) Theophanes, 429.

(125) Ibid., 457.

(126) P. Lemerle, 'La chronique', p. 10. スパルタの町も同帝によって再建された。Ibid., pp. 10–1.

(127) H・ピレンヌ，前掲書。

(128) H・プラーニッツ，鯖田豊之訳『中世都市成立論』，未来社，一九五九年。

(129) デーモイについては，A. Cameron の一連の研究（本書九六ページ注(7)）の他，L. Bréhier, Institutions, pp. 159–65, F. Dölger, 'Die frühbyzantinische und byzantinisch beeinflusste Stadt(V–VIII Jahrhundert)', Atti del 3° Congresso Internationale di Studi sull' Alto Medio Evo, Spoleto, 1959, S.

65–100 とくに S. 89–91.

(130) 和田廣「ニカの乱」。

(131) H.-G. Beck, 'Senat und Volk von Konstantinopel', Bayer. Akademie der Wissen. Phil.-Hist. Kl., Sitzungsberichte, 1966, S. 30.

(132) Regesten, 174.

(133) Theophanes, 412. cf. Regesten, 303.

(134) 属州都市、とくにその自治についての概観は、L. Bréhier, Institutions, pp. 165–76, E. Kirsten, 'Die byzantinische Stadt', S. 21–3 など。

(135) C. Foss, 'Ankara', pp. 42–9.

(136) Ibid., p. 55. この措置は短期で廃止されたが、テマ制の先駆形態と考える研究者も多い。cf. J. Karayannopulos, Entstehung, S. 64–6.

(137) C. Foss, 'Ankara', p. 71.

(138) Ibid., p. 78.

(139) H. Grégoire, 'Inscriptions historiques byzantines, Ancyre et les Arabes sous Michel l'Ivrogne', B. 4(1927/28), p. 438.

(140) Constantine Porphyrogenitus, DAI. p. 286.

(141) Ibid., p. 265. なおケルソンの自治については、L. Bréhier, Institutions, pp. 169–70.

(142) Theophanes, 377 ff.

(143) Constantine Porphyrogenitus, DAI. p. 184. cf. Theophanes cont., 122–4.

(144) Constantine Porphyrogenitus, DAI. p. 286, Theophanes cont., 360.

(145) P. Lemerle, 'La chronique', p. 10. 本書四四、一八八ページ参照。

(146) Constantine Porphyrogenitus, DAI. pp. 228–30.

(147) G. Ostrogorsky, Geschichte, S. 159–63.
(148) Constantine Porphyrogenitus, DAI. pp. 122–4.
(149) Ibid., p. 124.
(150) Ibid., p. 126.
(151) G. Ostrogorsky, Geschichte, S. 196–7.
(152) F. Dölger, 'Frühbyzantinische', S. 86.
(153) P. Noaille, A. Dain, Les Novelles, n° 46.
(154) Theophanes, 423.
(155) Ibid., 429. cf. Nicephorus, 63.
(156) Theophanes, 440. cf. Nicephorus, 75.
(157) Nicephorus, 76. cf. Theophanes, 446.
(158) Theophanes, 475. G. Ostrogorsky, Geschichte, S. 151–2.
(159) Theophanes, 469. C. Foss, Ephesus, pp. 110–1.
(160) S. Vryonis, 'An Attic Hoard', pp. 298–9.
(161) Theophanes, 487–8 は同職組合員の莫大な富について記している。S. Vryonis, 'Byzantine ΔΗΜΟΚΡΑΤΙΑ and the Guild in the Eleventh Century', DOP. 17 (1963), pp. 287–314, p. 296 参照。
(162) Το Επαρχικον Βιβλιον, London, 1970.
(163) 米田治泰「コンスタンティノープルの人口と生産機構——学説史的展望——」『西南アジア研究』二一、一九七〇年、三一—四七ページ。前掲書、二一九—四〇ページ。
(164) さしあたり、弓削「後期ローマ帝国史概観」、前掲書、二七六—八ページ。ただし、東方ではコレギアへの国家統制は西方ほど強くなかった。
(165) 第一条一—三項は公証人ギルドの加入資格・手続きについて定めている。それによると、『プロケイロン』や『バシリカ』法典の学習が要求されていた。

(166) P. Noaille, A Dain, Les Novelles, n° 80, n° 81.

(167) E. Francès, 'L'état et les métiers à Byzance', BS. 23(1962), pp. 231–49. ギルドについては他に、B. Mendl, 'Les corporations byzantines', BS. 22(1961), pp. 301–9. S. Vryonis, 'ΔΗΜΟΚΡΑΤΙΑ', pp. 294–302.

(168) 絹工業の重要性については、R. S. Lopez, 'Silk Industry in the Byzantine Empire', Speculum, 20 (1945), pp. 1–42. 絹のギルドについては、D. Simon, 'Die byzantinischen Seidenzünfte', BZ. 68 (1975), S. 23–46.

(169) E. Francès, 'Métiers', p. 240.

(170) Ibid., p. 244. А. П. Каждан, Деревня и город, стр. 375 は、官職貴族と商工業者との妥協をこの規定に読みとっている。

(171) E. Francès, 'Métiers', p. 243.

(172) Ibid., pp. 240–1.

(173) R. S. Lopez, 'Silk Industry', pp. 1–3.

(174) ギルドに課せられた対国家義務については、S. Vryonis, 'ΔΗΜΟΚΡΑΤΙΑ', pp. 299–301.

第三章　ビザンツ帝国の変容

第二章において、マケドニア王朝期(八六七―一〇五六)のビザンツ専制国家の構造、その経済的基盤について検討した。マケドニア朝専制国家体制は、バシレイオス二世(在位九七六―一〇二五)の没後、急速に解体し、一一世紀末にはコムネノス王朝という新しい国家体制が生まれる。本章ではこの変化の過程とコムネノス王朝の支配構造の分析を、次の四点にわけて行なうことにする。(1)コムネノス王朝という新しい支配体制を生みだす主体となった、封建貴族層の分析、(2)この社会層を支えていた経済的な基盤=所領経営・土地所有の分析、(3)みずからは新しい支配体制の担い手とはなれなかったものの、一一世紀の帝国史に大きな影響を与えた市民層の分析、(4)そして最後に、新しい支配体制であるコムネノス王朝について考察する。

1　貴族の擡頭

一一世紀の危機

一一世紀はビザンツ史における転換期といわれている。転換期はすなわち危機の時代であった。

一〇二五年から八一年の五六年間は、内乱が続き、九つの家系から一三人もの皇帝が次々と立つという状態であった。対外的にも、世紀半ば以降は、異民族の侵入が激しくなり、帝国は後退を重ねた。(1) この時代を象徴する一つの事件をとりあげて、危機の具体的な姿を示してみよう。その事件とは、マンツィケルトにおける敗北(一〇七一年)である。(2)

一〇五五年バグダッドに入城し、イスラム世界の覇者となったセルジュク-トルコ族は、その後まもなくビザンツ国境にも姿を見せるようになった。東方における新たな強敵の出現にもかかわらず、当時の帝国は、それに対応できる体制にはなかった。国内では内乱が続いており、軍人の反乱を予防するために軍隊を減らすことが、歴代の皇帝、とくにコンスタンティノス一〇世ドゥーカス(在位一〇五九―六七)によって行なわれたため、帝国の防衛力は低下していたのである。(3) セルジュク-トルコ族は、一〇六五年にアルメニア地方を占領し、続いて小アジアに侵入し始めた。相つぐ敗北のため、人々は有能な武人皇帝の登場を期待した。期待は将軍ロマノス・ディオゲネスに集まり、彼は、元老院出身のコンスタンティノス一〇世が死ぬと、その子ミカエルを押しのけて、皇帝の位に就いた。彼はコンスタンティノスの未亡人エウドキアを娶り、ロマノス四世(在位一〇六八―七一)と名乗った。

トルコのスルタン、アルプ・アルスラン(在位一〇六三―七二)はイスラム世界における覇権の樹立をめざしており、ビザンツと正面から争うつもりはなかったようである。しかし、配下のトルコ人たちはビザンツ領小アジアへの侵入をやめなかった。即位後、二度にわたって遠征を行なったロマノスは、トルコの侵入を断ち切るためには、大規模な軍事行動を起こすことが必要であると知り、準備を整えた。ようやく、一〇七一年の春になってロマノスは三度目の、最大規模の遠征に立った。この軍団は同年八月一九日に、小アジア東方のマンツィケルトでトルコ軍に大敗を喫し、皇帝自身が捕虜となった。

ビザンツ軍の敗因は何だったのか。ロマノス四世の遠征軍はその数三〇万といわれ、数の上ではアルスラン下のトルコ軍に対して圧倒的な優位に立っていた。しかしビザンツ軍には大きな弱点があった。偽スキュリツェスの『歴史』は次のように伝えている。

「〔ロマノスの〕軍隊は、マケドニア人、ブルガリア人、カッパドキア人、ウゼース人、そしてその他たまたまいたバルバロイ、フランク人やヴァランギア人（ノルマン人）からなっていた。」(4)

偽スキュリツェスは続けて、次のように書いている。

「フリギア地方、つまりテマ－アナトリコンにいた人々もまた集められた。集まってきた人々の姿は信じがたいものであった。かつて東と西のすべてを従えた、有名な勝利者、ローマ人は、今やほんのわずかしかおらず、しかも彼らは貧しさと虐待に打ちひしがれていた。彼らは武器、刀やその他の投槍・鎌もたず、……馬やその他の装備ももたなかった。というのも皇帝は長い間戦場に出なかったので、兵士は不要であると考えて、彼らの給料や維持費を減らしたからである。」

前時代に帝国を支えていたテマの軍団が、一一世紀には解体してしまっていた。新たな敵の出現を前にして、去就の定かではない傭兵に依存しなければならなかったのはこのためである。

ロマノスの不安は他にもあった。戦場となるアルメニア地方の住民の向背である。アルメニアは、一一世紀前半に完全に帝国領に併合されたが、帝国の支配に対する人々の不満は、宗教的・文化的対立も加わって激しかった。(5)

ロマノスはビザンツ軍の弱点をよく知っていた。長期戦は避けなければならなかった。彼はアルスランの和平の申し入れも蹴って、果敢に攻撃に出た。しかし戦いが始まると、ビザンツ軍の弱点は一挙に表面化した。トルコ系のウゼース人はトルコ側に走った。ジョルジア人(アルメニア東部)・フランク人の傭兵軍は、決戦の前日に撤退を始めた。さらにアンドロニコス・ドゥーカスの率いる後衛部隊もまた戦線を離脱した。彼は先の皇帝コンスタンティノス一〇世ドゥーカスの甥にあたり、本来ならば帝位を継ぐべきミカエル・ドゥーカスとは従兄弟であったから、ドゥーカス家の帝位を簒奪したロマノスには強い反感をもっていたのである。

テマ軍の解体と傭兵への依存、帝国内の民族的対立、そして貴族間の抗争。かくしてビザンツ軍は敗れ、ロマノス四世はトルコ軍の捕虜となった。しかもより重要なことは、マンツィケルトでの一度の敗北が帝国の運命を決めてしまったことである。帝国の軍事・行政機構が正常に機能していたなら、国境での一度の敗北などはたやすく挽回できたであろう。しかし当時のビザンツ帝国には、ロマノスが国家の総力をあげて行なった遠征の失敗を回復するだけの余力はもはやなかった。捕囚の身のロマノスに代って、ミカエル・ドゥーカスが皇帝の位についたが、彼にも衰勢をくいとめることはできなかった。ロマノスが一大傭兵軍を組織するために、国庫を使い果した結果、国家財政は破綻し、帝国の金貨の改悪は一層進み、その品位は急激に低下した。マンツィケルト以降一〇年で、小アジアのほぼ全域がトルコ人の手に陥った。一〇八一年に即位したアレクシオス一世コムネノスは、都の近くにまでトルコ人の姿を見なければならなかった。「帝国はいわば最後の息をひきとろうとしていた(6)」のである。

それではこの危機の本質は何だったのだろうか。一一世紀ビザンツをめぐる二つの見解を対比しつつ、この問題を考えてみよう。

通説は次のような事実を根拠に、一〇二五年から八一年にかけての帝国の衰微を説く。

(イ)二〇年代から始まり、とくに一〇四〇年のブルガリア人の反乱、四二年の首都民衆の蜂起、四三年の将軍マニアケースの乱以降いよいよ激しくなった内乱。

(ロ)帝位のめまぐるしい交代。

(ハ)この間に帝位についた皇帝たちの多くが無能であったこと(7)。専制国家体制を支えていた小土地所有農民の没落、官僚制の解体、帝国財政の悪化。

㈡一〇四〇年頃から始まるノミスマ金貨(四世紀以来、ほぼ純金であった)の品位の低下(金含有量の減少[8])。

㈭外敵の侵入と帝国軍の敗北。北方ではトルコ系遊牧民のペチェネグ人がドナウ国境を侵し、東方ではセルジュク＝トルコ族が侵入を開始し、南イタリアの領土は一〇七一年にノルマン人によってすべて奪われた。

以上の通説に対して、この時代を違った角度から評価しようという傾向もある[9]。この時期における文化の発展や、とくに商工業・都市の発展を強調する研究がそれである。このような研究の代表的なものとして、C・モリソンの貨幣研究が挙げられるだろう[10]。彼は、これまで帝国の衰退の根拠の一つとされてきたノミスマ金貨の品位の低下を、国家財政の破綻のためではないと主張する。九―一〇世紀にブロンズ貨の鋳造が増加し、それに引き続いて一一世紀の四〇年代から金貨の悪鋳が始まったことは、悪鋳が取り引きの量の増大、貨幣経済の発展によるものであることを示している。なぜなら、有名なフィシャーの法則$MV=PT$、(通貨の量)×(通貨の流通速度)=(物価)×(取引量)が示すように、他の要因に変動がないとすれば[11]、取り引きの量の増大は通貨の量の増加を伴うからである。その結果、金貨一枚当りの金含有量は減少せざるをえない。四〇年代からのノミスマ金貨の品位の低下は、国家財政の破綻のためではなく、相対的な繁栄、経済の拡大の結果であり、また経済活動を促進するために必要な措置であった。モリソンは以上のように考え、ビザンツ帝国は少なくとも六〇年代までは繁栄を続けていたとするのである。

二つの対照的な見解についてどう考えるべきであろうか。筆者は、貨幣経済の発展という事実と、帝国の混乱・衰退とは矛盾しないどころか、深く結びついていると考える。前章2、3節で検討したように、マケドニア王朝専制国家の基盤は、農村及び都市の小生産者にあった。九—一〇世紀におけるブロンズ貨の増加は、小規模な商品生産の発展、つまり専制国家の基礎である社会層の一定の繁栄を示している。ところが貨幣経済の進展は、結局この社会層を分解させてしまった。農村では大土地所有が広がり、都市でも豊かな商人・大経営者が成長する反面、多くの農民・手工業者が土地を失ったり、経営に行き詰ったりした。国家と小生産者の「幸福な」結合は破れた。帝国の危機は経済の発展によって生じたのである。それゆえに一一世紀における貨幣経済の発展を根拠に、従来の一一世紀ビザンツ像を覆すことはできないと思われる。一〇二五—八一年はやはり危機の時代であった。その危機とは、繰り返すならば、次のような内容のものであった。

商品経済の発達を背景として、小生産者の分解が進む一方で、とりわけ、多数の隷属農民を従え、広大な所領をもつ大領主層＝門閥貴族の成長が著しかった。帝国の伝統的な政治体制であった官僚制・皇帝専制政治は、大所領を有し、農民を私的に支配する門閥貴族層の擡頭によって大きく揺がされたのである。一一世紀の内乱は、皇帝権をめぐる彼らの権力闘争であり、一一世紀の危機とは、単に外敵の侵入によるものではなく、このような社会・経済上の変化に対応して、新しい支配体制が生みだされるに至るまでの、いわば陣痛に他ならなかった。

混乱は一〇八一年のアレクシオス・コムネノスの即位まで続いた。八一年以降、帝国は急速に立ち直り、アレクシオス一世(在位一〇八一―一一一八)、ヨハネス二世(在位一一一八―四三)、マヌエル一世(在位一一四三―八〇)のコムネノス朝三代の繁栄期を迎えるのである。

二　貴族の社会経済的基盤――官位と土地所有

皇帝専制国家体制を揺がし、一一世紀の危機をひきおこしたのは門閥貴族層の成長であった。彼らは、みずからの利害を代弁する支配体制の樹立を求めて戦い、同世紀末にはコムネノス王朝という新しい支配体制を作り出した。それゆえ、この社会層の歴史的性格を明らかにすることが、この時代の帝国史の理解のためには不可欠であるといえよう。本項ではこの時代の貴族について、その社会経済的基盤、及び前代の官僚貴族層との関連を考察することにしよう。

まず「貴族」なるものについて考えてみよう。M・ブロックによれば、貴族と呼ばれるためには、社会的特権が法によって承認され、かつ、この法的身分が世襲されてゆく、という二つの要件を満たす必要があるという。このような身分としての貴族は、西ヨーロッパ封建社会においては、一二世紀以降になってようやく現われる。それ以前においては、その富・支配権・軍事力・生活様式によって、他の人々と区別されるところの「事実上の貴族 la noblesse de fait」が存在したにすぎない。これに対して一二世紀以降の貴族は、「法的貴族 la noblesse de droit」であり、厳密な意味での貴族であったとブロックは述べている。[12]

　ビザンツにおいてはどうであろうか。第一に注目される点は、貴族を指し示す言葉が、οἱ ἐν τέλει, εὐγενής, εὐπατρίδης, ἐπιφανής, ἀρχοντής, φανερός, δυνατοί など多様であることである。それに加えて、ある個人・家系をとってみても、貴族と呼ばれたり、呼ばれなかったりまちまちであることも少なくない。これらのことは、貴族という概念が曖昧であったこと、貴族とそうでない者との区別が明確ではなかったことを示している。つまり確固たる貴族身分が存在しなかったのである。しかし οἱ ἐν τέλει 以下の表現が示すように、何らかの基準に従って、他の人々とは区別され、ある種の社会的特権をもつ貴族的存在、ブロックの言葉を借りるならば、「事実上の貴族」は確かに存在した。彼らの権勢・社会的特権の基盤を中心に、貴族の歴史をたどってみよう。[13]

　第二章第1節において『フィロテオス文書』(八九九年)の分析を通じて、官位制の概略を明らかにしたが、一〇世紀においては、この官位表が貴族と非貴族を区別する基準を提供していた。たとえばプロートスパタリオス以上の爵位をもつ者は、殺人罪を犯しても死刑にされることはなく、その官位を失うこと、及び法の定めるところの他の処罰を受けること、という規定も、[14] 特定の身分特権の根拠が国家の官位にあったことを示している。「有力者《デュナトイ》」の規定もまた官位を基準としており、何よりも官位が彼らの権勢の源であったことがわかる。皇帝を頂点とする官位制における一定の地位、それが貴族の条件であった。

さてこれらの官位は世襲ではなかった。官職はもちろん、爵位も原則として一代限りであった。九―一〇世紀のビザンツ帝国には「法的貴族」は存在しなかったのである。社会的特権が世襲されないこと、特権は皇帝のみに由来していること、このことは皇帝の絶対的な権限を保証するものであった。高位の官僚をも皇帝の「奴隷」と表現する、ビザンツ専制国家のイデオロギーは、このような体制の反映であった。

一一世紀になると官位制は崩れていった。徴税請負制・官職販売の大規模な実施によって官僚機構はゆるみ、元老院の開放によって爵位への道は広く開かれた。[15] コンスタンティノス九世(在位一〇四二―五五)について、ミカエル・プセルロスの『年代記』は、

「国家の爵位には段階がある。その昇進は不変の法によって定められていた。ところが彼はそれを破ってしまった。アゴラ(市場)のほとんどすべての人々とすべての貧民を、彼は元老院のメンバーにした。[16]」

と記し、コンスタンティノス一〇世(在位一〇五九―六七)についても、

「彼はこの時まで市民と元老院との間にあった区別・境壁を取り除き、別々だったものを一つにした。[17]」

と伝えている。この結果、官位は貴族の指標たりえなくなった。プロートスパタリオス以上の者に

与えられていた裁判上の特権が、九九六年に廃止されたことも象徴的である。[18]

一一世紀になると、皇帝に対して一定の自立性をもつ人々が現われてくる。一〇七〇年代に書かれた『ストラテギコン』は、父が子に貴族の身の処し方を教えた書物で、当時の貴族の意識・存在形態を知る上での貴重な史料である。著者ケカウメノスは冒頭で、人間を三つのグループに分け、第一のグループとして、裁判権をもち、皇帝に自由に話しかけることのできる人々(「富める人」とも呼ばれている)を挙げている。[19]『ストラテギコン』には、みずから権利を行使できる、いわゆる「主権的個人」、皇帝に対しても一定の自立性をもち、かつ金持ちであるという人々が描かれているのである。さらに別の箇所では、

「もし家にいて個人的生活を送り、官職につかないならば、それによって汝の家がうまくやっていけるような、家の仕事を行なえ。家に配慮を怠るな。というのも土地を経営すること以上によい生計の道はないからである。水車小屋、仕事場、果樹園、及びその他毎年の収入、小作料にせよ、収穫物にせよ、を汝にもたらすものを、みずからの手で経営せよ。[20]」

「……たとい小さくかつ取るに足りないものであっても、汝の領地を保持しておけ。土地を金品や官位と引きかえに皇帝に譲ってはいけない。〔皇帝に対しては〕自立した友である方が、奴隷ないし従者であることよりも汝にとってはよいことであるから。[21]」

と述べている。

一一世紀の貴族たちがもつ、皇帝に対する対等性の意識の基礎には、彼らの所領経営があった。彼らは、官位を失っても、所領を基礎に、何世代も続く門閥としての権勢を保ちうるという自信をもち始めていた。彼らの所領経営については次節でとりあげることとし、ここでは、何世代にもわたる門閥としての存在を象徴する、彼らの名字・姓について簡単にみておこう。(22)

ビザンツ人はもともと名字をもっていなかった。たとえば九世紀初めに書かれたテオファネスの『年代記』に登場する人々は、大部分が名字をもっていない。九世紀後半からのマケドニア王朝を形成した家系も、名字をもっておらず、開祖がマケドニア出身であるということからのちにつけられた王朝名である。名字をもたないということでは西方のメロヴィング、カロリング、ザクセンの諸王家と共通するものがある。名字をもつ人々は一〇世紀頃から多くなるが、あだ名に近い名字(黒髪《カラマロス》の、どもる人《ブセルロス》など)の他に、村落・小地域名に由来する名字が出現することに注意しなければならない。このことは一つの村ないし所領を「本貫地」とし、そこに根づいた門閥貴族の出現を示している。ドイツのvon〜、フランスのde〜といった貴族の名字と共通する性格をもち、我国の武士の名字とも対比できるものである。

それでは一一世紀の貴族は、みずからの「本貫地」＝所領に根拠をもち、皇帝からは完全に自立しえた存在だったのだろうか。この問題は一一世紀の複雑な帝国政治史を理解するためのキーポイントである。それを明らかにするために、まず九―一〇世紀にみられた官僚貴族と一一世紀の土地所有門閥貴族との関係について考えてみよう。

官僚貴族と土地所有門閥貴族との関係を考える手がかりは、『マケドニア王朝の新法』と総称される、一〇世紀の皇帝たちが発布した一連の勅令である。『新法』は「有力者」が小農民の土地を兼併することを非難し、禁止している。ここに「有力者」と呼ばれたのは、他ならぬ官位の保有者であった(本書、一六七ページ以下)。これらの官位保有者は、官位からの収入を土地に投資したり、あるいは官位にともなう権限を乱用して、土地の集積を行なったのである。村落共同体の解体、「自由農民」の分解・没落に乗じて、彼らは没落農民の土地を安価に手に入れただけではなく、農民を自己の土地に迎え入れ、彼らを直接搾取し始めた。官僚をあくまでも自分の「奴隷《ドウーロイ》」としておこうとする皇帝たちの努力＝立法も、結局失敗に終わった。一一世紀になると、土地兼併禁止の勅令はもはや出されなくなった。一〇世紀の一連の勅令は公式には撤回されなかったが、実質的な効力はほとんど失われていた。

専制国家の官位の保有者、官僚たちが、その地位に付随した特権を行使して、土地・農民を集積し、大土地所有門閥貴族＝封建貴族に転化していったのである。その具体例を我々は九九六年の土地立法中にみる。

「たとえばここにフィロカレースという者があった。かれはもと貧乏であり、村落民の一人であった。しかし後に名誉ある地位と富とを得た。下層に属し、同村落民と租税を共同に納入しているあいだは、かれはこれらの仲間にたいし新しいことを企てなかった。しかし神が、かれを皇帝護衛隊員であるヘブドマリオスの名誉に、続いては宮廷官職であるコイトーニテースの名誉に、さらに続いてはプロトベスティアリオスの名誉にひきあげてからは、かれは村落全体を所有し、それを自己所領化した。そして村落の名祖のかわりに自分の名前をいれかえた。[23]」

官位の所有は、所領形成のための重要な条件であったといえよう。一一世紀になると、国家の側からも、官僚に対し、給料ではなく、国有地・皇帝領を与えるという政策がとられるようになり[24]、官僚貴族の土地所有貴族への転化は一層進んだ。他方、村落共同体の解体、「自由農民」の分解を通じて成長してきた、地方の小領主層たちは、官職・爵位を買い求め、皇帝を頂点とする官位制の体系の中に入り込もうとしていたが、このこともまた、国家の官位の所持が所領の維持・拡大にとって必要だったことを示している。官位と所領経営の関係を示す一例として、ボイラス家の場合をとりあげてみよう。

ボイラス家は八世紀末からその名が見えるビザンツ帝国でももっとも古い家系の一つである。しかし一〇世紀前半に何人かの高官を出したのち、その名は史料から見えなくなる。一一世紀になって我々は再びボイラスの名に出会う。ロマノス・ボイラスという人物が、コンスタンティノス九世の寵を得て、宮廷の高い地位に登ったことを年代記は伝え、またエウスタティオス・ボイラスという人物が、一〇五九年四月付で作成した遺言状が現存しているからである。ここでは『エウスタティオス・ボイラスの遺言状』[25]によりつつ、ボイラス家の所領経営についてみてみよう。

ロマノス・ボイラスが宮廷で高い地位にあった頃、エウスタティオスもカッパドキア地方でドゥークス(地方軍事長官)のミカエル・アポカペースの下で官職についていた。ところが一〇五一年頃にロマノスの陰謀事件がおこり、当のロマノスは恩赦を得たものの、エウスタティオスは官職をはなれ、アポカペースの世話で、小アジア東部に移った。妻子・奴隷を伴い、全財産をもって移住したエウスタティオスは、荒れ地・廃村を「多額の費用を使って[26]」開発した。彼はその地で一一の村・所領をもつまでになったが、遺言で子供たちに譲ったのは結局四つだけであった。残りの七つの村・所領のうち四つは、かつての上官であるアポカペース一族の手に渡ってしまっていたのである。『遺言状』はいう、

「オピドブーン村、クースネリア村及びカルムケーは、故人であるドゥークス、私の主人(＝ミカエル・アポカペース)によって要求されたので、私は確認文書をもって彼の利用に供してしまった。バルタの所領の方は、私は手に入れた時のまま改良もせずにおいたが、もっとも輝かしきマギストロスである主人バシレイオス(ミカエル・アポカペースの子)によって譲るよう強制され、彼に売り渡した。私はその代金を受け取っていない[27]。」

アポカペース家は、一族の者がもつ高位の官職・爵位の力を背景に、エウスタティオスに圧力をかけた。とくにエウスタティオスがかつてミカエルの下僚であったことが、大きな意味をもったと

思われる。官位における上下関係が、在地での土地をめぐる力関係に大きく反映しているのである。アポカペース家の無法に対して、エウスタティオスは皇帝に訴えて出たかもしれない。しかしボイラス家は、五一年頃のロマノスの陰謀事件、五五年のコンスタンティノス九世の死で、宮廷における地歩を失っていたから、訴えたとしても効果はなかっただろう。ボイラス家は一族のロマノスが皇帝の寵を得たことによって急速に勢力を得たが、逆に皇帝とのつながりを失うと、没落した。官職にあった時に蓄えた富で所領を開発したエウスタティオスも、高位・高官を一族から出しているアポカペース家の無法によって、その所領の多くを失ってしまったのである。

皇帝を頂点とする官位制において一定の地位を占めることが、所領の維持・拡大にとって必要であった。属州の領主たちは絶えず中央・皇帝権との結びつきを志向した。一一世紀に生じた多くの属州反乱も、その主導者はみずから皇帝を名乗り、都へ攻め上ろうとしている。地方において自立し、帝国から分離しようという動きはまだみられない。封建領主たちはまだ帝国の支配体制とは別個の独立した支配を樹立することはできず、何らかの形で、帝国の支配機構に結びつくことを必要としていた。

封建領主層のこのような中央指向の基礎には「国家的土地所有」体制があったと、ソ連の研究者カジュダンは指摘する。(28) 彼によれば、一一―一二世紀のビザンツ帝国においては、貴族の荘園、私的な土地所有は部分的にしか成立しておらず、全国の土地は、理念上だけではなく現実にも、国家による所有下にあったという(具体的な現われとしては、皇帝による貴族の土地の没収)。未発達であったビザンツの領主層(=村落共同体の強固さのため)は、地代を搾取するために、国家権力を介して農民を農奴身分に縛ることが必要だった。国家が農民から収取した剰余生産物を、支配階級は官職給与・年金などさまざまの形態で自分たちのあいだで分配したのである。それゆえ彼らにとっては官位がもっとも重要なものであり、所領経営は二義的なものにすぎない、とカジュダンは主張した。

確かにボイラス家の例は、官位のもつ重要性を示していた。しかし一〇世紀以降のビザンツにおいては、貴族の土地所有は、国家との闘いを通じて確立していた。筆者は一一—一二世紀のビザンツに「国家的土地所有」の存在を認めることには反対である(詳しくは次節、大土地所有の発展をみよ)。彼らの中央指向、官位への志向は、所領経営・土地所有権の未熟さよりも、所領経営の特質に起因するものではないだろうか。ビザンツの封建所領は、自給自足的な経済単位ではなく、商品経済に深く組み込まれていた。「有力者」の土地兼併を厳しく禁じた、九九六年付の土地立法には次のような一項も含まれている。

「……すなわちつぎのような訴えがなされたのである。古来から自分の土地に市場を開催していたところの商人が、そこをはなれて他処に移動する。そして古来の市場主を無収入のまま置き去りにして、自分たちをうけいれてくれる者の土地で新たに市場を開く。以上が訴えの内容である。」[29]

このような訴えに対して皇帝は、「非有力者」のもとにあった市場を「有力者」のもとへ移そうという試みに関しては、厳しい制限を加えた。「市場を非有力者の権利から奪いとることについて、有力者は大きな力をもっているから」[30]というのが、厳しい規制の理由であった。

右のことは、「有力者」が土地・農民の兼併と平行して、市の獲得にも熱心であったことを示している。所領経営は商品経済と深くかかわっていたからであるが、一一世紀までは、ビザンツ帝国の商品経済はコンスタンティノープル中心に動いていた。そして帝国政府は、コンスタンティノープルを中心とする商業交易に厳しい統制を加えていたのである。一一世紀の貴族たちは、もはや皇帝に依存する、皇帝の「奴隷《ドゥーロイ》」ではなく、みずからの所領に根を張った存在であった。しかしその所領経営のためにも、コンスタンティノープルと結びつかなければならなかった。

一一世紀の貴族は、官位と所領という二つの要素をもつ存在であった。先にあげたケカウメノスは、一方において「官位は神の恵みである」といい、他方では「官位にあっても、家を怠るな」と教訓を垂れている[31]。官位と所領という二つの要素の並存が、彼らの行動様式を説明する。彼らの主導する一一世紀の歴史は、属州反乱の繰りかえしであったが、所領が彼らの独立と抵抗の基盤であり、官位を求め、都での権限を求めたことが、彼らの抵抗を、地方における自立ではなく、反乱、都へ攻め上るという形にさせたのである。彼らは、古い専制国家体制に代わる、新しい体制を模索していた。帝国をみずからの農民支配・所領経営のために都合のよいものに作り変える必要があった。このの課題はコムネノス王朝の成立によって一応の解決をみるのである。

三　ドゥーカス家——一一世紀の貴族の具体例

本項では一一世紀の貴族の具体例としてドゥーカス家をとりあげる。ドゥーカス家をとりあげる理由は、第一に、プロソポグラフ研究(個人研究)が進んでおり、各人の官位・財産・行動・親戚関係などがかなり明らかになっているからである。(32) 第二の理由は、一一世紀の貴族に関する通説を批判する上で、ドゥーカス家の歴史が適当な素材となると思われるからである。この点についてもう少し詳しく述べておこう。

ビザンツ学界では、一一世紀の貴族を、首都の元老院を中核とする「文官貴族」と、属州の大領主＝「軍事貴族」の二類型に分けるのが普通である。(33) そして両派による抗争、皇帝権と帝国の統治機構をいずれが握るかという争いが一一世紀の内乱であったと説明され、歴代の皇帝も、「文官派」「軍事派」に分けられたりする。この場合、「軍事貴族」とは属州の大土地所有者であり、軍事力を貯え、中央権力と対立しつつ成長をとげた封建領主であると定義されている。しかし前項でみたように、属州の領主たちもまた官位を求め、皇帝権との結びつきを求めていた。具体的な例を挙げてみよう。ミカエル六世(在位一〇五六—五七)は、首都の民衆と元老院に対して多くの恩恵を施したのに対して、軍隊には何の配慮も行なわなかった。そこで小アジアの「軍事貴族」たちは、皇帝に対して、自分たちにも恩恵をという請願を行なった。請願が拒否されると、彼らは自分たちの間で皇帝を推戴し、都へと攻め上ったのである。[34]「軍事貴族」も、帝国の支配体制から独立した存在ではなかった。

次に「文官貴族」についてみると、その実体は曖昧であり、問題はさらに複雑になる。たとえばヴリュオニスは、「文官貴族」は定義が困難であるといいつつ、三つの構成要素を挙げている。[35]㈠コンスタンティノープルの官僚大貴族、㈡下層出身ながら高位の官職についた者(一一世紀にはかなり多かった)、㈢帝国大学の教授・卒業生。[36]彼は、「文官貴族」は商業も支配していたと考えているようである。しかしながら一〇世紀の『新法』にみられたように、「有力者」＝官位の保有者は、皇帝の禁令を無視して、土地を兼併し、農民を私的に支配しつつあった。一一世紀の「文官貴族」を単に官僚という側面でとらえることはできないのである。そこで一般に「文官貴族」の代表とされるドゥーカス家を取り上げ、その歴史および社会的性格を考察することによって、一一世紀の貴族の本質をより一層明らかにしたい。これがドゥーカス家を取り上げる第二の理由である。

ドゥーカスの名はもともとドゥークス δούξ, dux という官職名に由来する。九世紀半ばにドゥークス姓の人物が初めて現われ、一〇世紀初めには、六人のドゥークス家の人々が知られている。[37]そのうち、アンドロニコス、コンスタンティノス父子は対アラブ戦争に功のあった軍司令官であった。

九〇六年にアンドロニコスは帝国に背いた。翌年には彼の姿がバグダッドに見られる。九一三年にはコンスタンティノスが、皇帝アレクサンドロスの死に乗じて帝位を狙ったが、宮殿の青銅門《カルケー》の前で戦死した。小アジアでは、コンスタンティノス・ドゥークスの名声は彼の死後も高く、九三二年には彼の名を名乗る人物が反乱を企て、人々の支持を集めたという。

その後ドゥークス家についての言及は消え、[38] 一一世紀にドゥーカス Δούκας の名字をもつ家系が現われる。これが同世紀後半に二人の皇帝を出した問題のドゥーカス家である。一〇世紀初めのドゥークス家と一一世紀のドゥーカス家とのつながりは現在のところ不明である。コンスタンティノス一〇世ドゥーカス（在位一〇五九―六七）の父については、その名がアンドロニコスであるということしかわかっていない。コンスタンティノス自身、即位前には「大抵所領で暮し、父の土地を経営していた」[39] というだけで、詳しいことはわかっていない。活動に関する記録がほとんどないことは、この時期、ドゥーカス一族は宮廷と関係することが少なかったためと思われる。彼らの活動が知られるのは一〇五七年以降のことで、この年、コンスタンティノスと弟のヨハネスは、ミカエル六世に対する上記の請願に加わっている。[40] 彼らはイサキオス・コムネノスを帝位に推戴しての反乱にも加わった。反乱は成功し、イサキオスは都に入り皇帝となった。コンスタンティノスもプロエドロスとなり、元老院に勢力を広げた。

イサキオス一世（在位一〇五七―五九）の武断革新政治は、貴族・聖職者の反対で短命に終わり、元老院の支持の下、コンスタンティノスが代わって帝位についた。弟のヨハネスもカイサルの称号を帯び、一族は宮廷・統治の中枢を占めることになった。コンスタンティノス一〇世の治世は、イサキオス一世の武断政治に対する反動として、反軍隊政策を基調としていたが、それによって帝国の防衛力は著しく損なわれ、対外的な後退が目立ち始めた。彼が六七年に死ぬと、すでに成人に達していた息子のミカエルが帝位を継ぐはずであったが、対外関係の緊迫は、有能な軍人皇帝の出現を要請しており、結局、歴戦の将軍ロマノス・ディオゲネスが皇帝となった。ドゥーカス家はロマノスの簒奪を阻止することができず、ヨハネス・ドゥーカスらは小アジアの所領へ隠遁する。ロマノス四世の即位によって、ドゥーカス家は一〇五七年以前とよく似た状態に戻ったといえるであろう。

ロマノス四世は、一〇七一年のマンツィケルトの戦いでトルコ軍に捕えられた。それを知ったヨハネスは都へ戻り、甥のミカエルを帝位につけた。一族は再び宮廷に戻り、帝国軍の司令官として戦場においても活躍している。注目すべきは彼らの軍事力である。彼らは戦争に際しては小アジアで兵を集め、装備を整えている。[41] 小アジアに彼らの根拠地があったことを思わせるものである。一族の一人アンドロニコス・ドゥーカスは、戦功に対する恩賞として、小アジアのマイアンドロス川流域の国有地を下賜されている。下賜文書及び八つの所領の明細を記した文書[42](プラクティコン)が現存しており、ビザンツ農村史の貴重な史料となっていることも述べておきたい。ところがまもなく宦官のニケフォリツェースが実権を握ったため、ヨハネス・ドゥーカスたちはまたもや属州への撤退を余儀なくされた。しばらくの間、ドゥーカスの名は帝国の政治史から姿を消す。

ミカエル七世、続くニケフォロス三世(在位一〇七八―八一)の時代は、属州での反乱が頻発した時期、帝国の版図が急激に縮小した時期である。この間属州に引きこもっていたドゥーカス家が、三たび帝国政治史の舞台に登場するのは、これらの反乱の最後のものとなったアレクシオス・コムネノスの乱の時である。ドゥーカス家はアレクシオスの有力な支持者として、彼の即位を援助した。(43) アレクシオス一世時代には、カイサルのヨハネスの孫、ミカエルとヨハネスが軍司令官として活躍しているが、男系はその後まもなく絶えたようである。ただ女系を通じてドゥーカスの名は長く残った。

「文官貴族」の代表とされるドゥーカス家の歴史は以上のようである。ここからも明らかなように、ドゥーカス家の社会的性格は、コムネノス家を代表とする「軍事貴族」のそれと基本的には異なるものではない。現に一〇五七年・八一年に両家は共同で時の皇帝に対して反乱を企てているのである。確かにドゥーカスの名字は官職に由来するものであり、「本貫地」に由来するものではない点で、コムネノス家とは違う。しかしドゥーカス家も属州に多くの所領をもっていた。

(イ)コンスタンティノス一〇世の父アンドロニコスの所領。(44)

(ロ)カイサルのヨハネスのもつニコメディア近郊の所領。そこにはメタボレーという名の要塞《プルーリオン》もあった。(45)

(ハ)アレクシオス・コムネノスの反乱の時にヨハネスがそこにいた、トラキアのモーログーンドゥーという名の所領。(46)

(ニ)ヨハネスの所有するコイロバッコスという名の所領。(47)

(ホ)ミカエル七世ドゥーカスの子コンスタンティノスの所有する、マケドニアのペンテーゴスティスという所領。(48)

(ヘ)ミカエル七世の妃マリアの所有する、マケドニア地方クリストポリス付近の所領。(49)

(ト)アンドロニコス・ドゥーカスがミカエル七世より下賜された、小アジア、マイアンドロス川流域の所領。(50)

これらの所領はドゥーカス家の活動の基盤であった。宮廷から失脚した時、彼らはそこにこもって再起をはかり、遠征を行なう時に軍隊を集め、装備を整えたのも、そこにおいてであった。所領に要塞が含まれていたことでもわかるように、彼らは属州の根拠地に軍事力も貯えていたのである。ここに我々は一〇世紀初めのドゥークス家との大きな違いをみなければならない。一〇世紀初めのドゥークス家の反乱は、しばしば一〇世紀後半、一一世紀の属州反乱の先駆であるといわれるが、(51)そうではなく、それはあくまでも帝国の軍司令官=官位保有者の反乱であって、大所領に基礎をもつ門閥貴族の反乱ではなかった。ドゥークス家の反乱は在地に深い根をもっていなかったから、一過性のものに終わった。一族についての記事も、九〇三―一七年の間に限られている。

確かに一一世紀のドゥーカス家も皇帝権との結びつきを常に求めていた。アンドロニコスの大所領が国有地の下賜によって成立したことに象徴されているように、皇帝権との結びつきは権勢・富の源であったからである。しかし彼らは同時に「本貫地」をもっていた(イ)の所領、これは(ハ)と同一所領かもしれない、がそれであろう)。ドゥーカスもまた「本貫地」をもつ門閥貴族＝封建貴族であって、あえて「文官貴族」と呼ぶ必要はないと筆者は考える。官位に基づく「文官貴族」、大土地所有者である「軍事貴族」とわざわざ区別する必要はない。官位と所領、これが一一世紀の貴族の一般的な規定である。

貴族たちは、互いの間でいずれが皇帝権を掌握するかをめぐって激しい争いを続けた。勝利した貴族も、次には他の貴族たちの攻撃を受けて帝位を去らねばならなかった。「軍事貴族」「文官貴族」と呼ばれるのは、このような権力闘争の過程における、反対派貴族抑圧政策の違いによって名づけられるものにすぎないのである。(52) さて、貴族間の権力闘争は、彼ら自身が皇帝権との結びつきを必要としていたこと、及びいったん屈服しても、属州の所領を根拠に巻きかえしをはかることができたこととのために、激しくかつ果しなく続いた。ようやく一〇八一年に至って、アレクシオス・コムネノスのもとで彼らは一応の妥協に達した。そこに成立したものは、有力貴族の連合支配体制、コムネノス王朝であった。

2　大土地所有の発展

前節でみたように、皇帝専制体制が一一世紀に動揺した背景には、貴族層の擡頭があった。貴族たちは土地所有・所領経営を基盤として、皇帝に対しても、「奴隷」ではなく、一定の自立性をもつ存在となったのである。本節では一一―一二世紀の貴族層の経済的基盤となった土地所有の問題を検討する。

一　村落共同体の変質・解体

第二章第2節で述べたように、貴族の土地兼併・大土地所有が可能となった最大の原因は、村落共同体の解体、「自由農民」の分解・没落が進んだからであった。このような事態を利用して、一方では「有力者」＝官位保有者が富を土地へ投資し、大土地所有者という性格を併せもつに至り、他方では村の富裕農がさらに成長して、大土地所有者となったのである。それゆえ、一一―一二世紀における貴族の大土地所有の考察に先立って、この時期の村落共同体の状態について、あらかじめ概観しておきたい。その意味から、本項は、第二章第2節の続きをなすものである。

一〇世紀において、変質・解体の傾向を示してはいたけれども、村落共同体《コーリオン》は一一世紀にもなお存続していた。一〇〇八年五月付のラウラ修道院文書(同文書一四号)をまず取り上げてみる。(53)その内容は次のとおりである。

以前にルーダボス修道院の修道士が、ラドコスタ村の住民から水車を建設するための土地を買った。その際に正確な境界設定がなされなかったため、両者の間で係争が生じた。村の住民は集まり、売買の文書に基づいて境界設定を行なうことに同意し、修道士に境界を定めた本文書を与えた。農民たちは境界を犯した場合、修道院と国庫にそれぞれ罰金を支払う旨誓っている。文書の最初に一四名の村民の署名(大部分の農民は文盲であったのか、†しか自署していない)がある。

修道院側の要求によって作成された本文書から次のことが確かめられる。修道院に売却された土地が村の共有地であったこと、共有地については村の構成員(全体で一四世帯であったかどうかは不明)が権利をもっていたこと。さらに修道士は取得した土地について、村落共同体《コーリオン》の税を負担していたことも文書中にみえ、[54] 一一世紀初めにはなお、村が共同体所有の主体として、財政単位として機能していたことがわかる。

一一世紀における村落共同体《コーリオン》の存続を示す史料として有名なものに、一九五九年にフランスのビザンツ史家N・G・スヴォロノスによって編纂・公刊された『テーベの土地台帳』がある。[55] 同文書はヴァチカン所蔵の四葉の羊皮紙の表裏に記されたものであるが、スヴォロノスの分析・解読によって、一一世紀後半作成の土地台帳の写しであることが判明した。『テーベの土地台帳』に関しては編者スヴォロノスによる詳しい研究があり、渡辺金一氏も主としてそれに依拠しつつ、長大な論文を発表している。[56] ここでは渡辺氏の研究を参照しつつ、同史料の示す一一世紀後半のビザンツ農村社会の状態をまず簡単にまとめておこう。

最初に『テーベの土地台帳』の一部分を訳出してみる(全体一六九行中六行分)。

「……

第九章、続き。〔免税額〕シュンパテイア1/6ノミスマ。〔所在地〕ヌーディノス及びドリュアノス近くのポリティアノス村、〔納税者〕イアコス村出身、エウリッポスに住むプロエドロスのシシニオスによって。〔土地〕パルドスのスタシス(所有地)の一部、彼の世襲地の一部分について。〔名目課税額〕1/3ノミスマから、〔実質納税額〕1/6ノミスマ。

同様に。〔免税額〕シュンパテイア1/6ノミスマ。〔所在地〕同じポリティアノス村。〔納税者〕テオドロス・プラクネートスの息子マリアノスによって。〔土地〕プロエドロスのシシニオスのスタシスの一部について。〔名目課税額〕1/6ノミスマから。〔実質納税額〕——。……

〔免税額〕——〔納税者〕テーベに住むドルーンガリオスのサムエル・ゲローンによって。〔土地〕書記官バーネースのスタシスの1/4について、同バーネースとのエクドシス(貸付)のため。以前はミカエル・ガラデースが〔納税していた〕。ソフロニアのスタシスについて。〔名目課税額〕1/6ノミスマ〔=実質納税額〕。……

そして全体について、計$2\frac{44}{48}$ノミスマタ。カラマントス1ノミスマ。クラスマ1/4ノミスマ。

シュンパテイア45/48ノミスマ。

……」[57]

『テーベの土地台帳』の形式は、一〇世紀の『徴税要綱』に定められていた土地台帳記入方法とほぼ一致する。クラスマ地を元の村落共同体《コーリオン》から切り離して、独立の課税単位とすることも『徴税要綱』の記すとおりである。連帯責任制の存在を確認することはできないが、ヒュポタゲー(課税単位)あるいはホマース(全体=村)ごとの税の合計額が記されており、村落共同体がなお財政上の重要な単位であったことがわかる。

編者スヴォロノスは、『徴税要綱』と『テーベの土地台帳』との連続面に着目し、独立の農民がかなりの比重を占める「自由な」共同体は一一世紀末にもなお存続していると主張した。[58] 彼のこの見解は、ビザンツにおける封建制の存在を否定する研究者たちに、有力な拠り所を与えたのである。

しかしそれに対しては多くの批判が出された。G・オストロゴルスキー(彼は「ビザンツ封建制論」の主唱者の一人である)は次のようにいう。[59] 確かに『テーベの土地台帳』は村落共同体《コーリオン》を対象としている。用語・手続きなども『徴税要綱』の示すところと一致する。しかしこの史料の重要性は、そのような台帳記入上の技術的な側面よりも、その社会的側面にある。台帳に現われる納税者=土地所有者の多くは、中・下級とはいえ、官位の保有者であること、何人かは、テーベ、アテネその他近隣の都市に住むと記されているように、みずからは耕作せず、隷属農民に耕作させ、地代を収取していること、『テーベの土地台帳』からはこのことを読みとらなければならない。つまり『マケドニア王朝の新法』が指摘していた事態＝「有力者」による共同体農民の土地の兼併がほぼ完了した状態が示されている。『テーベの土地台帳』は、決して「自由な」共同体の健在を示すものではなく、逆に一一世紀における封建的諸関係の存在を示すものである。

実際に耕作を行なっている隷属農民は土地台帳に現われないため、生産関係の実態は明らかではないが、筆者も基本的にはこのオストロゴルスキー説を支持したい。国家はなお村落共同体ないしその下部単位を徴税単位としていたけれども、ここにみられるビザンツ農村の姿は、一〇世紀までの「自由農民」の共同体と異なるものであることは確かであろう。

次に『テーベの土地台帳』の作成の背景、その機能[60]といった側面に注目しつつ、一一世紀の農村について考えてみよう。内容分析とは違ってこの点については、渡辺氏もほとんどふれておられないが、興味深い問題である。

第二章第2節の末尾において、筆者は、国家が農民に対する個別支配を強めたことと、土地‐税台帳の整備が進んだこととの相関を推定した。農民の逃亡、所有者の交代(売買など)に対応するため、国家が努力を払ったことは、『テーベの土地台帳』中に、国家当局によるたびたびの台帳改訂を思わせる記事があることからも確かめられる。[61] 国家の農民支配の方式との関連で、この史料をみる必要があるだろう。

さて、『テーベの土地台帳』は、原本ではなく、原台帳の写しである。このことは同文書中に原簿のページ数、章数が注記されていることからもわかる。そして書体・略号などから推定するに、国家の財務当局の手になる写しである。[62] ではなぜこのような写しが作成されたのか。この文書は一一世紀の農村社会においてどのように機能したのであろうか。まず類似の文書を対比してみよう。

A　一〇九八年八月付、ラドリボス村についてのイソコーディコン[63](土地台帳《コーデクス》の写し)。同村はバシラキナ(修道女マリア)という女性に与えられた。村の境界、村全体の税額をまず記し、続いてそれだけの税がバシラキナに与えられる旨述べ、最後に同村の一三名の村民とその家族構成、各戸の税額を記したのち、作成者(財務官庁の書記)の署名がある。

B　一〇七三年三月付、アローペコス地方の皇帝領についてのプラクティコン[64](土地台帳写し)。八つの所領がアンドロニコス・ドゥーカスに下賜される。土地・建物の目録に続いて、各所領のパロイコイ(隷属農民)の名と家族、所有財産(家畜のみ)、各戸の税額が記されている。中心所領については詳しい境界表示もなされている。最後にアンドロニコスの得る収入の総額が述べられ、作成者(財務官庁の書記)の署名がある。

C　一〇七九年七月付の税務登記官カタフローロンの文書にも土地台帳の引用[65]がある。同文書はカリウールゴス修道院の所有地とその税の増額について述べる。引用部分は、『テーベの土地台帳』とほぼ同じ形式である(土地について、納税者=所有者について、税額)。

D　一〇四四―五〇年頃作成の、登記官アンドロニコスの手になる土地台帳写し。本文書は現存していないが、一一世紀後半のいくつかの文書中に言及されている。

(イ)一〇八五年九月付、ラウラ修道院とイヴェロン修道院の土地争いを裁定した裁判官の文書に引用されているが[66]、欠落もあって内容は不明。

(ロ)ラウラ修道院の税額を定め、それに見合う土地所有を確定した文書[67](一〇八九年一一月付)にも言及され、ラウラ修道院の所有地・納税額決定の根拠とされている。

(ハ)上記C文書でも言及されている[68]。カリウールゴス修道院の税額に関連。

以上四つの文書のうち、AとBは土地・農民が免税特権とともに個人に下賜される際に作成されたものである。それゆえクリュソブール(特権文書)と対になっている。境界表示の他に、下賜される農民名、Bの場合には財産目録も含まれていた。文書は二通作成され、一通は特権を得る個人、もう一通は国家当局に保管された[69](国家当局保管文書は現存していない)。

これに対してD文書は特定の個人宛のものではなく、国家役人が必要のために作成したものである。現存していないのは、個人の特権を保証する文書ではないからであろう。『テーベの土地台帳』もこのタイプのイソコーディコン(土地台帳写し)である。現存したのは偶然と考えられる。それでは何の必要のために国家役人はこのような写しを作成したのだろうか。

第一に徴税のために必要だったと考えられる。C文書は修道院に対する税額の改訂を定めたものであるが、そこにイソコーディコンが言及されているからである。目的は他にもあった。修道院間の土地争いの際に作成された文書D(イ)が、財務役人作成のイソコーディコンにふれていることから、このようなイソコーディコン(写し)は、土地所有者間の係争の際に、国家役人によって(作成され)両当事者に提示されたと思われる。『テーベの土地台帳』やC文書に引用されているイソコーディコンは、所有地、納税者＝所有者、税額のみが記され、パロイコイ(隷属農民＝直接耕作者)やその家族・財産が記されていないのも、争論に際しては、誰がどの土地についていくら税を払っているかがわかれば充分だったからであろう。

係争が生じ、国家役人によって土地台帳写しが作成された理由は、売買その他によって所有地が混在したためである。『テーベの土地台帳』の先の引用部分にもそれがみられる。かつて書記官バーネース・ブーンダルコスが所有していた土地は、同文書作成時には、売買・相続・エクドシスによって五人の者がそれぞれ、1/8、1/8、1/4、1/4、1/4を所有していた。(70)

国家が全国の土地を掌握するという体制が既成のものとして存在したビザンツにおいては、封建的土地所有は一円所領としてではなく、個別に取得した土地の寄せ集めという形をとった。所有地は散在し、それゆえに土地をめぐる係争は激しかった。封建的生産関係が確立してもなお、国家権力は調停者として大きな役割をもったのである。封建化が進んだにもかかわらず、ビザンツ国家が容易に解体しなかった理由として、これまでは、いったん確立した国家機構・上部構造は、それ自身の運動法則をもつ、ということに求められてきた。これも事実の一面には違いないが、単に上部構造だけの問題ではない。ここにみたように、上部構造によって規定された下部構造、農村社会の構造によってさらに規定されていたのである。

二　大土地所有の発展

続いて、一一—一二世紀における大土地所有の発展について考察することにする。先にも述べたように、この時期における貴族の権勢の基盤の一つは、彼らの土地所有・農民支配であった。ただ、アンドロニコス・ドゥーカスやエウスタティオス・ボイラスの場合がそうであったように、彼らの土地所有・所領経営は国家と深く結びついていた。そこで、大土地所有の発展の問題を考えるにあたっては、国家との関係に注意を払うことにしたい。

具体的な分析に入る前に、史料について述べておこう。関係史料の大部分は修道院所蔵の特権文書である。一一世紀以降、修道院文書は増加する。そのこと自体、修道院の土地所有の拡大の証左といえるが、史料の性格上次の点に注意しなければならない。

(イ)修道院はみずからの所有権の根拠となる文書だけを大切に保管したから、修道院文書による限りでは、修道院の土地拡大の側面のみが強調されるきらいがある。

(ロ)これらの文書はいわば上からみた農村の姿を示すものであって、収入源という観点から、土地と農民とをとらえている。農村社会の実態、所領・所有の錯綜するビザンツ農村において、生産がどのように営まれていたのかは、修道院文書からは充分にはわからない。[71]

右の点を念頭において考察を進めてゆこう。

〔I〕聖母ネア・モネー修道院の土地・農民獲得(一〇四四—五一年)

最初にとりあげるのは、キオス島の聖母ネア・モネー(新修道院)の土地・農民獲得である。一〇四四年一月付でコンスタンティノス九世は、同修道院に対し、次のような内容の特権文書を与えた。[72]ネア・モネーが行なった、テマーテサロニカにあるカロテーキオンという所領の購入を承認する。その所領に二四名の非課税のパロイコイ(隷属農民)を迎え入れることを、修道院に許可する。同文書には、

「別途に二四人のパロイコイの税の免除を朕は与えた。非課税民 ἀτελεῖς とは、みずからの土地をもたず、国税にも、軍事義務にも、運搬義務にも服していない者、その他の国庫に対する賦役も負担していない者をいう。[73]」

とある。

この文書に関しては次の点が問題となろう。

(1)修道院による土地購入が、皇帝の承認を受けていること。このことは、全国の土地に対する国

家・皇帝の上級所有権の存在を主張する根拠の一つとされる。[74] しかし筆者は、この時代すでに貴族の土地所有権は確立しており、それが彼らの皇帝に対する対等性の意識の根源であったと考えている。それならばこの購入承認の文言は何を意味するのか。ネア・モネーの土地購入はそもそも違法行為だったのである。本文中に修道院の所有権は「先買権」などから守られるという文言がみえるが、[75] これは同修道院の購入が、九二二年のロマノス一世の立法の「先買権」の規定（本書一六八ページ参照）に反する購入であったことを暗示している。『マケドニア王朝の新法』（これこそ国家的土地所有体制の確立維持をめざしたものである）は建て前上なお効力を有していたが、実際には修道院は法に反して土地拡大を行ない、皇帝はそれを認めたのである。皇帝自身によって『新法』の規定が破られ、大土地所有の拡大に道が開かれたことを、この文書から読みとるべきであろう。

(2)国家は土地に関しては、『新法』の実施を事実上断念していたが、農民に関しては事情は違った。ネア・モネーに与えられたのは農民ではなく、農民を獲得し、所領に住まわせ、働かせる権利である。しかも「非課税民」に限ってそれは許され、国税・兵役・運搬等の義務を国家に対して負っている農民を所領に迎え入れることは許されなかった。[76] もし修道院がそのような農民を所領に住まわせたならば、国家は連れ戻し権を発動したであろう。

さて二四名に限って、非課税パロイコイを迎え入れることを許されたネア・モネーは、七年間に二四名を見つけ、カロテーキオンの所領に住まわせた。そして修道院は彼らに対する免税の確認を受けるべく、皇帝に対して特権文書の下賜を求めた。皇帝はその求めに応えて、一〇五一年に特権文書を下した。その一部分を訳出する。

「……さてこれらのパロイコイは、国庫への義務に服しているということが判明せざる限りは、カロテーキオンの所領に住み、完全な自由と完全な免税を享受し、何人によろうと争論や更新の対象とされたり、この所領から〔よそへ〕移されたりすることはない。〔ただし〕国庫への義務に服していることが判明した者は、このシギリオン(特権文書)からは何の権利も援助も引き出すことはできない。そのような者は、みずからの本来の義務に連れ戻される。……上記のカロテーキオンの所領に定住させられたパロイコイの名は次の通りである。……(二四名の名が列挙される)……そして修道院がこれらのパロイコイについて保障と確実な権利をもつようにと、朱をもって署名され、朕の金の印璽をもって確認された本文書が、同修道院に第四インディクティオの年一二月に与えられた。[77]」

こうしてネア・モネーはカロテーキオンの所領と二四名のパロイコイを確保したのである。皇帝から与えられたこの特権文書は、(イ)国庫役人による修道院領、同農民への課税・干渉を拒否するための根拠として、(ロ)近隣の土地所有者との争論の武器として、(ハ)パロイコイに対する支配の根拠として、機能したと推定できる。

ネア・モネーの文書から次の二点が明らかとなった。『新法』は骨抜きにされ、修道院は土地・

農民を獲得して、所領経営を拡大した。しかし国家は、労働力である農民については、簡単には譲歩せず、あくまでもその支配の維持に努めていた。

〔II〕パトモス島の聖ヨハネス修道院の農民獲得（一〇九九―一一四五年）

修道院による農民獲得の事例を、コムネノス王朝時代についてみてみよう。

アレクシオス一世は、パトモス島の聖ヨハネス修道院の請願に応えて、一〇九九年七月付で回答《リュ》文《シ》書《ス》を発給した[78]。同文書は修道院に、一二名の「自由で、非課税のパロイコイ、みずからの土地をもたず、国庫の台帳にも記載されていない者[79]」を住まわせること、そして「彼らがあらゆる義務・賦役、あらゆる国税の負担を免除されること[80]」を特権として与えた。

同修道院は農民《パロイコイ》を迎え入れ、所領に住まわせ、耕作を行なわせた。ところがずっとのちのマヌエル一世時代になって、これらの農民（ないしはその子孫）をめぐって、国庫役人と修道院の間で争いが生じた。修道院は一一四五年三月付で、マヌエル一世にあてて請願文書《デエーシス》をさし出した[81]。主要部分を訳出する。

「……同陛下（アレクシオス一世）は、私共に一二名の自由な非課税のパロイコイ、つまりみずからの土地をもたず、国庫の農民でもないパロイコイの免税を与え、私共が彼らをレルノス島にある私共の領地に住まわせるようにと配慮して下さいました。私共は一二名を住まわせ、今日まで保持しつつ、アレクシオス陛下の永遠に記憶さるべき御力と、神に加冠されたるマヌエル皇帝陛下のために祈りを献げてまいりました。ところが現任のサモス島のプラクトール(財務調査官)によって、私共は近年ひんぱんに侵害と圧迫を加えられております。プラクトールは、皇帝陛下の永遠に記憶にとどむべき御祖父君より私共に下されたる、これらパロイコイの免税に関するクリュソブーロン・シギリオン文書……には、彼らはゼウガラートイ(牛一対持農)とは明記されておらず、単にパロイコイとあるとの理由で侵害を加えるのです。そこで私共は奏上いたし、陛下の立派な尊厳あるプロスタグマ文書が私共に下され、サモス島のプラクトールによって、私共の一二名のパロイコイ－ゼウガラートイに対して、もはや何らの侵害も加えられることのなきようお願い申し上げます。一二名のパロイコイに加えてさらに、陛下の敬虔なる御心が私共に及ぼされ、別の非課税のパロイコイ－ゼウガラートイ、みずからの土地をもたず、国庫のまったく関知せざる者を、神のお導きになられる数だけ、レルノス島にある私共の小さな所領に住まわすべく、私共に下されんことを合わせてお願い申し上げます。……。」

この文書では次の二点が注目される。

(1) いったん修道院に与えられた免税特権を国庫役人が回収しようとしている。プラクトールの主張はこうである。現在修道院領にいる一二名の農民は、牛一対《ゼウガリア》をもち、それに見合う土地を保有している(このような農民をゼウガラートイという)。だから彼らは当然課税対象である。修道院は、これらの農民はあらゆる対国家義務を免除されているといって、一〇九九年のアレクシオス一世の文書をもち出すが、そこで免税の対象とされているのは、「自由で、非課税のパロイコイ、みずからの土地をもたず、国庫の台帳にも記載されていない者」である。修道院の農民は、かつては無産であっただろうが、三〇年(耕作農民に保有権が成立する)以上にわたって修道院の土地を耕作しており、今や立派なゼウガラートイであるから、修道院の主張は根拠がない。以上のような財務役人のいささか強引な主張に対して、修道院はマヌエル一世に保護を訴えて出たのである。

(2)修道院による農民獲得は従来から、対国家義務(国税・軍役など)を負う農民については許されないのはもちろん、非課税の農民についても、その数が限られていた。国家の側からみれば、「みずからの土地をもたず、国家の台帳にも記載されていないパロイコイ」は、現在のところ国庫には何の収入ももたらさないとはいえ、何らかの措置によって、土地を保有する課税対象農民になる可能性があったから、容易には譲れなかったのである。ところがこの一一四五年の請願文書で、聖ヨハネス修道院は、「神のお導きになられる数だけ」のパロイコイの獲得を、皇帝に願い出ている。つまり無制限に獲得したいという要求である。自由に、無制限に「非課税農民」を自己の所領に迎えたいという要求が、大土地所有者から出された記録はこれが最初である。

マヌエル一世は右のような請願にどう答えただろうか。一一四五年三月付の回答文書をみてみよう。

「† 朕は印璽を規定通りに付したこのプロスタグマをもって、汝らの尊厳なる修道院に、請願通りに、敬虔なる訴えの中に記された皇帝にして朕の祖父(アレクシオス一世)によって、以前に与えられた一二名のパロイコイの免税を認め、さらにその他にもう六名のパロイコイ－ゼウガラートイの免税を与える。彼らはレルノス島にある修道院の別の所領に住まわされるべきこと。彼らは自由で、国庫には何ももたらさない者、つまり国庫の義務に服さず、国庫の台帳にも記載されておらず、国家の土地ももっていない者であること。同修道院のこれら六名のパロイコイ－ゼウガラートイも、国庫のあらゆる徴収や要求、ゼウガラートイ税はもちろん、現在及び将来にわたるすべての賦課を、その免税項目全般にわたって免除されることが定められる。そして彼らは生涯にわたってこの修道院によってのみ、また朕のこのリュシスの提示によってのみ、所有・支配されるべきことが定められる。……(以下、日付、署名、印、官庁登録の記録、略)[82]」

マヌエルの回答文書から次のことがわかる。

(1)国庫役人による、修道院農民への課税の試みについては、皇帝は修道院の主張を認め、一二名のパロイコイ－ゼウガラートイの免税を再確認した。しかしその後もなお、国庫役人と聖ヨハネス修道院の間で、同様の争いが繰り返されている[83]。現存する修道院文書から判断すると、一一四五年の例も含めて、事態は次のようであったと推定できる。皇帝は役人に対して、修道院等の不当な土地・農民占取を取り締るよう、繰り返し指令を出した。その一方で皇帝は、特権文書を与えることによって、みずからの指令を骨抜きにしている。一進一退をくりかえしながら、大土地所有は次第に拡大していったのである。

(2)「神のお導きになられる数だけ」のパロイコイを獲得したいという、修道院の要求は認められなかった。一二〇四年以前には、制約なしに大所領経営を行なうことはできなかったのである。(84)

(3)「非課税農民」の規定として、請願文書では、「みずからの土地をもたない者」とあったのを、この回答文書では、「国家の土地をもっていない者」と表現されていることも二、三の研究者によって注目されてきた。(85)それによると、農民の所有する土地が「国家の土地」といいかえられていることは、「国家的土地所有」の存在を示すもの、あるいは農民の土地に対する国家の統制の強化を示すものというのである。しかしレオーン六世の新法にもあったように、「対国家義務を果すものには国庫に属するすべての不動産を処分することは許されてい(86)」たのであり、全国の土地には税がかかっていたから、「みずからの土地」は「国家の土地」と表現されたけれども、それは決して「国家的土地所有」と同じではなかった。「国家的土地所有」論を説く研究者は、皇帝による個人の土地の没収をあげ、貴族の土地もその対象となったことを、その理論の根拠の一つとしている。(87)しかし筆者のみた限りでは、若干の例外を除いて、没収されたのは皇帝から下賜された土地であって、いわゆる「本貫地」、世襲の土地の没収はほとんどない。ビザンツを「アジア的デスポティズム」

に含める見解は支持しがたい。

〔III〕レオーン・ケファラースの土地集積

続いて皇帝による俗人への土地・農民の下賜についてみてみよう。一〇八一年に即位したアレクシオス一世コムネノスは、自分自身大封建領主であり、即位に際しては同じ階層の者たちの支持を強く受けた。それゆえ彼は、一族の者を含めて、協力的であった者に、土地・農民を気前よく下賜した。(88) その具体例として、レオーン・ケファラースという人物の場合を取り上げてみたい。まず関係文書を一括して掲げておく(表6)。ケファラースはノルマン人の侵入に対して、ラリッサの町の防衛を果した将軍であった。(89) 土地下賜の中には、それに対する恩賞も含まれていたが、それにしても、わずかの年月の間に四度にわたって下賜を受けていることは、アレクシオス一世による封建貴族層への大幅な譲歩を示すものといわなければならないだろう。

内容分析に入る前に、文書の作成・伝来について簡単に述べておきたい。

(1)文書の作成。皇帝からどこどこの土地・農民をレオーンに与えよという命令を記した行政文書(プロスタクシス、プロスタグマ、ピッタキオン)が、役人に宛てて下される。現地の担当役人は、その命令に従って、国庫の原台帳に、これこれの土地・農民の税は今後徴収されず、レオーンのものとなる旨記入し、同時にレオーンに宛てて土地台帳の写し(プラクティコン・パラドセオースと

(『ラウラ修道院文書』)

宛　　所	内　　容	文　書
レオーン・ケファラース	タドリヌー村のクラスマ地334モディオイの下賜．税 $4^{7}/_{12}$ ノミスマタ	現存せず
同　上	同　上	同上
(レオーン・ケファラース)	同上確認．免税項目リスト	n° 44
コンスタンティノス(国庫役人)	メソリムナのプロアステイオン(所領)の下賜を命じる	現存せず
レオーン	同上実施	同上
(レオーン)	同上確認(本書 p. 271–2)	n° 45
ペトロス(国庫役人)	レオーンにコスティアネー村を下賜するよう指示	現存せず
レオーン	同上実施	同上
(レオーン)	同上確認．村の農民については現状維持を命じる	n° 48
その手続きを行なった3通の文書(行政文書・下賜文書・特		いずれも現存せず (n° 49)
レオーン・ケファラースの子供たち	タドリヌー村(n° 44)，メソリムナ(n° 45)，コスティアネー村(n° 48)，アノー(？)の所有確認	n° 49
ラウラ修道院	アルコントコーリオン(＝メソリムナ？)，コスティアネー村(n° 48)，タドリヌー(n° 44)，及びトライアヌーポリス内外の不動産をラウラへ寄進	n° 60

表6　ケファラース関係文書

日　付	発　給　者	様　式
1078～1081	ニケフォロス3世	ピッタキオン(行政文書)
1081～1082. 3	ツィリトン(国庫役人)	プラクティコン・パラドセオース(下賜文書)
1082. 3	アレクシオス1世	クリュソブール(特権文書)
1083. 11	アレクシオス1世	ピッタキオン
1083. 11～84. 4	コンスタンティノス	プラクティコン・パラドセオース
1084. 4	アレクシオス1世	クリュソブール
～1086. 5	アレクシオス1世	プロスタクシス(行政文書)
～1086. 5	ペトロス	プラクティコン・パラドセオース
1086. 5	アレクシオス1世	クリュソブール
1089. 10	アノーというプロアステイオンがレオーンに下賜される.権文書)	
1089. 10	アレクシオス1世	クリュソブール
1115. 9	ニケフォロス・ケファラース(レオーンの子)	

いい、土地・農民・財産・税額を記載)を与える。レオーンはこのプラクティコンを皇帝のもとへ提出して、確認を求める。皇帝はその求めに応じて、クリュソブール特権文書を発給し、レオーンに与える。

(2)文書の伝来。土地・農民下賜手続の過程で作成された文書のうちで現在まで伝わっているのは、クリュソブール特権文書だけである。国家当局が保管していた文書(土地台帳原簿・行政文書)は一切残っていない。レオーン・ケファラースに下された文書は、次のような経過で、一部が残った。レオーンは遺言で所領を子供たちに分け与えた。子供の一人ニケフォロスは一一一五年に、自分の所有地すべてをラウラ修道院に寄進した。この時に、ニケフォロスが相続した土地・農民に関する文書(クリュソブール、プラクティコン、その他)もラウラに手渡された。[90] ラウラはこれらの文書をその所有権の根拠として大切に保管した。ただ土地・農民・家族・財産・税を記したプラクティコンは、家族・財産状態の変化によってその重要性を失っていったため、修道院も、皇帝のクリュソブールほどには貴重品扱いはしなくなり、いつか失われてしまった。

さて個々の文書を順次とりあげて、その内容の分析に移ろう。[91]

一〇八二年三月付のクリュソブール(ラウラ修道院文書四四号)によって、レオーンはトラキア地方のタドリヌー村のクラスマ地(収公された土地)三三四モディオイの土地を与えられた。基本税として $4\frac{7}{12}$ ノミスマタの支払いが命じられたが、その他の負担は一切免除された。クリュソブールには長大な免税項目が列挙されている。

一〇八四年四月付のクリュソブール(同四五号)は、レオーンにテサロニカ近郊のメソリムナという所領を与えている。この文書は完全な形で伝わっているので、ビザンツ皇帝文書の一例として、主要部を訳出しておこう。

「† 父と子と聖霊の御名において。敬虔にして正しき信仰の皇帝、ローマ人の支配者アレクシオス・コムネノス †

† 朕の敬虔なるこのシギリオンが提示せらるるところのすべての人々に †

† 朕は、当第七インディクティオの年一一月に、崇高にして力強き朕の臣下である、ベスタルケースにしてロガリアステースのコンスタンティノスに宛てて、マギストロスのレオーン・ケファラースに、テサロニカ近郊のメソリムナにある所領《プロアスティオン》を譲ることを命じた文書を下した。……この所領は、今後永久に上記のケファラース、及びその一族のものとして、その全域、それに付随するすべての権限と特権、さらにその地のすべての収穫物、所領に見出されるところの役牛、パロイコイすべてとともに、彼らが所有すべきこと。朕の下賜のための文書が右のことを命じたので、上記のベスタルケース、ロガリアステースのコンスタンティノスは、自分の下僚の一人、ディシュパトスのバルダスを派遣して、命令を実施し、ケファラースに対して下賜されたるところのものを細かく、正確に吟味して、彼の自筆の署名と正規の鉛の印璽をも

って確認された、下賜のためのプラクティコンを作成した。ケファラースは、その下賜のためのプラクティコンを、敬虔にして崇高なる朕のもとに持参し、その確認を求めて、このクリュソブーロス・ロゴスを保証のために得たのである。それゆえ敬虔なる朕は、将来永久にわたって、完全で明白なる所有権と支配権を、マギストロスのレオーン・ケファラースに与えたところのその下賜のためのプラクティコンの内容に従って、受領者レオーンがメソリムナの所領を、それに付随するすべての権限とともに、所有すべきことを定める。何人たりとも、いかなる方法、いかなる口実・理由によっても、彼、あるいは彼の後継者に対して侵害を加えることは許されない。

それゆえ朕は命令を下し、すべてが現任のサケラリオス(財務長官)……(以下このクリュソブールを遵守すべき役人の長いリスト、略)……から守られるべく定める。以上の何人たりとも、六五九二年、第七インディクティオの年四月に作成された、朕のこのクリュソブーロス・ロゴスに背くことは、いかなる時・場合であろうと許されない。同年同月、朕の神聖にして神より与えられたる力が署名する　†

†　レギムス〔認可〕　†

†　キリストの神に信心深き皇帝、ローマ人の支配者アレクシオス・コムネノス　††」(92)

この文書では八二年の文書にあったような長い免税リストはなく、完全な免税が宣言されているだけであることが注目に値する。

一〇八六年五月付のクリュソブール(同四八号)によって、レオーンにコスティアネー村が与えられた。彼に一村全体が与えられたのであるが、「これらの村民に安らぎと配慮を与えるべきこと、彼らを〔村から〕追い払ってはならず、また他の村の住民を迎え入れてもならない」(93)とされていた。建て前上は、単に村からの税収が彼の手に入っただけであった。しかし実際には村落民はケファラースの隷属民へと化していったであろう。

一〇八九年にレオーンの子供たちは、父から相続した所領の所有権の確認を皇帝アレクシオス一世に願い出て、クリュソブール(同四九号)を与えられた。クリュソブールでは父レオーンが皇帝より下賜されたる土地として、すでに挙げたタドリヌー村のクラスマ地、メソリムナの所領、コスティアネー村の他に、マケドニア地方にあるアノーという名の所領が記されているが、アノーについては文書は現存していない。これはこの所領がニケフォロス以外の子供に譲られ、結局ラウラ修道院領とはならなかったためである。我々が利用できる文書とは、特別の残り方をした文書であることが、ここからもわかる。

相続に際して皇帝の特権文書が出されたことは、全国の土地に対する皇帝の上級所有権、「国家的土地所有」の存在を示すものであると考える研究者もいる(94)。しかしここで所有確認を受けているのは、いずれも過去数年のうちに皇帝よりレオーンに与えられた所領であって、ケファラース家の世襲所領は出てこない。世襲所領については、皇帝に対して保障を求めることもなく、相続を行なったと考えるべきであろう。

最後に一一一五年のニケフォロス・ケファラースの寄進文書(同六〇号)を取り上げよう。この文書は私文書である。ビザンツの皇帝文書は、典型的に封建化の進んだカペー朝フランスの国王文書などとは異なって、原則として副署人は存在しない。皇帝の署名のみである。これは皇帝権力の大きさを示すものと考えてよいだろう。これに対して私文書の場合には、ビザンツでも多数の副署があった。この文書では比較的少なく五名である。(95)

この寄進文書で注目すべきは、レオーンがアレクシオス一世から与えられたメソリムナの所領、(96)コスティアネー村が、すでに世襲領と表現されていることであり、タドリヌー村のクラスマ地もすでに所領(プロアステイオン)と表現され、そこに課せられていた税への言及もないことであろう。皇帝より下賜された土地が、一〇八九年の相続時にはまだ所有確認を求めなければならなかったのが、一一一五年にはすでにケファラース家の完全な私領になっていたことがわかる。皇帝からの土地の下賜が、貴族の所領形成のテコとなっていたことがここからも読みとれる。

もう一つ注目すべきは、ニケフォロスの寄進の理由であろう。寄進文書には、子供に恵まれず、妻をなくしたため、自分と両親の魂の救いのため、とある。(97)しかし実は当時のラウラ修道院の院長は、テオドロス・ケファラースという人物であって、恐らく一族の者と思われる。だから寄進状の文言を額面通りに受け取ることはできない。寄進という形をとって、一族の所領の保持・拡大がはかられたのではないかとも推定できるのである。

ともあれこのような寄進を通じてラウラ修道院の所領は拡大した。しかし修道院領の拡大はその他の手段によっても進んでいった。最後にそれを簡単にみておきたい。

〔IV〕ラウラ修道院の土地兼併

一一世紀の内乱期に、ラウラ修道院が荒廃地を不正に兼併していたことが、一〇七九年の財政調査の結果明らかとなり、ラウラの税は一挙に倍近くに増額された。これに対してラウラは、この増税分を支払わず、かつ不正な取得地を確保しよう、つまり免税特権の認められた完全な所領にしようと努める。そして、一〇八九年・九四年・一一〇九年の三度にわたって、アレクシオス一世から特権文書クリュソブールを獲得し(それぞれラウラ修道院文書五〇、五二、五八号)、所期の目的を達するのである。この間の皇帝・国庫役人・ラウラ修道院の三者のやりとりの特徴は次のようにまとめることができる。(98)

(イ)『農民法』の時代には、無主となった荒廃地については、その土地の税が隣人、同一共同体(徴税団体)員に移され、それに応じてその土地の用益権・所有権が新納税者に認められたのである。ところがラウラ修道院は、荒廃地の兼併を指摘され、課税を申し渡されると、いったん土地を国庫に返すという方法で、税を拒否することができた。[99] このことは、『徴税要綱』の時代(一〇世紀)に崩れ始めた連帯責任制が、一一世紀末には完全に放棄されたことを示している。

(ロ)ラウラ修道院は不正な取得地を国庫に返すといいながら、実際にはなかなか手放さず、財務役人に指摘されるたびに、次のような方法で切り抜けた。(a)皇帝からその土地に対する免税特権を得る。(b)エピボレー率(土地と税の比率、ラウラはすでに単独の徴税単位となっていた)を、ラウラに有利な特別比率に変えてもらう。[100]

(ハ)ラウラは、役人の立ち入りや再測量を行なわないという特権を皇帝から与えられた。[101] しかしながら、国家は修道院の土地兼併・特権獲得を無条件に許したのではなかった。

(イ)皇帝文書は、ラウラに対する処置は特例である旨、繰り返し述べている。[102]

(ロ)所領の再調査は行なわないという約束、特権は、しばしば反古にされた。広範囲にわたる財政調査はラウラをも対象としたし、その他にも役人からの上申に応じて、ラウラの土地の調査が行なわれている。[103]

(ハ)ラウラの所有地への免税措置と引きかえに、所領の一部が国庫に没収されたこともあった。[104]

国家と大土地所有者との関係が複雑であったことが、右の例からもよくわかる。最後にその点を考察して本節の結びとしたい。

三　国家と大土地所有

すでにみたように、一一―一二世紀には、「自由農民」が没落し、村落共同体がその性格を変える一方で、それに代わって聖俗の大土地所有が発展していた。大土地所有者は次第に国家から免税特権を獲得し、土地・農民に対する支配権は、国家から領主へと移りつつあった。帝国全土が皇帝の土地、全住民が皇帝の「奴隷」＝臣下であるという建て前は崩れた。専制国家体制の基礎は掘り崩された。一一世紀の帝国史は、彼ら封建領主層が主導していた。内乱は、今や経済的な支配者となった彼らが、国家権力をもみずからのものにしようとして戦ったことの現われであり、一〇八一年に成立したコムネノス王朝は、これらの封建領主によって作られた国家であった。

しかしながら、一一世紀内乱期はもちろん、コムネノス王朝下でも、封建領主の要求が一方的に通ったわけではない。封建国家とは封建領主の単なる総和ではなかった。国家は個別の領主の利害を代表するだけではなく、それを越えた「公的」なものとして機能する。だから国家と封建領主との関係は二重の側面をもっていた。

国家と封建領主・大土地所有者との関係は、いわゆるイムニテート(不輸・不入)特権に集中的に現われる。[105]一一世紀以降、修道院などは、自己の土地・農民に対する免税特権を獲得していった。前項で検討した一連の特権文書にもあったように、国家は修道院等が農民を自己の所領で働かせ、その剰余労働を搾取することを許した。そのような農民に対する国税徴収権を国家は放棄したのである。しかしその一方で国家はなお、土地・農民を直接支配下におこうとしていた。そのような努力をもう一度まとめておこう。

(イ)国家の農民支配

(a)国家はいわゆる「国庫農民」を修道院等に与えることはなかなか行なわず、与えられたのは「非課税民」、国家の掌握下にない無産の農民、しかも農民自身ではなく、農民を見つけ、所領に迎え入れる権利であった。

(b)その場合でも、農民の数は厳しく制限されていた。

(c)死亡した農民の補充も、外部からではなく、最初に与えられた農民の子孫をもって行なわれるよう定められていた(106)。

(d)いったん免税とされた農民に対しても、財務役人が再課税を試みることがあった。

(ロ)国家の土地支配

(a)国有地が下賜される場合、その他の賦課は免除されても、基本税のみは課せられることもあった。

(b)免税措置とともに個人・修道院に与えられた土地が、再び国庫に戻されることがあった(交換・没収)。

(ハ)右の(イ)(ロ)を実施するため、国家は財政調査をしばしば行なった。特権文書に国庫役人の立ち入り禁止が明記されている所領にも、調査が及ぶ場合があった。

土地・農民をめぐる国家と大土地所有者、封建領主との争いは、マケドニア王朝時代のような皇帝立法という形はとらなかったが、形を変えてなお続いていたのである。(107)

免税特権と並んで、場合によってはそれ以上に重要なものが、裁判特権である。一一―一二世紀の大土地所有者が、自己の所領に住み、その土地を耕し、地代を払っている農民に対して、国家に代わって裁判権、さらに行政権を行使したかどうかに関しては、研究者の見解は対立している。一一―一二世紀の特権文書中には、裁判権の下賜の文言が現われないところから、一般にはこの時代まだ裁判上のイムニテートはなかったと考えられてきた。

これに対してG・オストロゴルスキーは、一一―一二世紀の特権文書を検討した上で、農民の領主に対する隷属、領主の土地への束縛は、家産制的な裁判制度を生みだしたに違いないと結論した。(108)彼は財政上のイムニテート(免税特権)は当然、裁判・行政上のイムニテートを随伴したと考えているようである。しかしこれは理論的に正しくないと思われる。経済外強制のあり方は地域・時代によって異なるのであり、地代収取と裁判権(経済外強制のもっとも重要な手段)が常に共存するとは限らないことは、アジアの諸国家や、ヨーロッパの絶対主義国家をみれば明らかであろう。

一一―一二世紀のビザンツではどうか。論争は、管見による限りでは、次の二つの史料をめぐって行なわれた。

(1)一〇四五年、コンスタンティノス九世がネア・モネー修道院に与えたクリュソブールの一節、

「……(財務役人・軍人・地方官の同修道院への立ち入りを禁じる旨述べたのち)……いかなる高位のアルコンも、都市・地方の裁判官も、上記の修道院にいる敬虔な修道士を、同修道院の所領やそこにいる人々に対する裁判という理由で、法廷へと連れ出すことはできない。というのは、もっとも神聖な皇帝の法廷のみが、修道士たちに対する裁判に開かれているからである。[109]……」

(2)一〇七九年、ニケフォロス三世がイヴェロン修道院に与えたクリュソブールの一節は、次のように述べている。

「……当修道院に関して誰かによってなされた訴えは、現任のカテパノ(地方長官)及びテサロニカのドゥークスによってのみ審議され、判決されるべきこと。同修道院に対する訴えがあったという口実で、テマの裁判官やその他の者、プラクトール(財務調査官)や徴税人やその他すべての者たちによっては、裁判は行なわれないことを定める。[110]……」

ここで述べられていることは明らかである。修道院への下級裁判官の関与を禁止し、修道院は皇帝ないし地方長官の裁判に直属するということである。修道院が皇帝ないし地方長官の裁判に直属したのは、現地の下級裁判官による不法・越権行為がしばしばあったからであろう。この点では皇帝と修道院の利害は一致していたと思われる。その結果、修道院には一定の下級裁判権が認められ

たと思われるが、いずれにしてもきわめて限られたものであっただろう。

一一—一二世紀においては、封建領主層はまだ自己完結的な所領経営・支配を打ち立てることはできなかった。彼らはなお国家を必要としていた。しかし彼らが国家を必要とせず農民支配を行なえる日も遠くはなかった。その時、ビザンツ帝国は解体し、東地中海地域は新しい時代へと入る。

3　市民層の成長

一一世紀には、国家の官位を所持すると同時に、大土地所有者として農民を搾取する、封建貴族層が成長した。彼らは繰り返し反乱をおこし、専制国家体制を揺がせていった。同時にこの時期には、首都を中心として市民層もまた、帝国の政治に活発に関与している。この二つの現象、「封建化」と都市市民の活動はいったいどのような関係にあったのだろうか。本節では以上のような観点から、一一世紀の都市・市民の問題を扱う。

一　封建制と都市・市民

封建制と都市・市民という問題は、西ヨーロッパ中世史研究においてしばしば取り上げられるテーマである。H・ピレンヌに代表される通説(11)では、中世都市は封建社会の中に生まれた、封建社会とは原理を異にする存在とされる。都市は独自の法をもつ誓約団体＝共同体であり、封建社会を掘り崩して、近代社会を生みだす母胎となったといわれている(たとえば「市民意識」)。中世史研究の中で、都市研究が重視されてきたのは、右のような基本的認識があったからであると思われる。このように考えるならば、ビザンツ都市研究の遅れの原因も理解できるだろう。ビザンツ世界は「近代化」をなしえなかったのであるから、都市研究への関心もそれほど高くなかったのである。事実、第二次大戦後、学界の主流を占めた「ビザンツ封建制論」では、都市の問題はほとんど論じられず、レーエン制・イムニテート・農奴制の研究が中心テーマとなっていた。これらの問題の研究を通じて、ビザンツにも西ヨーロッパと同じような封建制が存在したことを明らかにしようというのが、「封建制論」の基本的な視角であって、西欧封建社会における異質の存在(近代社会の萌芽)と考えられていた、都市・市民の問題は一応視野の外におかれていた。

しかし東地中海地域は、歴史的にみても都市的な世界であって、ギリシアのポリス以来多数の都市が存在し、それがこの地域の特色の一つであったことは動かしがたい。それゆえビザンツ社会の特質を明らかにするためには、封建制の問題と並んで、あるいはそれと結びつけて、都市・市民の問題が論じられなければならないであろう。(112)

このような考え方に基づいて、ビザンツ封建制の特質(西欧との差違)を明らかにするために、都市の問題を取り上げたのは、ソ連の研究者たちであった。一九五〇年代半ばから始まったこの研究動向は、六〇年代前半にとくに活発となった。このようなビザンツ史研究における都市・市民への関心の増大は、西欧中世都市研究の変化の影響ではないかと筆者は考えている。すなわち、ピレンヌに代表されるような通説、都市・市民は、封建制とは原理を異にする存在であり、封建社会を解体させ、近代社会を作り出したという考えに対して、中世都市は非封建的なもの、近代的なものではなく、封建社会を構成する一つの要素であるという考えが次第に有力になってゆき、中世都市研究は必ずしも近代社会との関係で論じる必要はないということになったからである。封建制との関連でビザンツ都市研究を行なうことは、いわば当然のこととなった。

封建制との関連で都市・市民の問題をとり上げた研究の多くは、考察の対象を封建制の確立期である一一世紀においている。[113] 一一世紀は都市・市民という観点からみても、大きな転換期であった。本節も同様の視角から一一世紀の都市・市民問題を扱うが、紙幅の都合上からも問題を次のように限定する。一一世紀の市民に関してなによりも注目されることは、四〇年代から首都の市民の反乱の記録が年代記などに繰り返し現われることである。時はあたかも、官僚制に基づく専制国家体制が崩れ、新しい秩序(世紀末にコムネノス王朝として実現する)を模索している時代であった。なぜこの時代にコンスタンティノープル市民が繰り返し蜂起したのであろうか。市民は何を要求し、何を獲得したのだろうか。市民の運動は帝国の歴史をどのように動かしたのだろうか。以上のような問題を考えてみたいと思う。つまり「政治史」ないし「市民闘争史」の観点から、一一世紀の都市・市民の問題を扱うわけである。[114]

問題をこのように限定した理由の一つは史料の存在状態にある。我々が用いる史料の大部分は、宮廷人・貴族・聖職者の書き残したものであって、そこには民衆の日常の営為(生活・生産)に関する言及はほとんどない。記録に残されるのは、非日常的な出来事、異常な事態、「奴隷」であるべき民衆が武器をとって「主人」=皇帝に刃向ったことなど、であった。しかも市民の暴動・蜂起を伝える記事にもそれぞれ精粗がある。そこで、事実関係の比較的よくわかる一〇四二年の「市民闘争」をまず詳しく分析し、続いて、それ以降一〇八一年までの「市民闘争」を四二年の事件と対比しながら、一一世紀コンスタンティノープルの「市民闘争」の原因・形態・意義を、封建制・封建国家との関連で明らかにしたいと思う。

二 一〇四二年の「市民闘争」

本項では、一〇四二年四月にコンスタンティノープルで起った市民の蜂起について考察する。まず反乱勃発に至る歴史的背景を再確認しておこう。

一〇世紀マケドニア王朝時代に、ビザンツ専制国家は完成した。その構造は次のようであった。頂点には皇帝がいる。皇帝は神の代理人であり、現世における人間の幸福に責任をもつ者、法の制定者、絶対的な権力の保持者であった。皇帝は専制君主として、「奴隷《ドゥーロイ》」=臣民を統治するとされたが、統治を実際に行なったのは、整備されたピラミッド型の官僚機構であった。そして皇帝権力・官僚機構を支える経済的な基礎は、農村および都市(とくに首都コンスタンティノープル)の小生産者層であった。

専制国家体制の確立によってもたらされた長期の国内平和は、この体制の基礎そのものを揺がすという結果をひきおこした。平和による農業生産の向上、商工業の発展は、「自由農民」や都市の小生産者を分解・没落させることになったのである。都市、とくにコンスタンティノープルでは、大商人層が成長し[115]、その富を背景に帝国政治への発言力を強くした。他方、農村においては、貧困化した「自由農民」の土地を兼併し、彼らを隷属農民として搾取する、「封建領主」層の成長が目覚ましかった。コンスタンティノス八世(在位一〇二五―二八)の後継者をめぐる争いは、同帝の娘ゾエの夫選びという形をとって行なわれた。封建領主の代表ともいうべき、将軍コンスタンティノス・ダラセノスは有力候補であったが、対立候補のロマノス・アルギュロスに敗れた[116]。同じ頃、封建領主・将軍の反乱が繰り返されたが、いずれも散発的で、彼らがまだ階級として結集しえていないことを示していた。ロマノス三世(在位一〇二八―三四)、ミカエル四世(在位一〇三四―四一)は都の大商人層を背景に、ゾエの夫として、皇帝の位に就いたのである[117]。四一年にミカエル四世が死ぬと、その甥のミカエルがゾエの養子として帝位についた(ミカエル五世、在位一〇四一―四二)。ミカエル五世は、擡頭しつつある封建領主層、それによって揺ぐ専制国家体制、といった当時の問題を前にして大胆な改革を行なおうとした。コンスタンティノープル市民の蜂起は、まさにこのようなミカエルの改革、その方法に向けられたのである。

ミカエル五世は改革を進めていくためにはゾエの存在が邪魔であると考えた。皇太后のゾエを除くことによって、みずからが名実ともに帝国の支配者となることを彼は望んだ。改革に反対する勢力が、ゾエを利用するだろうことも充分予想できた。ミカエルの当面の目標はゾエの追放であった。

ミカエルはまず元老院にゾエ追放の計画を打診した。続いて彼は、都の市民の支持を確認しようとして、二度にわたって市内行進を行ない、市民の反応を確かめた。結果は上々であった。市民は行列の沿道を金・銀・花・カーペットで飾りたて、皇帝を歓呼した。(118) 皇帝の歩む道には、市民によって絹のカーペットが敷かれた。儀式への参加・協力は、ギルドの対国家義務の一つであった。各ギルドはそれぞれの長の指導下に、国家的な行事に参加することになっていた。一〇世紀の『総督の書』のようなまとまった史料はないが、一一世紀にも記述史料の随所にギルドへの言及がみられ、市民団体としてのギルドの存在が確認できる。(119) ミカエルはギルドを中心とする市民の支持を確信した。彼は、二度目の行列を行なった四月一八日の夜に、ゾエを宮殿から追い、都の沖のプリンキポス島の修道院に送った。

翌一九日、ゾエ追放のニュースが市民の間に伝わると、ミカエルの行為に対する反感が広がった。そこでミカエルは市民宛の皇帝文書を作成し、市総督にそれをコンスタンティノス広場で読み上げ

させた。市総督は、

「ゾエが朕の帝位に対して陰謀を企らんだが故、彼女を追放した。アレクシオス〔総主教〕も同じ処分にした。民衆諸君、朕に対する忠誠を続けておれば、汝らは名誉と善を得るだろう。けがれも悩みもない生活を送るだろう。(120)」

と市民に向って読み上げた。

しかしそれは火に油を注ぐ結果となった。集まった市民は、「我々の母、ゾエを皇帝に(121)！」と叫び、ミカエルに対する呪いの言葉を発しつつ、武器をとって市総督とその一行に襲いかかった。暴動はまたたく間に全市に広がった。(122)市民は商店を破壊し、武器を手に入れ、監獄を破って囚人を反乱に引き入れた。皇帝一族や高官の屋敷は襲われ、彼らが建てた教会や修道院も掠奪の対象となった。攻撃は宮殿にも及び、皇帝は身の危険を感じ始めた。そこで皇帝はゾエを修道院から呼び戻し、バルコニーに立たせて、その姿を市民に見せた。しかしそれでも暴動は鎮まらなかった。ある年代記によると、ほとんどの人々がゾエの顔をよく知らなかったからであると伝えられている。(123)

しかしながら、反乱の指導者であった総主教や一部の元老院貴族たちは、ミカエルがゾエという切札を握っていることに不安をもった。ゾエのもつ権威によって、事態がミカエルの思うように収拾されるのではないかと、彼らは恐れたのである。(124)彼らはゾエの妹で、長く修道院で暮していたテオドラを連れ出し、聖ソフィアで戴冠させた。反乱派はテオドラという権威の下に結集した。(125)

皇帝軍と反乱軍(その中心は市民)は激しく戦った。三〇〇〇人もの死者が出たという記録もある。[126]数で優る市民軍は多くの犠牲を出しながらも、二〇日には宮殿の一角を占領し、財務官庁を襲った。彼らは金銀を掠奪しただけではなく、税文書も破棄した。二一日朝、ミカエルは宮殿を去り、修道院へと逃れたが、まもなく捕えられ、剣眼の刑を受けた。ミカエルは失脚したが、宮殿に残るゾエと、聖ソフィアで戴冠を受けたテオドラのいずれが帝位につくべきか、貴族たちの意見はまとまらなかった。支配層が分裂している間、市民の暴動はなお続いた。結局テオドラも宮殿に入り、姉妹が共同で治めるということで事態は収拾され、反乱は終わった。新政権は官職販売の廃止の勅令を出したが、その他には旧来の統治体制を一切変えず、官位にある者の地位もそのままであったと伝えられている。[127]

一〇四二年の首都内乱は一般には、マケドニア王朝に対する市民の忠誠心を利用して、貴族と教会が行なった陰謀とみられている。[128]しかし筆者は陰謀説はとらず、以下に述べるように、「市民闘争」という視点からこの事件を再評価したいと思う。[129]

まず蜂起の原因から考えてみよう。一八日に熱狂的に皇帝ミカエルを歓呼した市民が、なぜ翌一九日に彼に呪いの言葉を浴びせ、武器をとって立ち上ったのだろうか。事件の経過を伝える史書・年代記の多くは、ゾエに対する市民の親愛の情を強調している。「我々の母」[130]であるゾエ、「その父が皇帝であり、そのまた父も皇帝」(131)であったゾエ。現代の研究者ヴリュオニスは、これらの記事に依拠しつつ、マケドニア王朝が二〇〇年近く続いた結果、都の人々の間に生まれた王朝への愛着、王家の血を受けたゾエへの市民の忠誠心に、蜂起の原因を求めた(132)。確かに、ゾエがミカエルの掌中にあるのを見た反乱派の指導者たちが、同じく王家の血をひくテオドラを戴いて対抗したことも、この時期における王朝尊崇の観念の強さを示すものといえよう。しかしヴリュオニス説に対してはリタヴリンがすでに、蜂起はゾエの地位の回復後、さらにミカエル五世の失脚後も続いたということを根拠に批判を加えた(133)。筆者も、王朝尊崇の観念のみでは蜂起は説明できず、この時代の市民がおかれていた状態、現政権に対する彼らの不満に根本的な原因があったと考える。

この時代の首都の市民の状態を考える時、まず注目されるのは、徴税請負・官職販売が大がかりに実施されていたことである(134)。この制度によって、豊かな大商人・高利貸ら上層市民は大きな利益を得た。彼らは租税を一括して代納したり、財務官職など実入りの多い官職を購入することによって、一般の民衆から法外な利得を貪ることも少なくなかった。この制度は、重税以上に一般民衆の怨嗟の的となったが、帝国政府がそれにもかかわらず大規模に実施したのには理由があった。属州における封建領主の擡頭・反抗を克服し、中央集権的な体制を強化しようとした皇帝たちは、首都の大商人・大企業家たちの富に着目したのである。帝国政府のこのような政策に呼応して、上層市民はその富を商工業から官位へと移し始めた。流動資本がより安定した形(官位・土地)へと移っていった理由としては、当時の経済発展の水準においては、一定以上の大規模な経営は不可能であったことと、東地中海地域におけるビザンツの商業覇権が、ヴェネツィアを先頭とするイタリア都市にとって代わられつつあったことが挙げられるだろう。

中央集権制の強化をめざす帝国政府の政策は、商工業市民に大きな影響を与えた。本来、首都の商工業市民は、同職組合《ギルド》を通じて国家の保護・統制下にあった。ところが帝国政府による官位の販売は、このギルドの一体性を破壊した。すなわち、上層市民、ギルドの長たちは、その富で官位を購入して「貴族化」し、一般のギルド員とは利害を異にするようになった。他方下層のギルド員は、官職販売・徴税請負制によって、むしろ搾取された。それだけではなく、上層の「貴族化」によるギルドの解体によって、彼らは生産・生活の基盤を失いつつあった。市民の蜂起の原因は、以上のような歴代皇帝の政策、ギルドの内部分解に対する、下層ギルド員=小生産者の不満にあったと考えなければならない。なお現存の史料は、蜂起に加わった人々を「市民」「群衆」あるいは「アゴラ(市場)の人々」「エルガステーリオン(仕事場)の人々」「職人」などと呼んでおり、上層市民・下層市民という区別は行なっていない。[135] しかしそれは、貴族・宮廷人からみた解釈であって、彼らが、貴族にあらざる者を一括して扱う傾向が強かったことによるものである。蜂起の主体が上層市民ではなく、下層市民=一般ギルド員であったことは、闘争形態にも現われている。囚人の解放も、重税政策による税滞納者、徴税請負制による高利貸・徴税人への債務者が、当時多数投獄されていたことを考え合わせるならば、それがもつ意味は明らかであろう。税文書の破棄やギルドの監督官である市総督への攻撃もまた、下層市民の不満の現われであった。[136]

まとめておこう。一一世紀にも首都の商工業市民の団体としてギルドは存在した。ギルドの長たちの指導のもとに、対国家義務を果すことも引き続き行なわれた（ミカエル五世の行列への協力もその例）。しかしその一方で、商工業の発展、皇帝の集権制強化の政策によって、ギルド内部の亀裂は大きくなっていた。上層が「貴族化」したのに対して、一般ギルド員にはその矛盾がしわ寄せされた。一九日の蜂起は、ゾエに対する忠誠心、王朝理念を引き金として生じた、彼ら下層市民の不満の爆発であった。

ゾエへの親愛の情が、市民の暴動の引き金となったのはなぜだろうか。最後にこの点についてふれておきたい。コンスタンティノス八世の死によってマケドニア王朝の男系が絶えた結果、そのあと帝位についたのは、同帝の娘ゾエと結婚したロマノス三世・ミカエル四世、彼女の養子となったミカエル五世であった。彼らの帝位の正統性を保証するものは、ゾエ、彼女のもつ王家の血であった。しかし彼らはみな即位するや、ゾエを邪魔者扱いした。[137] 彼らはマケドニア王朝に代わる、みずからの王朝を築きたいと考えていた。その一方で歴代の皇帝たちは、自己の権力の強化のために豊かな上層市民との提携を深めたが、それは下層市民の不満をひきおこした。それゆえ下層市民は、皇帝に対する不満や怒りに、ゾエの姿を重ね合わせた。ゾエは自分たちの不遇の象徴であった。実際にはゾエもまた支配階級の一員、まさにその頂点に立つ人物であったにもかかわらず、下層市民はゾエを自分たちと同じ境遇の人と考えたのである。市民はゾエのために戦うことによって、自分たちのために戦ったのである。それゆえ、ゾエへの忠誠心、親愛の情は、蜂起の根本的な原因ではなく、あくまでも引き金であったといわなければならない。

それではこのような「市民闘争」は、帝国史全体の中でどのような意義をもったのだろうか。四二年以降の一連の「市民闘争」にも考慮を払いつつ、次にこの問題を考えてみよう。

三 「市民闘争」とコムネノス王朝

一〇四二年の「市民闘争」は勝利を得た。ミカエル五世は帝位を追われ、新たに成立したゾエ＝テオドラ政府は、旧体制の維持を基本方針としつつも、下層市民の反対の強かった官職販売については、これを廃止する旨宣言している。しかし官職販売はその後まもなく復活された。[138] それだけではなく、コンスタンティノス九世(在位一〇四二—五五、ゾエの三番目の夫)、コンスタンティノス一〇世(在位一〇五九—六七)らは、元老院をコンスタンティノープル市民に開放した。史料ではたとえば、コンスタンティノス九世について、

「国家の爵位には段階がある。その昇進は不変の法によって定められていた。ところが彼はそれを破ってしまった。彼はアゴラ(市場)のほとんどすべての貧民を元老院のメンバーにした。[139]」

とあり、元老院の開放は、市民全体を対象としたかのようである。しかし先にみたような史料の性格を考慮に入れるならば、その記事をそのまま受け取る必要はなく、やはり実際に元老院に入ったのは、資産をもった上層市民であったと考えるべきであろう。[140] 上層市民の貴族化は一層大規模に進んだのである。四二年の「市民闘争」の原因は、その後もより深刻な形で、引き続き存在したのである。また「市民闘争」勃発の引き金となった、支配層内部の権力闘争も、危機の進行とともにますます激しくなっていた。四二年以降も、「市民闘争」が繰り返されたのは当然といえよう。

四二年以降の「市民闘争」をまとめると表7となる。以下、表を参照しつつ、一一世紀の「市民闘争」が帝国史において果した役割を分析することにしよう。

表7から、これらの「市民闘争」が基本的には同じ性格をもっていたことが読み取れる。

(1)帝国政府の上層市民との提携に対して、下層市民＝一般ギルド員が不満を抱いていたことに、闘争の原因がある。

(2)彼らの不満は、支配層内部の権力闘争(宮廷陰謀・属州反乱)をきっかけとして爆発した。

(3)市民は、不満派の貴族や総主教の指導の下に、皇帝に対して攻撃を加えた。

(4)「市民闘争」は帝位をめぐる争いの一環として成立し、支配層の権力闘争が解決すると、市民の闘いもそれ以上には続かなかった。

このような市民の政治参加を、貴族の煽動による主体性に欠けた暴動と評価する傾向もある。[141] し

「市民闘争」

闘争形態	結　　果	主　要　史　料
市総督攻撃,債務囚人の解放,宮殿攻撃,税文書の破棄	ゾエ＝テオドラ政権成立,官職販売中止	Psellus, I, 96–116, Cedrenus, CFHB. 417–421. Attaleiates, 12–18, Cecaumenus, 98–99.
皇帝を襲う	失　　敗	Cedrenus, 433–434.
皇帝派の屋敷を襲う	イサキオスの即位	Psellus, II,105–107, Cedrenus, 497–500. Attaleiates, 56–59.
皇帝を襲う	失　　敗	Psellus, II, 148–149, Attaleiates, 73.
囚人の解放,(皇帝派を襲う)	ニケフォロス・ボタネイアテースの即位	Bryennius, 242–250, Attaleiates, 270.

かし彼らの運動の根底には、先にみたような「市民的要求」があった。また市民は、不充分とはいえ、自分たちの団体＝ギルドをもっており、デーモクラティア(民衆政治)というイデオロギー的な拠り所ももっていた。[142] 筆者は一一世紀のコンスタンティノープルの内乱を、「市民闘争」と呼んでさしつかえないと思う。ただしそれは限界をもっていた。かっこ付で「市民闘争」と表現するのはそのためである。次にその限界について考えてみよう。

一一世紀の「市民闘争」は、下層市民の不満と要求だけで成立したのではなかった。彼らは、政治勢力として主体的に行動するだけの力量をまだ備え

表7　11世紀の

年　月	皇　帝	発　端	参加者	指導者
1042. 4	ミカエル5世	皇太后ゾエの追放	「市民」「全大衆」「エルガステーリオンの人々」「アゴラの人々」「職人」	総主教，元老院貴族
1044. 3	コンスタンティノス9世	同上(うわさ)	「民衆」「大衆」	(元老院)
1057. 8	ミカエル6世	イサキオス・コムネノスの乱	「首都民」「市民」「町の全民衆」	(総主教)，元老院貴族，ギルドの長
1061. 4	コンスタンティノス10世	貴族の陰謀	「職人」「町のギルド」「アゴラの多くの人々」	貴　族
1078. 3	ミカエル7世	ニケフォロス・ボタネイアテースの乱，ニケフォロス・メリセノスの乱	「職人」「アゴラの人々」	貴族，総主教

ていなかった。彼らの不満が具体的な形をとって表明されるには、他の条件が必要であった。貴族間の権力争い、つまり宮廷陰謀事件や属州反乱によって、その条件は準備された。下層市民の蜂起は、支配層内部の権力闘争に加担するという形でしか行なえなかったのである。彼らは、反皇帝派の元老院貴族や総主教によって、指導され、利用された。それゆえに、首都の内乱は、官職販売の中止などの市民的要求よりも、貴族の要求、貴族のプログラムに従って進行することになった。不満派の貴族たちは、現在の支配体制・政策そのものに不満をもったのではなく、そのような政策の恩恵に自分たちが与

れないことに不満を抱いたのであって、彼らは皇帝権からより大きな利益を引き出すこと、帝位を自分たちの意のままになるものに変えることをめざして戦ったのである。「市民闘争」は支配層内部の権力闘争に従属する形でしか行なわれなかった。自分たちの不満や要求を、「我々の母」であるゾエを守れという形で表現しなければならなかったところに、当時の市民層の置かれていた状態、その力量がよく現われている、といえよう。

一〇四二、五七、七八年の「市民闘争」は勝利した。しかしそれは基本的には貴族層の勝利であった。皇帝は代わっても、市民に対する政策、支配体制そのものは変わらなかった。「市民闘争」は、歴代皇帝の政策に対する抗議の表明であり、ギルドという組織、デーモクラティアというイデオロギーを背景にもっていたにもかかわらず、現実には、支配体制・政策の変革をその課題として遂行することはできず、帝位の交代のみで収拾されてしまったのである。一一世紀コンスタンティノープルの「市民闘争」は、西ヨーロッパ中世都市のコミューン闘争、ツンフト闘争のような、市民の自治をめざす運動とはならなかったのである。

それにもかかわらず、「市民闘争」は一一世紀のビザンツ史において大きな役割を果した。「市民闘争」の歴史的意義は、この時代の帝国の全般的な状況、その発展の中で考えてみなければならない。

一〇二五―八一年は内乱の続く混乱期であった。マケドニア朝専制国家体制は揺ぎ、そして崩壊した。それを押し進めた主体は、大所領を有し、多数の隷属農民を搾取する封建領主たちであった。彼らは帝国の政治を左右するだけの力をすでに備えていたが、未だ階級として結集できず、自分たちのうちの誰が帝位を占めるかをめぐって、相互に戦いを繰り返していた。権力闘争に勝利して帝位に就いた者は、伝統的な皇帝専制支配の理念に基づき、他の有力者を抑えて、専制国家体制を再建・強化しようとした。歴代の皇帝たちのこのような政策、時代錯誤的といってよい政策に対して、封建領主たちは属州の所領経営を基盤として抵抗した。属州反乱は果てしもなく繰り返された。

国内における権力闘争は、帝国の防衛力を低下させ、世紀半ば以降、帝国は対外的後退を余儀なくされた。東からはセルジュクートルコ人、西からはノルマン人、北からはペチェネグ人が帝国領に侵入してきた(143)。一〇七一年には、マンツィケルトにおいてセルジュクートルコ軍に大敗を喫し、皇帝ロマノス四世が捕虜となった。同年、南イタリアの領土もノルマン人に奪われた。八一年にはセルジュクートルコ族の姿は都の近くにまで見られるようになり、ノルマン人のビザンツ征服計画も実行に移された。皇帝専制体制と自立的な封建領主層の擡頭との矛盾は、ついに帝国の滅亡という形で清算されようとしていた。しかし存亡の危機を前にして、支配階級＝封建領主層は、アレクシオス・コムネノスの主導の下に、結集し、新しい支配体制を樹立した。封建領主たちの連合国家コムネノス王朝の誕生である(144)。一一世紀のビザンツ帝国史は、封建領主層の成長を起動力として、マケドニア朝専制国家体制が崩れ、コムネノス朝封建国家が生まれるという過程をその最大の特徴としていた。

本節で分析したコンスタンティノープルの「市民闘争」も、以上のような帝国史の基本的な流れの中に位置づける時、その歴史的意義が明らかとなる。諸皇帝による専制支配体制再建・強化の試みは、市民にとっても大きな影響をもった。歴代の皇帝は他の有力者を抑え、帝権を強化するために、市民を利用し、とくに首都の上層市民の富に着目して、彼らとの提携を深めたからである。皇帝と上層市民の提携に対して、下層市民＝一般ギルド員は不満をもち、機会あるごとに(その機会は封建領主・貴族の抵抗によって準備された)、その不満を蜂起という形で表明した。諸皇帝のとった専制支配に反対するという点からみれば、下層市民は封建領主層と共通の立場にあった。それゆえ「市民闘争」は、時代錯誤的な専制国家体制の再建・強化をはかる諸皇帝に対する抵抗として、結果的には、「封建国家」の形成に寄与したのである。(145)「市民闘争」が封建国家の確立を促進するという、ヨーロッパ中世史の常識とは逆の関係が、一一世紀ビザンツにおいて生じた。「市民闘争」は、帝国の歴史の変革期に生じ、帝国の歴史を新たな段階へと進める力となったのである。

もちろん市民は「封建国家」の形成をめざして戦ったのではない。彼らは独自の要求・理念をもっていた。しかし当時の客観的な状況から、市民の主体的な力量からも、「市民闘争」は封建領主層の権力闘争に触発されて成立し、彼らの闘争の枠組の中で闘われるにとどまったのである。このことは内乱、「市民闘争」ののちに生まれた新しい支配体制であるコムネノス王朝の性格によく表われている。コムネノス王朝はあくまでも封建領主、一一世紀の内乱を指導した封建領主たちの国家であった。同王朝は、コンスタンティノープルの商工業者に与えられていた特権・保護を廃止した。ギルドも姿を消した。(146)コムネノス王朝のこのような政策は、封建領主層の利害を代弁するものであった。領主たちは地方都市、属州の所領において、自己のエルガステーリオン(仕事場)の経営を進めていたから、首都の商工業者への特権には強く反対していた。特権廃止の結果、コムネノス王朝時代には、ビザンツ商工業において首都の占める比重は大きく低下し、反面、属州都市の発達が著しかった。(147)マケドニア王朝時代の都市・商工業政策とは対照的である。

コムネノス王朝の親領主的・反商工業者的性格は、対外政策にもよく現われている。アレクシオス一世以降、歴代の皇帝は、ヴェネツィア、ジェノア、ピサなどイタリア商業都市に特許状を与え、帝国内での交易に大幅な便宜をはかった。(148)それによって封建領主層はその所領の生産物の販路を広げ、大きな利益を得たが、首都の商工業者の受けた打撃は大きかった。とりわけヴェネツィア人は、首都に居留区を獲得し、(149)東地中海における交易の基地としただけではなく、多数のエルガステーリオンも支配下にもったのである。

かくしてコムネノス王朝は、封建領主とイタリア商業都市を支配体制の基礎とした。変則的な形態ではあったが、「封建国家」と呼んでよいだろう。逆に、コンスタンティノープルを中心とする都市の商工業市民層は、国家の保護を失い、経済的に没落し、帝国政治への発言権も失った。一〇八一年以降の一〇〇年間、首都では市民の蜂起は一件も生じなかった。封建領主たちの連合支配体制が安定し、彼らの間の権力闘争がかつてほどの規模・頻度をもたなくなったこともその一因であった。しかしこの「冬の時代」においても、デーモクラティアの理念を掲げ、皇帝専制政治と闘った、コンスタンティノープル市民の政治的伝統が完全に絶えたわけではなかった。アレクシオス一世時代に頻発した異端教説・運動は、(150)封建国家に対する市民の抵抗の表現と考えられる。そして一二世紀の末になると、新たな条件の下で、新たな形態をとって、市民闘争が再開される。一二世紀末の市民闘争もまた、帝国の歴史において大きな役割を果した。ビザンツ帝国の歴史は、都市・市民の問題を抜きにしては考えられないのである。

4　コムネノス王朝＝ビザンツ封建国家

一〇―一一世紀に進行した、「自由農民」の分解・没落、封建的な門閥貴族の擡頭という社会・経済上の変化に対応して、国家構造も変化した。マケドニア朝専制国家体制が崩れ、一一世紀末にはコムネノス朝封建国家が生まれる。本節では、1―3節でみた、社会・経済上の変化をふまえつつ、帝国の支配構造・政治体制の変貌を明らかにしたい。

一　専制国家体制の解体

本項では、一〇世紀マケドニア朝専制国家を構成していた主要な制度、官僚制・身分制・テマ制が、一一世紀にはどのように変化したのかを順にみてゆこう。

まず官僚制についてであるが、前代のようなまとまった史料(=官職表)が存在しないため、一一世紀の官僚制の実態を把握することは困難である。しかしながら、すでにみたような徴税請負制・官職販売の大規模な実施が、官僚制機構を揺がしたであろうことは容易に推定できよう。

官僚制の解体を示す例としてよく挙げられるのは、コンスタンティノス九世(在位一〇四二―五五)による、レイクーデースという人物(のちの総主教)への、マンガナのセクレトン(部局)の下賜である。[151] マンガナは小アジアにあった皇帝御料地であるが、一〇世紀にはクーラトール・トーン・マンガノーン(マンガナ管理局長)が役人を率いて管理していた。『フィロテオス文書』では、彼は皇帝直属官の第五四位に位置している(第二章表2)。この他にも国家の一部局が個人に与えられるという例がいくつかみられる。[152] ここには、俸給制に基づく集権的な官僚制の分解を読みとることができるだろう。ただ与えられたのはいずれも国有財産・帝国修道院等の管理部局であって、行政・裁判の部局が個人に与えられるということはさすがになかった。

身分制についてもほぼ同じことがいえる。一一世紀の歴代の皇帝による爵位のばらまきや、元老院の開放によって、旧来の称号=身分体系が意味を失ってしまったことを我々はすでに知っている。一一世紀後半の人、ケカウメノスが『皇帝に対する助言』の中で次のように述べていることも、この間の事情をよく伝えている。

「もしあなたが、道化師や役者に恩賞を与えようとするならば、貨幣ですべきであって、称号や高い位で行なってはいけない。高い位は……ただ立派な人々のためにだけあるのである。もし役者やくだらない人物をプロートスパタリオスにするならば、あなたのために血を流そうと覚悟を決めていた兵士たちも、もうその称号をそれほど欲しいとは思わなくなるだろう。同じことがパトリキオスの称号についてもおこるだろう。あなたの有能な書記や官僚は、今後、その称号に見向きもしなくなるだろう。[153]」

ケカウメノスは、以上のことを自分の経験として語り、爵位の体系が崩れてしまったことを嘆いている。

一一世紀には内乱・権力闘争が続く中で、官位制が崩れていった。内乱を収拾して新しい王朝を開いたアレクシオス・コムネノスは、まず官位制度を再編する必要に迫られていたのである。

最後にテマ制についてみておこう。テマ制とは、(イ)全国を軍管区《テマ》に分け、(ロ)各軍管区の行政は軍団の長、ストラテーゴスが行ない、(ハ)ストラテーゴスの下で軍役に服する兵士には、「兵士保有地」が与えられる、という制度である。テマ制は、九世紀末—一〇世紀初めに完成し、当時全国が三一のテマに分けられていた。

一一世紀にはテマ制もまた解体する。

九―一〇世紀の戦争に関する記録には、テマの軍団が姿を見せるが、一一世紀になるとタグマタ(中央軍)だけしか記録に出てこなくなる。ストラテーゴス下のテマ軍団は姿を消してしまうのである。テマ軍の消滅の原因は、「兵士保有地」をもつ「農兵《ストラテイオーテース》」の没落にあった。「兵士保有地」の保有者は、本人及び家族の労働によってその土地の経営を行なっており、その点では小土地所有農民と同一の社会層に属していた。両者は同じ村落共同体の構成員であることもあった。一〇世紀に進行した、村落共同体の変質、小土地所有農民の階層分解・没落は、当然、テマの兵士にも及んだ。定められた軍事義務が果せない兵士が増加した。帝国の発展とともに、大規模な遠征が多くなり、長期にわたって家を留守にしなければならなくなったことも、彼らの没落を速めたと思われる。その結果、二つ以上の家族で一人の兵士を出すことや、「兵士保有地」を国家に返還して、軍役をのがれること、場合によっては、逃亡や保有地の売却さえも行なわれるようになった[154]。

マケドニア王朝の『新法』の中には、このような事態に対応するための規定が含まれていた(第二章表4)。しかしこの点においても『新法』は所期の目的を果さなかった。国家は「兵士保有地」の制度を断念しなければならなかった。コンスタンティノス九世のように、国庫の現金収入の増加をはかるため、これまで軍役を負担していた「兵士保有地」の保有者に、今後は軍役の代わりとして現金を納めさせた皇帝もあった[155]。一一世紀の史料では、ストラテイア(軍事義務)という語は一種の税として現われる[156]。こうして、「兵士保有地」は一般の土地と区別されなくなった。「兵士保有地」という用語も姿を消してしまう。国家はストラテイアという名目で集めた税金をもって、傭兵を傭い入れた。一一世紀のビザンツ軍隊の主力は、外国人傭兵であった[157]。

テマ軍団の消滅はストラテーゴスの地位・権限を低下させた。『フィロテオス文書』では各テマのストラテーゴスが、皇帝直属官の上位に並んでいた。しかしすでに一一世紀前半にはドメスティコス・トーン・スコローン(最大の中央軍団スコライ軍団の司令長官)の方が、テマ－アナトリコン(第一のテマ)のストラテーゴスより上位と考えられていたし、一連の免税文書においても、ストラテーゴス職はドメスティコス職のあとに挙げられている[158]。

ストラテーゴスの地位の低下は、テマ軍の消滅のためだけではなかった。一〇世紀にはストラテーゴスの下僚として、テマの裁判を司っていたクリテース(＝プライトール)が、次第に独立し、一一世紀には財政の権限も合わせもつようになったことも[159]、ストラテーゴスの地位の低下の大きな原因である。テマのクリテースはストラテーゴスからはなれ、中央に直結するようになった。コンスタンティノス九世によっておかれた、エピ・トーン・クリセオーン(クリテース局長)とそのセクレトン(部局)は、各地のクリテースを統轄するためのものであったと思われる[160]。ストラテーゴスは軍団を失い、行政権も失って、ついに名目的な存在となった。再び、「将軍」の意の普通名詞として用いられるようになる。

「テマ」という言葉も、「軍管区」という意味を失い、単なる「地方・地域」という意味か、あるいはクリテースの財政・裁判区という意味で用いられるようになっている。[161]

以上によって、一〇世紀の専制国家の基本的な制度であった、官僚制・爵位身分制・テマ制が、その社会・経済的基盤の変化とともに解体していったことがわかった。帝国は混乱の時代に入った。古い支配体制に代わって、時代に合った新しい支配体制が生みだされるまでの「陣痛」の時期であった。半世紀にわたる混乱は、アレクシオス・コムネノス(在位一〇八一－一一一八)によって終止符が打たれ、新しい支配体制が生まれたが、それはかつての専制国家体制とは大きく異なっていた。次に、コムネノス王朝の支配体制の分析に移ろう。

二　コムネノス王朝の支配体制

コムネノス王朝の支配体制については、G・オストロゴルスキーのきわめて明快な見解[162]があり、学界でもかなりの支持を受けている。そこで本項では彼の所説の検討という形で筆者の見解を述べてゆきたい。オストロゴルスキー説の骨子は次のようである。

アレクシオス一世コムネノスは封建領主の代表者であり、コムネノス王朝は封建領主の国家である。新しい支配体制の中核はプロノイアと呼ばれる軍事制度であった。プロノイア制とは、軍事奉仕を代償として、皇帝から個人に土地・農民が与えられる制度である。プロノイア保有者は、かつてのテマ制の「兵士保有地」の保有者(農兵)とは異なって、その土地をパロイコイと呼ばれる隷属農民に耕作させ、地代を収取する封建領主である。プロノイア制は帝国の封建的分解を進めたが、同時にこの時代には、十字軍諸侯とビザンツ皇帝の間に西欧的な主従関係が結ばれ、この主従制という新しい原理が帝国内部にも適用されて、国家形成の原理となったのである。要するにプロノイア制は西欧のレーエン制にあたるものであって、この時代のビザンツの封建化を示すもっとも明確な指標である。

官僚制専制国家からレーエン制封建国家へというオストロゴルスキーの図式は、経済構造の変化をふまえてのものだけに、説得力もあり、学界に大きな影響を与えた。しかし一方では、強い反論も出され、いわゆる「ビザンツ封建制論争」を生みだしたのである。筆者は、オストロゴルスキーの基本的な図式そのものには反対ではないが、いくつかの点で修正が必要であり、また彼が重視しなかった点にも注意を向けていく必要があると考える。以下、それぞれについて述べていこう。

主従制をビザンツ国家の形成原理とすることはできない。皇帝と、西欧からやってきた十字軍諸侯との間に、封建的な契約が結ばれたことは確かである。その最初の例として、アレクシオス一世と南イタリアのノルマン人ボエモンとの間で、一一〇八年に結ばれたデアボリスの協定[163]が挙げられよう。ボエモンは皇帝に対して忠誠を誓い、皇帝はボエモンにアンティオキアの町を与えることを約束した。しかし注目すべきは、ここで行なわれた忠誠の誓いは、君主が全自由人から忠誠を要求するための手段ともなった「優先忠誠誓約 hommage lige」であったこと[164]、さらに注目すべきことは、ギリシア人領主と皇帝との間で封建的な忠誠誓約が交された例は、この時代にはまだないことである。皇帝と臣下との忠誠誓約としては、マヌエル一世(在位一一四三―八〇)即位の際の忠誠の誓いが有名であるが、[165]これは皇帝の意志の絶対性の確認として行なわれたもので、封建的な双務性はそこにはなかった。オストロゴルスキーが考えているような、ビザンツ国家の構成原理としての主従制ということは、少なくともコムネノス王朝時代にはなかったといえよう。

次にプロノイアの問題に移る。オストロゴルスキーはプロノイア制をコムネノス王朝の軍事制度の中核とみなしたが、それには強い批判も出された。オストロゴルスキー説の弱さは、この時代のプロノイアに関する史料が非常に少ないこと、特に信頼すべき文書史料に欠ける点にあった。結局のところ各研究者の見解の相違は、現存する若干の史料(曖昧な内容のものも多い)をどれほど重視するかにかかっているように思われる。[166]

最初にこの時代のプロノイアに関する史料を列挙しておく。

(イ)コンスタンティノス九世がコンスタンティノス・レイクーデースに与えた、マンガナのセクレトン(部局)の「プロノイア」。[167]

(ロ)ミカエル七世(在位一〇七一―七八)の立法。「どのような方法にせよ城を受けとった者は誰でも、その城を一代限り所持すること、下賜はこのように理解されるべきことを定める。」[168]

(ハ)『アレクシオス一世伝』。「〔アレクシオスは〕彼らの財産を没収し、自分と苦難をともにして戦争や危険にあたった勇敢な人々に分け与えた。[169]」

(ニ)『アレクシオス一世伝』。「彼(アレクシオス)は、彼らに陸からと海からのプロノイアを分け与えた。[170]」

(ホ)一一〇四年七月付皇帝文書。テマの長官がラウラ修道院の所領を「あるストラティオーテース(プロノイア保有者は一般にこう呼ばれていた)に与えた。[171]」

(ヘ)ニケタス・コニアテース『歴史』。「しかるにこの皇帝(マヌエル一世)は、溜池に水を貯えるように金を国庫に溜めこみ、軍人たちの渇きを、いわゆるパロイコイ(隷属農民)の贈与でいやした。マヌエルは先帝たちが作り出し、しばしば敵を破った兵士にのみ例外的に行なってきたこの制度を濫用したのであった。[172]」

(ト)一一六二年一一月付役人文書。ラウラ修道院とプロノイア保有者(ストラティオーテース)との間での土地・農民をめぐる争論を裁定したもの。プロノイア保有者側は、一一一九年(?)付の文書をもちだして、その権利を主張した。[173]

以上列挙した史料のうち、(イ)は厳密にはプロノイアではなく、(ニ)も軍事とは関係がないので除外する。[174] (ホ)文書は欠落・不明が多く、オストロゴルスキーも、のちには自説の根拠とするのを保留するようになった。[175] これも除外する。結局検討に値する史料としては、法史料の(ロ)、記述史料の(ハ)(ヘ)、文書史料の(ト)だけとなる。これだけの史料からどのような結論が出せるだろうか。

まずミカエル七世の立法から検討を加えよう。[176] 城《カストロン》が個人に与えられる場合の条件を定めた法であるが、この下賜は厳密にはプロノイアではない。しかし、土地・農民(国税徴収権)の下賜とその代償としての軍事奉仕という、プロノイア制の基本的な特徴はここにも認められる。なぜならば、異民族の侵入、内乱、傭兵軍の掠奪という当時の不穏な情勢にあっては、城を与えられることは大きな意味をもったからである。城自体は収入源ではなかったが(ここに本来のプロノイア制との違いがある)、城を与えられた者(近隣の大領主であっただろう)は、城という拠点=安全地帯をもつことによって、自己の隷属農民に対する支配をより有効に行なうことができたであろう。また城を与えられた者は、その城を維持する義務をもった。彼の義務は、与えた人=皇帝に対する軍事奉仕ではなかったが(ここにも本来のプロノイア制との差がある)、実質的にはその地域の防衛義務を課せられたのであって、本来のプロノイア制にきわめて近いものといえよう。ミカエル七世の新法にはすでにプロノイア制の基本的な特徴がみられるのである。ただ、下賜が「どのような方法にせよ」とあるように、定まった手続・制度はまだなかった。プロノイア制の萌芽というべきものであろう。[177]

続いて二つの記述史料の検討に移る。(ヘ)の記事に、「パロイコイの贈与」をもって軍人に対する俸給の代わりとしたとあるのは、プロノイアという言葉こそ現われないが、明らかにプロノイア制を指すものである。さらに「先帝たちが……しばしば敵を破った兵士にのみ例外的に」恩賞として行なったと述べているのは、アレクシオス帝について述べた(ハ)の記事と対応するように思われる。

先のミカエル七世の立法と合わせるならば、ミカエル七世時代に萌芽がみられたプロノイア制は、アレクシオス一世時代にはまだ例外的であったが、マヌエル一世時代に至って大規模に実施されたという結論を、一応導き出すことができるのではないか。

しかし記述史料は、その性格上からも決定的な根拠とはいえず、文書史料による検証が是非とも必要である。事実、プロノイア下賜の際には文書が何通か作成された。先に引用したニケタスの『歴史』の一節は、パロイコイを与える際には、その旨記した文書が、プロノイア受封者に与えられたことを伝えている[178]。またプロノイア下賜の際に作成される役人文書の書式を定めた一三世紀の一文書から、プロノイア下賜の手続を復元すると、その際には次のような一連の文書が作成されたと思われる[179]。

(a)皇帝から地方長官ドゥークスに宛てた(プロノイア下賜を受ける本人が皇帝から受けとり、ドゥークスに手渡す)プロノイア下賜を命じた行政文書。(b)ドゥークスから現地の実務役人に宛てた文書(口頭の可能性もある)。(c)実務役人が作成する下賜文書《プラクティコン》(与えられる農民の名・家族・財産)。(d)ドゥークスが作成する下賜文書《プラクティコン》(プロノイアの収入総額、プロノイア保有者が国家に対して果すべき義務)。(c)(d)はプロノイアを受けとる者に与えられる。そして(e)プロノイアとして、誰々に与えられたということを記した土地台帳もあったと思われる。ところがプロノイアに直接関係する文書は、この時期には一通も残っていない。一一六二年の文書(ト)も、直接プロノイア保有に関するものではなく、修道院との争論があったために作成され、修道院で保管されてきた文書である。

文書がないということは、プロノイア下賜が例外的なことであったことを示すものであろうか。国家当局に保管された文書（皇帝や地方長官の行政文書《プロスタグマ》・土地台帳）が一切残っていないのは当然としても、プロノイア保有者に与えられた下賜文書《プラクティコン》も伝わっていないのはなぜであろうか。筆者は、プロノイアはこの時代まだ一代限りの保有であって、世襲ではなかったためと考える。文書の効力も一代限りであり、子々孫々に伝える必要はなかったということが、戦乱やその他の条件に加えて、文書が失われた原因であった。事実、プロノイアの世襲が認められたパラエオロゴス王朝時代（一二六一―一四五三）には、プロノイア関係の文書の数も増える[180]。だから文書が現存しないことで、プロノイア制の意義を過小評価したり、その存在を否定することは正しくない。その点では、プロノイア保有者と修道院との争論を伝える(ト)文書や、時代は少し下るが、一一八四年二月付の皇帝文書[181]は貴重な史料といわなければならない。

筆者はコムネノス王朝の軍事体制においてプロノイア制が一定の役割を果したと考えるが、それ以外の要素を無視するものではない。マヌエル一世のプロノイアについてふれたニケタスの『歴史』の一節は、「ローマ人のもとでは……兵士は給料を受けとるというのが一般的であった[182]」という文から始まり、『アレクシオス一世伝』に現われる軍隊も主に傭兵軍だからである。また以下にみるようにプロノイア制とは別に、封建的な軍が存在したことにも注意したい。

以上、オストロゴルスキーのプロノイア制・主従制論については、主従制の存在は認めがたいこと、プロノイア制については、条件付でその説を承認するというのが筆者の結論である。

コムネノス王朝の支配体制・軍制を考えるためには、プロノイアの他に、身分制の検討が必要である。同王朝は、一〇―一一世紀に成長してきた封建領主層を、支配身分に編成することによって、安定した支配体制を樹立することができたからである。その編成の原理は、主従制でなければ、何であったのだろうか。

コムネノス王朝時代の身分制については、記述史料・文書などにみられる断片的な言及の他、比較的まとまった史料としては宗教会議の署名録がある。アレクシオス一世の即位直後の称号改革ですでにその原型はでき上っていたが、その後若干修正され、同帝没時(一一一八年)には爵位体系はほぼ完成された姿を見せている。[183] それによると、

(1)セバストクラトール
(2)カイサル
(3)パンヒュペルセバストス
(4)セバストヒュペルタトス
(5)プロートセバストス
(6)セバストス

表8　1094年の宗教会議出席のセバストス

序列	氏　　　名	官　　職	アレクシオス1世との続柄
1	ミカエル・ドゥーカス	プロートストラトール	妻(エイレーネー)の兄
2	ヨハネス・ドゥーカス	メガス・ドゥークス	同　　上
3	ゲオルギオス・パラエオロゴス	—	妻(エイレーネー)の姉婿
4	ヨハネス・タローニテス	—	甥(姉マリアの子)
5	ミカエル	ロゴテテース	姪の夫
6	コンスタンティノス・マニアケース	—	?
7	マリノス・ネアポリテース	—	—
8	コンスタンティノス・ウーンペトロス	—	—

(7) プロートノーベリシモス
(8) ノーベリシモス
(9) プロートクーロパラテース
(10) クーロパラテース
(11) プロートプロエドロス
……

となっている。

右に列挙した称号の大部分は、『フィロテオス文書』の爵位表(第2章表1)にはみられない、新しい称号である。名称が変化しただけではなく、爵位の原理もまた変化していた。それを確かめるために、一〇九四年の宗教会議の署名リストをとりあげてみよう。[184] 同リストにはセバストスの称号をもつ人物が八名みられるが、その序列は表8のようであった。序列の決め方は、『フィロテオス文書』＝ビザンツ専制国家時代とは明らかに違っている。かつてのように同一爵位内の序列を官職を基準として定めるのではなく、ここでは皇帝アレクシオス一世との関係で定めているようである。

さらに各爵位そのものも、官職との対応ではなく、皇帝との血縁関係・姻戚関係に基づいていることにも注意すべきである。[185] コムネノス家は、アレクシオスの即位の前後に、みずからもその一員であるところの大封建領主家系と広汎な縁組みを行なった。[186] そして即位後の称号改革、新称号の付与は、[187] この姻戚関係を基準として行なわれたのである。ここに「コムネノス一門」という形で、支配階級が身分的に編成された。[188] この身分もまた原則としては閉鎖的なものではなかったが、次第に閉鎖性を増した。皇帝権の絶対性を前提としていたビザンツでは、身分の形成も、西欧のような同格者の水平的なつながりではなく、皇帝との姻戚関係、皇帝を頂点とする爵位体系への所属という形をとったけれども、我々は「コムネノス一門」に事実上の「封建貴族身分」を認めてよいのではないだろうか。コムネノス王朝はこのような封建貴族の連合支配体制＝封建国家であった。

封建貴族の連合国家という性格は、アレクシオス一世時代の軍の構成にもよく現われている。一〇八一年以前には、大封建領主たちは属州の各地に拠り、帝国政府に対して反乱を繰り返していたが、八一年以降、彼らは「コムネノス一門」となり、称号を与えられ、所領を安堵されたり、追加して与えられて、コムネノス家の帝国支配に協力するようになった。かつての反乱軍（大封建領主の私兵）は今や帝国軍に衣替えされた。『アレクシオス一世伝』には、外国人傭兵と並んで、かつての大封建領主が軍隊を率いて、皇帝とともに戦っている姿が描かれている。[189] 皇帝と大貴族の関係が主従制によって結ばれていたとはいいがたいが、このような軍事制度は、プロノイア制同様、まさに封建的な性格をもっていたといえるだろう。

最後に、この時代の官僚制について簡単に述べておこう。「ビザンツ封建制」に否定的な立場からは、アレクシオス一世による官僚制の再建が説かれることがある。しかしすでにみたように、この時代には個人の序列においても、官職は決定的な重要性をもたなくなっていた。また、コムネノス王朝時代に重要な作戦を指揮した軍司令官を列挙してみると、彼らの官位は一定していないことがわかる。[190] その原因は、この時代、軍の指揮権は皇帝がその都度、個人に委ねるものであって、一定の官職にある者が自動的にその任務にあたるのではなかったことにある。序章で引用したアンナ・コムネナの言葉(本書八ページ)は、このような体制をよく伝えている。官位と職務は必ずしも対応関係にはなく、職務の委託に際しては、皇帝との個人的なつながり、親戚関係・信頼関係が考慮されたのである。いわゆる官僚制よりも、皇帝との人格的な関係が重視されたところにも、この国家の封建的な性格が現われているといえよう。

次に行政機構の変化を、財務官職をとりあげてみてゆこう。九―一〇世紀の官職表で上位におかれていた財務官僚のほとんどは、一一世紀には姿をみせなくなったり、権限を失ったりしている。[191] ロゴテテース・トゥー・ストラティオーティクー(軍隊財務長官)はテマ制の衰退とともに姿を消し、ロゴテテース・トゥー・ゲニクー(税務長官)もみえなくなる。財務関係の諸部局の統轄者であったサケラリオス(財務長官)は、一一世紀には財務の権限を失った。

アレクシオス一世は、サケラリオスに代わるものとして、新たに二人の財務長官メガス・ロガリアステース[192]を置いたが、両官職の職務、及び両者の並置は、コムネノス王朝の支配体制の特色をよく現わしていると思われるので、簡単に述べておきたい。メガス・ロガリアステース・トーン・セクレトーンは国庫に関する諸部局を統轄する。もう一人のメガス・ロガリアステース・トーン・エウアゴーン・セクレトーンは、皇帝直属の所領・修道院・諸施設の管理を行なう各部局の監督・統轄をその任務としていた。一一世紀にみられたセクレトン(部局)の個人への下賜は、後者の部局が対象であり、コムネノス朝が行なったプロノイア下賜も、これらの部局の管理下の土地・農民が対象であったと推定できる。つまりメガス・ロガリアステース・トーン・エウアゴーン・セクレトーンは、皇帝の私的な側面、皇帝と個人との個別の関係を管理するための官職であったといえる。一方に皇帝対全臣民という関係を統轄する財務長官、他方に皇帝対個人という関係を統轄する財務長官がいて、ともに同じくメガス・ロガリアステースという名であるということは、コムネノス王朝の支配体制のあり方を象徴しているようである。

以上まとめると、コムネノス王朝の支配体制は次のような特徴をもっていた。同王朝は封建領主階級を、姻戚関係と宮廷称号をもって「コムネノス一門」という事実上の封建貴族身分に編成し、それを国家の支配体制の基盤とした。皇帝は、これらの封建貴族の本領を安堵したり、新たに領地を下賜したりして、彼らをコムネノス家の下につなぎとめておいた。また中小領主に対してはプロノイア下賜を行ない、軍役義務を確保した。皇帝と貴族との間には、西欧のような双務的忠誠関係・主従制は存在せず、官僚制もなお残り、皇帝―全臣民という専制国家体制の形態も残ってはいたが、コムネノス王朝は、基本的には封建国家であった。

三　マヌエル一世コムネノス――ビザンツ帝国の最後の栄光とその挫折

アレクシオス一世(在位一〇八一―一一一八)、ヨハネス二世(在位一一一八―四三)時代、帝国はバルカンでも小アジアでも勢力を回復し、シリアの十字軍国家に対する宗主権も獲得した。続いて即位したマヌエル一世(在位一一四三―八〇)は、祖父・父の二代にわたって培われた国力を背景に、積極的な対外政策を展開した(193)。マヌエルは、六〇〇年前にユスティニアヌス大帝が行なったイタリア再征服を再現し、古代ローマ帝国を復活しようとしたのである。当時のイタリアは複雑な政治情勢下にあった。神聖ローマ帝国はイタリア支配の強化に意を注いでいた。それに対しては、南イタリア・シチリアのシチリア王国が対抗していた。ヴェネツィア、ピサ、ジェノアなどの都市共和国は互いに競いつつ、十字軍運動と平行して、東地中海に雄飛していた。ローマ教皇と神聖ローマ皇帝との関係も微妙であった。カノッサも遠くなかった。アドリア海への進出をめざすハンガリー、さらにはフランスもまた、イタリアに無関心ではなかった。それゆえ、マヌエルのイタリア政策は、複雑な国際的同盟・対立関係を生みだした。その影響は、遠くロシア、イングランドにまでも及んだのである。[194]

一一五五年、マヌエルは念願のイタリア再征服に乗り出した。ビザンツ軍はアドリア海に面するイタリア都市を次々と占領し、アンコーナからタレントに至る地域を支配下におくことに成功した。マヌエルの夢は実現するかにみえた。しかしイタリアをめぐる複雑な国際情勢はそれを許さなかった。反ビザンツ大同盟が結成され、ビザンツ軍はたちまちのうちにイタリアから追い落されてしまった。マヌエルはその後もイタリアを窺っていたが、同じくローマ世界皇帝を標榜し、イタリア問題では一歩も譲らない強力な敵、神聖ローマ皇帝フリードリッヒ一世バルバロッサにはばまれ、その野望を実現することはできなかった。

マヌエルはこの他にも、シリアやセルビアに帝国の勢力を拡大し、ビザンツの威信を高めたが、その雄大な対外政策は、国家の経済力・軍事力の限界を無視したものであったため、結局は帝国を破滅へと導くことになった。[195] 対外遠征・外交のための費用は莫大な額に上り、重税を課せられた農民は、みずから自由を捨て、貴族・修道院のもとへと身を寄せた。軍事力を確保するためにプロノイア制は拡大され、外国人傭兵も大量に導入されたが、それもまた一般民衆への重い負担となった。

経済力・海軍力をもつイタリア商業都市の支援を得るために、諸都市に商業特権を繰り返し与えたことは、帝国の財政収入を減少させた上、商工業にも大きな打撃となった。マヌエル一世のローマ帝国再建の夢のあとには、黒い雲が広がり、帝国をおおい始めていた。

一一七六年九月一七日、マヌエル一世の率いるビザンツ軍は、小アジアのミリオケファロンにおいて、トルコ軍に大敗を喫した。「窪地は死体で埋まり、山間の谷は死体が重なり、血の川が音を立てて流れてゆく[196]」ほどの惨敗であった。マヌエルはからくも敵の手をのがれ、逃げのびた。彼自身、この敗北を約一〇〇年前のマンツィケルトにおけるロマノス四世の敗北(一〇七一)と比べたという[197]。我々もまた両者を比較してみよう。我々の比較は簡単である。ミリオケファロンはマンツィケルトより約一〇〇〇キロ西にある。マンツィケルトは都より離れること約一二〇〇キロ、これに対してミリオケファロンは、都からわずか四〇〇キロ足らずのところにある。一一七六年の大敗はそれだけさし迫った危険を示していた。マンツィケルトの敗北は、ビザンツ専制国家の追悼の鐘であった。しかしその後には、アレクシオス・コムネノスによって新しい支配体制が樹立された。ミリオケファロンの敗北は、そのコムネノス朝封建国家の没落を告げる鐘であり、しかもその後には、帝国の解体・滅亡が待っていた。ミリオケファロン以降、マヌエルはかつてのような陽気さを失い、ふさぎこむことが多かったと伝えられている。四年後の一一八〇年九月二四日、マヌエル一世は死んだ。帝国は再び混乱期に入り、ついに立ち直れないまま一二〇四年の十字軍を迎えるのである。

(1) この時代の歴史については、G. Ostrogorsky, Geschichte, S. 262–289. P. Charanis, 'The Byzantine Empire in the Eleventh Century', A History of the Crusades (ed., K. M. Setton), vol. I, Madison, 1969, pp. 177–219によって概観を得ることができる。S. Runciman (ed.), Proceedings of the 13th International Congress of the Byzantine Studies, Oxford, 1966とTravaux et Mémoires (TM), 6 (1976) は、それぞれ六〇年代・七〇年代の一一世紀研究の代表的な業績である。後者については、拙稿「転換期ビザンツ社会をめぐる二つの共同研究」、五八一六二ページ参照。

(2) 史料としては、Michael Attaleiates, Historia, ed., I. Bekker, Bonn, 1853, pp. 148–163. 研究文献としてはさしあたり、R. J. H. Jenkins, Byzantium, pp. 369–373. C. Cahen, 'La campagne de Manzikert d'après les sources Musulmanes', B. 9 (1934), pp. 628–642を挙げておく。

(3) 米田治泰「一一世紀ビザンツの文治主義——コンスタンティノス九世を中心に——」、前掲書、一五五—一九〇ページ。

(4) I. Schylitzes, Synopsis Historiarum, ed., I. Bekker, Bonn, 1839, II, 668. cf. Attaleiates, 103.

(5) Attaleiates, 135. アルメニアの併合が帝国にとってかえってマイナスであったことについては、S. Vryonis, 'Byzantium: The Social Basis of Decline in the Eleventh Century', Greek, Roman and Byzantine Studies, 2 (1959), pp. 159–175とくにpp. 167–175 P. Charanis, 'Cultural Diversity and the Breakdown of Byzantine Power in Asia Minor', DOP. 29 (1974), pp. 19–20.

(6) Anna Comnena, vol. I, p. 130.

(7) この時代の諸皇帝のプロフィールについては、Michael Psellos, Chronographia, 2 vols., ed., E. Renauld, Paris, 1926–28 (以下Psellusと略す) に詳しい。

(8) P. Grierson, 'The Debasement of the Bezant in the Eleventh Century', BZ. 47 (1954), pp. 379–394. Idem., 'Notes on the Fineness of the Byzantine Solidus', BZ. 54 (1961), pp. 91–97.

(9) 一一世紀ビザンツを再評価しようとしたものとして、J. M. Hussey, 'The Byzantine Empire in the

Eleventh Century: Some Different Interpretation', Transactions of the Royal Historical Society (TRHS), 32(1950), pp. 71–85. M. A. Hendy, 'Byzantium 1081–1204: An Economic Reappraisal', TRHS. 20(1970), pp. 31–52. H. A.-Bibicou, 'Démographie, salaires et prix à Byzance au XIe siècle', Annales, E. S. C., 27–1,(1972), pp. 215–246 を挙げておく。

(10) C. Morrison, 'La dévaluation de la monnaie byzantine au XIe siècle: essai d'interprétation', TM. 6(1976), pp. 3–47.

(11) H. A.- Bibicou, 'Démographie', pp. 227–233 はこの時期、物価はほぼ一定であったという。

(12) M・ブロック『封建社会』2、五ページ、四一ページ以下。

(13) 貴族に関する研究は多くない。主なものとしては、G. Ostrogorsky, 'Aristocracy' や A. П. Каждан, Социальный состав(とくに第二章)がある。拙稿「アンドロニコス一世とビザンツ貴族」『史林』六二ノ四、一九七九年、一三一—一四八ページもみよ。

(14) JGR. I, p. 270. 渡辺、前掲書、四六〇ページ。

(15) 拙稿「一一世紀コンスタンティノープルの『市民闘争』」『人文研究』(大阪市大) 二八ノ九、一九七六年、三九—六九ページ。

(16) Psellus, vol. I, p. 132.

(17) Ibid., vol. II, p. 145.

(18) 本章注(14)をみよ。

(19) Cecaumenus, Strategicon, ed., B. Wassilievsky, V. Jernstedt, Petersburg, 1896(Amsterdam, 1965), pp. 2–3.『ストラテギコン』には独訳がある。H.-G. Beck, Vademecum des byzantinischen Aristokraten, Graz-Wien-Köln, 1964. 作者・執筆年代については、G. Ostrogorskij, Pour l'histoire de la féodalité byzantine, Bruxelles, 1954, p. 25. E. Barker, Social and Political Thought in Byzantium, from Justinian I to the Last Palaeologus, Oxford, 1957, pp. 120–129. P. Lemerle, Prolégomènes à une

édition critique et commenté des《Conseils et Récits》de Kékauménos, Paris, 1960, pp. 19–20. J. Karayannopulos, 'Zur Frage der Autorschaft am Strategikon des Kekaumenus', BZ. 54(1961), S. 257–265. 他にベックの訳注もみよ。

(20) Cecaumenus, Strategicon, p. 36.

(21) Ibid., p. 76.

(22) А. П. Каждан, 'Об Аристократизации византийского общества'. 米田治泰「コムネノス朝ビザンツのセナトール貴族層」、前掲書、一九一―二二六ページ。

(23) JGR. I, p. 265. 渡辺、前掲書、四五四―四五五ページ。

(24) さしあたり、H. G.-Ahrweiler, 'La concession des droits incorporels. Donations conditionnelles', Actes du XIIe congrès international des études byzantines, II, Beograd, 1964, pp. 103–114 を見よ。

(25) テキスト・訳注は、P. Lemerle(ed.), Cinq études sur le XIe siècle byzantin, Paris, 1977, pp. 15–63. 研究論文としては、S. Vryonis, 'The Will of a Provincial Magnate, Eustathius Boilas', DOP. 11 (1957), pp. 263–277. 英訳も付されている。

(26) P. Lemerle(ed.), Cinq études, p. 22.

(27) Ibid.

(28) А. П. Каждан, 'К вопросу об особенностях феодальной собственности в Византии VIII–X вв.', ВВ. 10(1956), стр. 48–65. Idem., Деревня и город в Византии IX–X вв., Москва, 1960, стр. 139 ff. カジュダンの理論については、渡辺、前掲書、二七―二八ページ、松木「共同体と封建制」などをみよ。カジュダン説への批判としては、Г. Г. Литаврин, 'Проблема государственной собственности в Византии X–XI вв.' ВВ. 35(1973), стр. 51–73. カジュダンの反論は、А. П. Каждан, Социальный состав, стр. 227–236.

(29) JGR. I, p. 271, 渡辺、前掲書、四六一ページ。

(30) JGR. I, p. 271. 渡辺、前掲書、四六二ページ。
(31) Cecaumenus, Strategicon, p. 47. また、ニケフォロス三世(在位一〇七八—八一)は、反逆した貴族《アルコン》に対して恩赦を与えたが、その内容が、官位と所領を引き続き所有することを許すというものであったことも、この時代の貴族というものをよく示しているといえよう。Nicephoros Bryennios, Historiarum libri quattuor, éd., P. Gautier, Bruxelles, 1975(以下 Bryennius と略す), p. 283.
(32) 各家系・各官職ごとのプロソポグラフ研究については、さしあたり А. П. Каждан, Социальный состав, стр. 20–23 をみよ。ドゥーカス家については、D. I. Polemis, The Doukai: A Contribution to Byzantine Prosopography, London, 1968 がある。
(33) G. Ostrogorsky, Geschichte, S. 265. Idem., 'Aristocracy', pp. 7–8. S. Vryonis, 'Byzantium', pp. 160–165. P. Charanis, 'The Byzantine Empire', pp. 195–199. Г. Г. Литаврин, 'Восстание в Константинополе в Апреле 1042 г.', ВВ. 33(1972), стр. 33–46, стр. 35–39. cf. А. П. Каждан, Социальный состав, стр. 4–9.
(34) 拙稿「コムネノス朝の成立——一一世紀ビザンツ帝国の政治体制——」『史林』五七ノ二、一九七四年、八三—九一ページを参照のこと。
(35) S. Vryonis, 'Byzantium', p. 163.
(36) この時期、帝国大学が新しい社会層の形成に寄与したことについては、H. G.-Ahrweiler, 'Recherches sur la société byzantine au XIe siècle: Nouvelles hiérarchies et nouvelles solidalités', TM. 6(1976), pp. 99–124 とくに p. 108.
(37) D. I. Polemis, op. cit., pp. 16–26.
(38) 一〇世紀後半に三人の Δούξ が現われる(D. I. Polemis, op. cit., pp. 26–27)が、名字なのか、官職なのかは不明。
(39) Psellus, vol. II, p. 141.

(40) Cedrenus, Compendium Historiarum, Migne, PG. CXXII, col. 311–313.=I. Schylitzes, Synopsis Historiarum, Corpus Fontium Historiae Byzantinae(CFHB), V, Berlin, 1973. p. 482–483. 以下、ケドレノス=スキュリツェスはCFHB版で引用する。

(41) D. I. Polemis, op. cit., pp. 56, 59.

(42) F. Miklosich et J. Müller, Acta et diplomata medii aevi sacra et profana, 6 vols., Wien, 1860–1890(以下MMと略す), vol. VI, pp. 1–15.

(43) 拙稿「コムネノス朝の成立」、九一—九九ページ。

(44) Psellus, vol. II, p. 141.

(45) Bryennius, pp. 145, 167, 179.

(46) Anna Comnena, vol. I, pp. 81 ff.

(47) K. N. Sathas, Μεσαιωνικὴ βιβλιοθήκη, 7 vols., Venice, Paris, 1872–1894, vol. VI, p. 306.

(48)(49) Anna Comnena, vol. I, p. 171.

(50) MM. VI, pp. 4–15.

(51) R. J. H. Jenkins, Byzantium, p. 231.

(52) 米田治泰「文治主義」一五七ページ、拙稿「コムネノス朝の成立」八九ページ。

(53) Actes de Lavra I, n° 14.

(54) Ibid., l. 24.

(55) N. Svoronos, 'Recherches sur le cadastre byzantin et la fiscalité aux XIe et XIIe siècles: le cadastre de Thèbes', Bulletin de Correspondance Hellénique(BCH), 83(1959), pp. 1–145.

(56) 渡辺金一「テーベの土地台帳にあらわれた一一世紀のビザンツ農村」、前掲書、四七七—五四七ページ。

(57) 以上の訳文はテキストの第三七—三九行、七三—七四行、七八行である。N. Svoronos, 'Cadastre de Thèbes', pp. 12, 14.

(58)　Ibid., pp. 141–145.
(59)　G. Ostrogorskij, 'La commune rurale', pp. 158–166. 論争の全容については、渡辺、前掲書、四八二—四八五ページ。
(60)　N. Svoronos, 'Cadastre de Thèbes', pp. 57 ff.
(61)　台帳の改訂問題については、渡辺、前掲書、四九〇—四九二ページをみよ。
(62)　N. Svoronos, 'Cadastre de Thèbes', pp. 3–4.
(63)　F. Dölger, Aus dem Schatzkammern des heiligen Berges, München, 1948, n° 65.
(64)　MM. VI. pp. 4–15. cf. G. Rouillard, La vie rurale dans l'empire byzantin, Paris, 1953, pp. 129–133.
(65)　Actes de Lavra I, n° 39, l. 5–8.
(66)　Ibid., n° 47, l. 1.
(67)　Ibid., n° 50.
(68)　Ibid., n° 39, l. 2–3.
(69)　MM. VI, p. 5.
(70)　N. Svoronos, 'Cadastre de Thèbes', p. 14, l. 69–77.
(71)　土地経営の問題についてはさしあたり、N. Svoronos, 'Sur quelques formes de la vie rurale à Byzance; petite et grande exploitation', Annales, 11(1956), pp. 325–335. Idem., 'Remarques sur les structures économiques de l'empire byzantin au XIe siècle', TM. 6(1976), pp. 49–67 をみよ。
(72)　JGR. I, pp. 615–618. Regesten, 862.
(73)　Ibid., p. 617, l. 4–7.
(74)　А. П. Каждан, Социальный состав, стр. 233 など。
(75)　JGR. I, p. 616, l. 19.

(76) 同様の規定は少し後の一〇六〇年付のクリュソブール(特権文書)にもみられる。Actes de Lavra I, nº 33, l. 33–34.

(77) MM. VI, pp. 7–8.

(78) MM. VI, pp. 94–95.

(79) MM. VI, p. 95, l. 2–4.

(80) Ibid., l. 4–5.

(81) MM. VI, p. 104. この文書の内容は、N. Svoronos, 'Les privilèges de l'église à l'époque des Comnènes: Un récrit inédit de Manuel Ier Comnène', TM. 1(1965), pp. 325–391. G. Ostrogorskij, Paysannerie, pp. 30–31. А. П. Каждан, Социальный состав, стр. 234 などにおいて分析されている。

(82) MM. VI, p. 105. Regesten, 1340.

(83) 一一五七年作成の同修道院長テオクティストスの遺言状(MM. VI, pp. 106–110)、同修道院のマヌエル一世宛請願書(一一五八年=MM. VI, pp. 110–112)、同年のマヌエル一世の回答文書(MM. VI, pp. 112–113, Regesten, 1423)が伝わっている。cf. N. Svoronos, 'Les privilèges', p. 373.

(84) G. Ostrogorskij, Paysannerie, pp. 34 ff.

(85) Ibid., p. 31. А. П. Каждан, Социальный состав, стр. 234.

(86) JGR. I, p. 186. 渡辺、前掲書、三八九ページ。cf. Г. Г. Литаврин, 'Проблема', стр. 55.

(87) А. П. Каждан, Социальный состав, стр. 230–233. この点についてもリタヴリンの批判がある。Г. Г. Литаврин, 'Проблема', стр. 65.

(88) Zonaras, Epitomae Historiarum, ed., M. Büttner-Wobst, Bonn, 1897, III, 767. cf. P. Charanis, 'The Monastic Properties and the State in the Byzantine Empire', DOP. 4(1948), pp. 53–118. p. 70 にゾナラスの一節が英訳されている。

(89) Anna Comnena, vol. II, pp. 23–24.

(90) Actes de Lavra I, n° 60, l. 30–31.

(91) ケファラースの所領に関する研究は少ない。さしあたり、P. Charanis, 'Monastic Properties', pp. 71–72. G. Rouillard, La vie rurale, pp. 115–116, 119–120, 126 などをみよ。

(92) Actes de Lavra I, n° 45.

(93) Ibid., n° 48, l. 23–25.

(94) А. П. Каждан, Социальный состав, стр. 232–233.

(95) Actes de Lavra I, n° 60, l. 68–74. 副署人(証人)の内訳は、聖職者三名、俗人二人。そのあとに皇帝役人の署名がある(l. 75–76)。

(96) 寄進文書にはメソリムナの名はなく、アルコントコーリオンという所領を寄進するとある(l. 27)。文書の残り方から推測して、アルコントコーリオンと呼ばれている世襲領がメソリムナに違いないだろう。

(97) Actes de Lavra I, n° 60, l. 15–20.

(98) この経過について詳しくは、N. Svoronos, 'Épibolè à l'époque des Comnènes', TM. 3(1968), pp. 375–395 をみよ。またラウラの土地拡大の全容については、Actes de Lavra I, pp. 56–77. また同じくアトス山のイヴェロン修道院の土地所有については、J. Lefort, 'Une grande fortune foncière aux Xe–XIIIe s.: Les biens du monastère d'Iviron', Structures féodales et féodalisme dans L'Occident méditerranéen(Xe–XIIIe siècles), Paris, 1980, pp. 727–742 をみよ。

(99) Actes de Lavra I, n° 50, l. 2–8.

(100) 一〇八八―九年に国庫役人はラウラのエピボレー率(税一ノミスマにつき所有が認められる土地の面積モディオイ)を、五三五・五から五九〇に引き上げた。当時の平均エピボレー率はこの地方では二五〇―三〇〇であった(N. Svoronos, 'Épibolè', p. 390)から、ラウラは税制上きわめて優遇されていた。

(101) Actes de Lavra I, n° 50, l. 62–63.

(102) N. Svoronos, 'Épibolè', p. 392 は『徴税要綱』に定められていた原則は、コムネノス朝期にも維持されていたとみている。

(103) Actes de Lavra I, nº 52, l. 16–18 には、国庫役人によるラウラの再調査が述べられ、ibid., nº 58, l. 24–27 にはテサロニカ地方全域の調査(ラウラも含む)が述べられている。

(104) Ibid., nº 58, l. 19–21.

(105) 一一―一二世紀ビザンツのイムニテートについては、渡辺金一「ビザンツ帝国における封建制の問題――一つの試論――」、前掲書、六七―七〇ページをみよ。

(106) たとえば Actes de Lavra I, nº 38, l. 19–28 は先に与えられた免税農民にさらに一〇〇名の農民を追加する旨述べているが、その農民は外部から迎えてはならず、最初に与えられた農民の子孫で補充すべしとしている。

(107) G. Ostrogorskij, Paysannerie, p. 26.

(108) G. Ostrogorskij, 'Pour l'histoire de l'immunité à Byzance', B. 28(1958), pp. 165–254(渡辺金一「ビザンツ・イムニテート制史考」『史学雑誌』七〇ノ一、一九六一年、六八―八九ページ), pp. 236 ff. カジュダンの批判も参照せよ。**А. П. Каждан, *Деревня и город*, стр.** 185 ff. Idem., '**Экскуссия и экскуссаты в Византии X–XII вв.**', **Византиские Очерки**, 1(1961), **стр.** 186–216 とくに **стр.** 202 ff. 彼は領主裁判権は国家から与えられるのではなく、共同体の機能を封建領主が横領することによって生じると考える。

(109) MM. V, p. 4, l. 22–26.

(110) Schatzkammer, nº 35, l. 45–48.

(111) H・ピレンヌ『中世都市』、H・プラーニッツ『中世都市成立論』など。

(112) 大戦後のビザンツ都市研究史については、「封建制論」との関連で整理した、拙稿「ビザンツ『都市・市民』研究の動向と課題――『封建制』論と関連させて――」『史林』五九ノ四、一九七六年、一二二一―一二三八ページをみよ。

(113)　一一世紀の都市研究は、一九六〇年代前半に活発となった。А. П. Каждан, 'Город и деревня в Византии XI–XII вв.', Actes du XIIe congrès international, I, p. 31–42. 渡辺金一訳『ビザンツ帝国の都市と農村——四—一二世紀——』、創文社、一九六八年、六七—九四ページ。P. Tivčev, 'Sur les cités byzantines aux XIe–XIIe siècles', Byzantinobulgarica, 1(1962), pp. 145–182. E. Francès, 'Métiers', Idem., 'La disparition des corporations byzantines', Actes du XIIe congrès international, II, 1964, pp. 93–101. Idem., 'Alexis Comnène et les privilèges octroyés à Venise', BS. 29(1968), pp. 17–23. S. Vryonis, 'ΔΗΜΟΚΡΑΤΙΑ', H.-G. Beck, 'Konstantinopel. Zur Sozialgeschichte einer frühmittelalterlichen Hauptstadt', BZ. 58(1965), S. 11–45. Idem., 'Senat und Volk'. N. Svoronos, 'Société et organisation intérieure dans l'empire byzantin au XIe siècle: les principaux problèmes', Proceedings of the 13th International Congress, pp. 371–389.

(114)　拙稿「一一世紀コンスタンティノープルの『市民闘争』」、同「コンスタンティノープルの市民闘争」、林基監修、階級闘争史研究会編『階級闘争の歴史と理論』2、『前近代における階級闘争』、青木書店、一九八一年、一三五—一五二ページ。

(115)　N. Svoronos, 'Société et organisation', pp. 380–381.

(116)　R. J. H. Jenkins, Byzantium, p. 339.

(117)　ロマノス三世は属州の名門アルギュロス家の人物だが、元の市総督である。ミカエル四世は両替商人等を出したパフラゴーン家の人である。

(118)　I. Schylitzes, CFHB. V, p. 417. Attaleiates, 12(仏訳、H. Grégoire, B. 28(1958), pp. 325–362. p. 331). Psellus, vol. I, p. 96.

(119)　当時のギルドのもっていた国政上の重要性については、Cecaumenus, Strategicon, p. 5 をみよ。

(120)　I. Schylitzes, CFHB. V, p. 418.

(121)　Ibid., p. 418.

(122) その経過については、Attaleiates, pp. 14–16(B. 28(1958), pp. 332–333)をみよ。

(123) Psellus, vol. I, p. 106.

(124) Ibid.

(125) Attaleiates, 16(B. 28(1958), p. 333), Psellus, vol. I, pp. 108–109.

(126) I. Schylitzes, CFHB. V, p. 419.

(127) Psellus, vol. I, p. 117は、統治体制・官位保有者には何の変更もなかったといい、I. Schylitzes, CFHB. V, p. 422は官職販売の中止が全国に伝えられたという。

(128) G. Ostrogorsky, Geschichte, S. 269–270.

(129) 主要な研究文献としては、S. Vryonis, ‘ДНМОКРАТIA’, pp. 303–308及びГ. Г. Литаврин, ‘Восстание в Константинополе в Апреле 1042 г.’, BB. 33(1972), стр. 33–46がある。

(130) I. Schylitzes, CFHB. V, p. 418.

(131) Psellus, vol. I, p. 102.

(132) S. Vryonis, ‘ДНМОКРАТIA’, pp. 305, 308.

(133) Г. Г. Литаврин, ‘Восстание’, стр. 39 ff.

(134) Cecaumenus, Strategicon, p. 40. Zonaras, III, 676. 徴税請負と官職販売は区別しがたいことが多い。

(135) 首都の住民の階層区分については、さしあたり、H.-G. Beck, ‘Konstantinopel’を参照せよ。

(136) Г. Г. Литаврин, ‘Восстание’, стр. 44.

(137) Psellus, vol. I, pp. 56, 61–62.

(138) Zonaras, III, 676.

(139) Psellus, vol. I, p. 132.

(140) H.-G. Beck, ‘Senat und Volk’, S. 61. Idem., ‘Konstantinopel’, S. 45. S. Vryonis, ‘ДНМОКРА-TIA’, p. 310.

(141) G. Ostrogorsky, Geschichte, S. 269–270 など。

(142) 市民の蜂起をギルドとの関連で扱ったのが、S. Vryonis, 'ΔΗΜΟΚΡΑΤΙΑ' であり、市民のデーモクラティアの精神に注目したのが、H.-G. Beck, 'Senat und Volk' である。

(143) この時代の対外情勢についてはさしあたり P. Charanis, 'Eleventh Century', pp. 178–193 をみよ。

(144) コムネノス王朝の成立史とその意義については、拙稿「コムネノス朝の成立」をみよ。

(145) 皇帝専制政治に対する封建領主の抵抗において市民の果した役割の大きさは、一〇四七年のトルニキオスの乱の失敗によく現われている。この時には都の住民は集会をもち、結局皇帝支持に回り、武器をとって反乱軍と戦った。反乱は失敗に終わった。cf. Psellus, vol. II, pp. 14–30.

(146) E. Francès, 'La disparition'.

(147) A・Π・カジュダン「一一―一二世紀の都市と農村」、渡辺訳、七九ページ。

(148) Regesten, 1081, 1255, 1304, 1312, 1332, 1365, 1373, 1400, 1488, 1497, 1498, 1499. 封建領主とイタリア商業都市との結びつきについては、E. Francès, 'Alexis Ier' をみよ。

(149) 帝国内におけるイタリア人居留区については、H. F. Brown, 'The Venetians and the Venetian Quarter in Constantinople to the Close of the Twelfth Century', JHS. 40(1920), pp. 68–88. M. E. Martin, 'The Chrysobull of Alexius I Comnenus to the Venetians and the Early Venetian Quarter in Constantinople', BS. 39(1978), pp. 19–23. P. Schreiner, 'Untersuchungen zu den Niederlassungen westlicher Kaufleute im byzantinischen Reich des 11. und 12. Jahrhundert', BF. 7(1979), S. 175–191.

(150) Anna Comnena, vol. II, pp. 32–40, 187–189, vol. III, pp. 218–223.

(151) I. Schylitzes, II, 645. Zonaras, III, 670–671. cf. G. Ostrogorskij, Féodalité, pp. 20 ff. H. G.-Ahrweiler, 'La concession', pp. 103–114 およびとくに pp. 107–109. Idem., 'Le charisticariat et les autres formes d'attribution des couvents aux Xe–XIe siècles', ZRVI. 10(1967), pp. 1–27 およびとくに p. 10.

(152) H. G.-Ahrweiler, 'La concession', pp. 107–109. N. Oikonomidès, 'L'évolution de l'organisation

administrative de l'empire byzantin au XIe siècle(1025–1118)', TM. 6(1976), p. 140.

(153) Cecaumenus, Strategicon, p. 94.

(154) H. G.-Ahrweiler, 'Recherches sur l'administration de l'empire byzantin au IXe–XIe siècles', BCH. 84(1960), pp. 1–109, pp. 14–15.

(155) Zonaras, III, 647. Attaleiates, 44–45(B. 28(1958), p. 354). 米田治泰「文治主義」、前掲書、一七四—一七五ページ。

(156) P. Lemerle, 'Recherches sur le régime agraire à Byzance: la terre militaire à l'époque des Comnènes', Cahiers Civil. Méd., 2(1959), pp. 265–281, pp. 265–267.

(157) G. Ostrogorsky, Geschichte, S. 274–275. N. Oikonomidès, 'L'organisation administrative', p. 144.

(158) 米田治泰「文治主義」、前掲書、一七六ページ。H. G.-Ahrweiler, 'Administration', p. 51.

(159) Ibid., pp. 67–78.

(160) 米田治泰「文治主義」、前掲書、一六四—一六八ページ。

(161) H. G.-Ahrweiler, 'Administration', pp. 78–88.

(162) G. Ostrogorsky, Geschichte, S. 303–310. Idem., Féodalité, pp. 26–54 などをみよ。拙稿「コムネノス朝の成立」、七〇—七三ページも参照。

(163) Anna Comnena, vol. III, pp. 125 ff. cf. J. Ferluga, 'La ligesse dans l'empire byzantin: Contribution à l'histoire de la féodalité à Byzance', ZRVI. 7(1961), pp. 97–123.

(164) J. Ferluga, 'La ligesse', pp. 98–99. M・ブロック『封建社会』1、一九三—一九六ページも参照せよ。

(165) N. Svoronos, 'Le serment de fidélité à l'empereur byzantin et sa signification constitutionnelle', REB. 9(1951), pp. 106–142, p. 129.

(166) プロノイア制に関する論争については、渡辺金一「ビザンツ帝国における封建制の問題」、前掲書、七〇―七八ページ。同「プロノイア問題の現況――整理と展望――」『オリエント』二〇ノ一、一九七八年、二一三―二二八ページ。米田治泰「ビザンツにおける『条件的土地保有』――一一―二世紀を中心にして――」、前掲書、三三―六六ページ、とくに五四―六四ページをみよ。G. Ostrogorskij, Féodalité. Idem., 'Pronoia unter den Komnenen', ZRVI. 12(1970), S. 41–54. P. Lemerle, 'Le régime agraire'. A. Hohlweg, Beiträge zur Verwaltungsgeschichte des oströmischen Reiches unter den Komnenen, München, 1965, S. 82–93. Idem., 'Zur Frage der Pronoia in Byzanz', BZ. 60(1967), S. 288–308. H. G.-Ahrweiler, Byzance et la mer. La marine de guerre, la politique et les institutions maritimes à Byzance aux VIIe–XVe siècles, Paris, 1966, pp. 214–222. Idem., 'La《pronoia》à Byzance', Structures féodales et féodalisme, pp. 681–689.

(167) 本章注(151)をみよ。

(168) JGR. I, p. 282. Regesten, 1012.

(169) Anna Comnena, vol. II, p. 45.

(170) Ibid., vol. III, p. 216.

(171) Actes de Lavra I, n° 56.

(172) Nicetas Choniates, Historia, 272. CFHB. XI-1, Berlin, 1975, p. 208.

(173) Actes de Lavra I, n° 64.

(174) Attaleiates, 200–201 はミカエル七世の「プロノイア」についてふれているが、これも軍事とは関係がないので除外する。

(175) P. Lemerle, 'Le régime agraire', p. 279. G. Ostrogorsky, 'Pronoia', S. 51.

(176) N. Oikonomidès, 'The Donation of Castles in the Last Quarter of the 11th Century (Dölger Regesten n° 1012)', Polychronion, Festschrift Franz Dölger zum 75. Geburtstag, Heidelberg, 1966, S. 413–417.

(177) G. Ostrogorskij, Féodalité, pp. 23–24.
(178) Nicetas, 273. CFHB. XI–1, p. 209.
(179) N. Oikonomidès, 'Contribution à l'étude de la pronoia au XIIIe siècle. Une formule d'attribution des parèques à un pronoiaire', REB. 22(1964), pp. 158–175.
(180) G. Ostrogorskij, Féodalité, pp. 93 ff.
(181) Actes de Lavra I, n° 66.
(182) Nicetas, 272. CFHB. XI–1, p. 208.
(183) N. Oikonomidès, 'L'organisation administrative', p. 127.
(184) P. Gautier, 'Le synode des Blachernes(fin 1094) : étude prosopographique', REB. 29(1971), pp. 213–284. 米田治泰「コムネノス朝期ビザンツのセナトール貴族層」、前掲書、一九一―二一六ページ。本章表8作成には、右両論文を参考とした。
(185) N. Oikonomidès, 'L'organisation administrative', p. 128. A. Hohlweg, Verwaltungsgeschichte, S. 34–40.
(186) A. Hohlweg, Verwaltungsgeschichte, S. 15–28.
(187) Anna Comnena, vol. I, pp. 113–115.
(188) カジュダンもその貴族研究(А. П. Каждан, Социальный состав)において、「コムネノス一門」を特別のグループとして分析している。
(189) Anna Comnena, vol. I, pp. 159, 161 にみえるデュラツォ防衛戦はその典型的な例であろう。
(190) A. Hohlweg, Verwaltungsgeschichte, S. 93–134 とくに S. 133.
(191) N. Oikonomidès, 'L'organisation administrative', pp. 135–137.
(192) メガス・ロガリアステースについては、R. Guilland, 'Logariaste', JOB. 18(1969), pp. 101–113, pp. 108–113.

(193) この点については、渡辺金一「一二世紀の西ヨーロッパとビザンツ」岩波講座『世界歴史』10、一三〇—一四九ページが詳しい。

(194) G. Ostrogorsky, Geschichte, S. 317.

(195) マヌエル一世時代、とくにその末期の帝国の国内状況については、拙稿「アンドロニコス一世とコンスタンティノープル市民闘争」『人文研究』三〇ノ九、一九七八年、四八—九五ページ。

(196) Nicetas, 235. CFHB. XI-1, pp. 181–182.

(197) G. Ostrogorsky, Geschichte, S. 323.

終章　まとめと展望

残された紙幅もわずかとなったので、最後にこれまでの考察をまとめ、七―一二世紀のビザンツ帝国史の基本的な流れを再確認しておきたい。合わせて、本論ではとりあげることのできなかった、一二世紀末における帝国の解体・滅亡についても簡単に検討することにしよう。

1　専制国家から封建国家へ――まとめ

一　マケドニア王朝とコムネノス王朝

七―一二世紀のビザンツ帝国史は、次の五つの時期に区分することができる。

(1)ビザンツ帝国形成期(―八六七)
(2)マケドニア朝専制国家の時代(八六七―一〇二五)
(3)内乱＝移行期(一〇二五―八一)
(4)コムネノス朝封建国家の時代(一〇八一―一一八〇)
(5)帝国の解体・滅亡の時代(一一八〇―一二〇四)

各時期の特徴をそれぞれ整理しておこう。

(1)ビザンツ帝国形成期

古代地中海世界＝ローマ世界は、奴隷制の解消形態であるコロヌス制の成立、ラテン文化の影響力の低下によって、三世紀の危機(軍人皇帝時代)を迎え、解体へと向い始めた。その内部では三つの文化圏(ラテン、ギリシア、オリエント)間の相違が大きくなった。しかしこの世界は、ローマ帝国の東西分裂(三九五)、西ローマ帝国の滅亡(四七六)にもかかわらず、なお存続し、それに代わる新しい歴史的世界はまだ生まれていなかった。六世紀半ばのユスティニアヌス大帝の地中海世界再統一は、ローマ世界の存続を前提としていたのである。それゆえ、ユスティニアヌス大帝の時代は、古代ローマの最後の栄光であって、初期ビザンツの繁栄期ではないと筆者は考える。

新しい歴史的世界は、七世紀前半から約一〇〇年にわたったイスラム教徒アラブ人の地中海への進出によって生まれた。ローマ世界は解体し、そこに含まれていた三つの文化圏を母体として、西ヨーロッパ世界・ビザンツ世界・イスラム世界という新しい歴史的世界が誕生したのである。本書において考察したビザンツ世界の形成にとっては、アラブ人の侵入の他に、スラヴ人のバルカンへの侵入・定住が大きな役割を果した。彼らは古いコロヌス制の大所領やローマ都市を破壊しただけではなく、新たな共同体制度をもたらし、この地域の社会構造に大きな影響を与えた。定住したスラヴ人は、ギリシア文化・ローマ法・キリスト教を受容し、ビザンツ世界の一員となり、その歴史を進める重要な要素の一つとなった。ローマ世界が解体し、ビザンツ世界が生まれるのと平行して、国家も生まれ変わった。東ローマ帝国は連続したといわれるが、それも、名目的なものにすぎず、実体は完全に変化した。テマ制の研究を通じて、東ローマ帝国はアラブ人の侵入の時代に実質的に「滅亡」し、非常体制であるテマが地方に作られたこと、そしてこれらのテマを基礎として、新しい国家、ビザンツ帝国が生まれたことが明らかとなった。さらにビザンツ世界は、「偶像破壊運動」を経ることによって、東のイスラムとも、西のヨーロッパとも異なる独自の世界＝ギリシア正教の世界として、自己を確立したのである。

(2)マケドニア朝専制国家の時代

こうして誕生したビザンツ帝国は、その後大きく発展した。ビザンツ帝国は、ローマの伝統を墨守しただけの停滞的な世界、ただ次第に衰退してゆく国家ではなかった。九世紀末―一〇世紀初には、専制国家体制が完成され、一一世紀初頭に至るまでのマケドニア王朝の盛期には、当時の世界でも屈指の強国として、東地中海・東南欧に覇を称えたのである。

マケドニア王朝は、すべてが皇帝を中心として動く専制国家であった。地方行政をとってみても、ローマ時代に各都市がもっていた自治特権はなくなり、地方はテマ(軍管区)に分けられて、皇帝直属のテマ長官が行政にあたった。皇帝を頂点とする官僚制統治機構が整い、官僚制と平行して爵位＝身分制度が作られていた。皇帝と結びつくこと、国家の官位を帯びることがすなわち特権階級に属することであった。

専制国家の社会的・経済的基礎は、都市と農村の小生産者にあった。村落共同体を構成していた小土地所有自営農民は、国税納入・軍役負担を行ない、国家のもっとも重要な基礎をなしていた。帝国は、村落共同体を通じて、さらには直接個別に、これら「自由農民」を支配した。また、当時国際商業の中心地であったコンスタンティノープルには、各地の商人が集まり、この町の商工業を統制下においていた帝国政府には、巨額の関税収入がもたらされた。

(3) 内乱=移行期

専制国家の発展は、それ自体のうちに、みずからを解体させる条件も作り出していった。帝国の強大化によってもたらされた平和、生産力の向上、商品経済の発展によって、小農民・小商工業者の階層分解が進み、専制国家の基礎が揺いだ。とくに農村においては、「自由農民」の分解・没落が進行する一方で、没落農民の土地を集積し、彼らを自己の小作人・隷属農民とする領主層が成長してきた。専制国家の官位の保有者(=「有力者」)もこのような動きに加わった。彼らは官位からの収入を土地に投資したり、官位に伴う権限を不当に行使して、大土地所有者になっていった。彼らは一代限りの官位、皇帝の恩恵に依存する不安定な官位に加えて、所領経営という安定した社会経済的基礎をもつに至った。皇帝の禁令(マケドニア朝の土地立法)も結局効果はなく、大土地所有門閥貴族が成長したのである。所領経営を基盤に、今や皇帝に対して対等性の意識すらもつに至った彼らこそが、ビザンツ帝国の次の時代を主導する社会層であった。

バシレイオス二世没(一〇二五年)後、コムネノス王朝の成立(一〇八一年)に至る時期は、自立的な封建領主層＝門閥貴族の擡頭の前に、時代遅れとなった専制国家体制に代わる、新しい支配体制を模索している時代であった。すでに経済的に搾取階級となっていた封建領主層は、国家権力もその掌中に収めつつあったが、まだ古い専制国家の体制・理念を完全に払拭することができず、安定した支配を樹立することができなかった。封建領主たちは互いのうちで激しい権力闘争を繰り返していたのである。この権力闘争には、首都の市民も加わり、内乱は一層激しくなった。国内の混乱によって帝国の防衛力は低下し、南イタリアからシリア・アルメニア、ドナウ川から地中海に至る広い版図を誇った帝国も、異民族の攻撃の前に、脆くも後退を重ねた。ついには都の近くにまでも、外敵の姿が見られるようになった。

(4) コムネノス朝封建国家

内外の危機を前にして新たな支配体制が編成された。内乱に勝利したアレクシオス・コムネノスは、かつてのマケドニア王朝のような専制国家体制と決別し、経済的・社会的な支配階級である封建領主を基礎とする国家、コムネノス朝封建国家を樹立したのである。

コムネノス王朝の支配体制は次のような特徴をもっていた。確かに西欧の封建国家と比べるならば、コムネノス王朝の王権(皇帝権)ははるかに強大であった。官僚制も残っており、それを通じて

表9　マケドニア王朝とコムネノス王朝

	マケドニア王朝	コムネノス王朝
基本的性格	専制国家	封建国家
支配体制	官僚制，テマ制	「封建制」，プロノイア制，官僚制
軍　　制	テマ制(小土地所有兵士)，タグマタ(中央軍＝給料制)	プロノイア制，傭兵軍
支配階級	官僚貴族(官位)	封建貴族(土地所有)，「コムネノス一門」
社　　会	social mobility 大，流動的な開かれた社会	閉鎖的門閥社会
農　　村	「自由農民」の村落	貴族・修道院の所領，隷属農民
土地所有	私有，共同体所有，「国家的土地所有」	「国家的土地所有」の解体
都市・商工業	商工業者への保護・統制	イタリア商業都市への特権付与
対外関係	アラブ人に対する勝利，スラヴ人への布教	十字軍の到来，イタリア商業都市の進出

一般の農民・市民を直接支配することも行なわれていた。しかしそれにもかかわらず、コムネノス王朝の基本的な性格は封建国家であった。コムネノス王朝はビザンツ社会の「封建化」を現実として受け入れ、全国の土地・人民が皇帝のものであるという原則を放棄して、各封建領主によるそれぞれの土地・農民支配を承認した。新しい国家は封建領主たちの国家であった。自分自身最大の封建領主であったコムネノス家は、他の有力な領主と姻戚関係を結び、それに応じて爵位・称号を分与した。ここに「コムネノス一門」という支配身分・封建貴族身分が生まれた。また中小の領主に対しては、プロノイアの下賜という方法をもって、皇帝に対する軍事奉仕義務を確保した。皇

帝とこれらの封建貴族との間には、西欧のような双務的な性格の主従制は存在しなかったけれども、コムネノス王朝をもって、ビザンツ封建国家と規定することは許されるように思う。

(5)帝国の解体・滅亡の時代

コムネノス朝封建国家は、マヌエル一世の時代(一一四三―八〇)を最後として、以後解体に向い、一二〇四年に第四回十字軍のコンスタンティノープル占領によって、ビザンツ帝国は滅亡した(本章第2節)。

右にあげた五つの時期のうち、(2)マケドニア朝専制国家と(4)コムネノス朝封建国家の時代には、帝国は東地中海・東南欧の強国として君臨したが、国家としては対照的な性格をもっていた。我々はそこに、ビザンツ史の二つの画期を認めることができる(表9)。ビザンツ帝国の歴史は単調な停滞あるいは衰亡の歴史ではなく、その中に二つの画期をもつ、形成―発展―衰滅の歴史であった。

二　移行の問題――皇帝理念

ビザンツ帝国の歴史においては、マケドニア朝専制国家とコムネノス朝封建国家が、対照的な二つの画期をなしていることが明らかとなった。それでは専制国家体制から封建国家体制への移行はどのようにして行なわれたのであろうか。移行の基礎過程には、生産関係の変化があり、それに応じて、新しい時代を担う社会層＝封建領主階級の成長があったことはすでにみたとおりである。このような生産関係・階級関係の変化に対応して、国家構造も変化するのであるが、基礎構造の変化を明らかにしただけでは、国家の変化を説明したことにはならないと思われる。国家独自の問題が究明されなくてはならないだろう。本項では国家の問題(ビザンツ帝国の場合には皇帝権に集約される)に焦点をあてて、移行過程を再検討することにする。この再検討は移行過程の総括でもある。伝統的な皇帝専制の体制・理念と、封建領主階級の成長との矛盾は、どのような方法で解決されたのであろうか。マケドニア朝専制国家の中から成長してきた封建領主階級は、どのようにして古い国家体制をみずからのものに作り変えていったのであろうか。一一世紀半ば頃の一つの事件を素材として、この問題を考えてみよう。

一〇五七年、小アジア地方の将軍・領主たちは、皇帝ミカエル六世(在位一〇五六―五七)の文官優遇政策に反対して、イサキオス・コムネノスという人物を対立皇帝に推して、反乱を起こした。[1] 反乱軍は皇帝が差し向けた軍団を撃破して、都へと迫った。そこで皇帝側は交渉で解決しようとして、反乱軍のもとへ使節を派遣した。使節は、反乱者たちに、イサキオスは皇帝を名乗っているが、それは僭称であると述べた上で、具体的な提案を行なった。[2] ミカエル六世はイサキオスを養子として迎え、彼に次の皇帝たる人物が帯びるカイサル(副帝)の称号を与える。イサキオスは父たる皇帝ミカエルに従った上で、正しい手続きを踏んで帝位に就かなければならない。以上の提案に対して、反乱軍内では拒否せよという声が強かった。それによれば、イサキオス・コムネノスはすでに皇帝であり、今となってカイサルになるのはまったくの屈服であるというのであった。[3] ところが反乱の中心人物イサキオスは、仲間の反対にもかかわらず、申し出を受諾する旨、使節に返答した。彼は反乱軍に解散を提案し、みずからは少数の親衛隊とともに都に入ることを決意した。

以上にみた、ミカエル六世の提案とそれに対する反乱軍の対応に、一一世紀ビザンツにおける国家・皇帝理念の縮図がみられると、筆者は考える。ミカエル六世の提案の基礎にあったのは、皇帝は絶対的な存在であり、支配の正統性はそこにのみある、また皇帝のみが次の皇帝を生みだしうるとする考え方である。皇帝による次の皇帝の指名は、現実には皇帝権の世襲、王朝の形成に通じるものであった。マケドニア王朝の時代には、皇帝・皇帝権とはまさにそのようなものと考えられていたのである。[4] 他方、イサキオス・コムネノスは、カイサルとなり、養子となること、つまりこの皇帝絶対権の理念を受け入れることによって、やがて就くべき自己の帝位に正統性を与えようとしたのである。そうすることによって彼は、本質的には自分自身と異なるところのない他の将軍・領主に対して、自己の地位の絶対化をはかろうとしたといえよう。すでに帝位を左右する実力をもっていた彼が、反乱軍内の反対にもかかわらず、皇帝ミカエルの提案を受諾して、反乱行動の中止を決意した理由は、以上のようであったと推定できる。

これに対して、ミカエル六世の養子にならずとも、イサキオスはすでに皇帝であると主張した、反乱軍の将軍・領主たちは、自分たちの中の第一人者を、自分たちの手で皇帝に推挙するという皇帝観をもっていた。このような「選挙王制」的な皇帝理念(5)は、市民の第一人者というローマ元首政にすでにみられ、皇帝絶対権の理念に時に圧倒されたかのようにみえつつも、ビザンツの全時代を通じて存在した。次に「選挙王制」的皇帝理念の一一世紀における歴史的意義を考えてみよう。

専制国家から封建国家への移行は、それを進める主体(=封建領主)の形成だけでは、現実には進行しなかった。国家を作り変える理念・イデオロギーが必要であった。封建領主たちは、「選挙王制」的皇帝理念を、皇帝絶対権の理念に対置することによって、マケドニア朝的皇帝専制国家に代わって、自分たちの階級的利害を代弁する新しい国家を樹立する可能性を手にした。すでに門閥としての地歩を確立していた彼らは、自分たちの上に君臨する専制君主ではなく、自分たちの代表者primus inter paresとしての皇帝を求めていた。一一世紀の内乱期に次々と帝位についた人物のうち、子供のいない者がかなりの割合を占めていることは、単なる偶然ではないと筆者は考える。王朝=皇帝絶対権を排して、皇帝権をできる限り自分たちの意志に沿うものにしようとする、「選挙人」たちの意志をそこに読み取るべきではないだろうか。

このような「選挙王制」的皇帝理念を掲げることによって、封建領主たちは、国家を自分たちのものに作り変えてゆく可能性を手にした。しかしその実現は容易ではなかった。イサキオス・コムネノスの場合にもみられたように、封建領主たち自身、まだマケドニア朝的皇帝絶対権の理念から完全には抜け出してはいなかった。「選挙王制」という形式で即位した皇帝でさえも、即位後には、皇帝専制体制の再建のために、他の有力者を抑圧するということを行なっていたのである。(6)封建領主の反乱は繰り返され、帝位は目まぐるしく交代した。

ようやく一〇八一年に至って、やはり封建領主たちの推挙・支持の下に即位したアレクシオス・コムネノスが、即位後すぐに身分制度の大改革を行ない、領主層の特権を承認して、彼らを国家の支配身分に編成したことによって、移行=国家構造の変換は完了した。コムネノス家という最有力の封建領主の下に、領主階級は結集し、ここにビザンツ封建国家が誕生した。内乱の時代は終わり、一〇〇年にわたる国内平和が訪れる。

マケドニア朝専制国家からコムネノス朝封建国家への移行に際しては、古代から受け継がれた皇帝理念が、新しい時代を主導する封建領主階級によって受容され、推進されることによって、いわば「転轍手」として機能したのである。(7)

補論　立法文書と帝国の変貌

本書において筆者は、マケドニア朝専制国家とコムネノス朝封建国家の時代が、ビザンツ帝国史の二つの画期であることを明らかにしようとした。帝国の歴史は、かつて考えられたような、単調な停滞ないし衰退の歴史ではないのである。ところがビザンツ帝国における「法」についての一般的な見解、すなわち、ローマ法の連続、古代的法体系の継承は、右の結論と矛盾するものを含んでいる。(8)「法」は社会の諸関係を総括するものであり、当該社会の諸関係の変化・発展は、もちろん単純な反映ではないが、その社会のもつ法体系の変化となって現われてくるはずである。(9)このように考えるならば、本書で強調したビザンツ帝国の発展・変貌と、ローマ法の連続とは矛盾するように思われる。「停滞論」の克服を基本的な課題としてきた戦後のビザンツ史研究においても、この問題は充分には論じられていない。筆者もまだ「法」の問題を本格的に取り上げるだけの準備はできていないが、「補論」という形で、一応の見通しだけを示しておくことが必要であると考える。

さて、ビザンツ帝国における「法」の保守性を説く通説は、西ヨーロッパとの比較を暗黙の前提にしているようであるから、まず、西欧中世における「法」について簡単にみておこう。(10)西欧においては、カロリング帝国の解体とともに、法を制定・発布することは行なわれなくなった。王権の弱体化に加えて、古い法典(ローマ法・部族法典)が現実に合わなくなり、忘れさられたこともその原因であった。つまり既存の法典と現実の社会とのギャップが大きくなりすぎ、既存の成文法に対する修正や付加がほとんど無意味となったからである。九世紀半ば以降、西欧では、ローマ法などの成文法が忘れられ、新しい法が文字で記されることもない時代、いわゆる「慣習法」の時代に入る。我々は「慣習法」の支配する世界を、保守的・伝統主義的な世界と考えがちであるが、実際には逆であった。文字によって固定されていない「慣習法」は、きわめて流動的であり、社会関係に応じて柔軟に変化してゆくものであった。マルク・ブロックの有名な言葉を引用するならば、「封建時代の第一期(九―一一世紀)は、過去を真似ようと努力したが、歪んで映る鏡しか手許になかったので、〔過去を〕継続していると信じつつ、非常に急速に非常に根本的に変化していった」[11]のであった。「慣習法」の時代は、一二世紀ルネサンスと総称される文化運動の中で、ローマ法研究が始まるのと平行して、立法が再開され、法典の編纂が行なわれるようになるまで続いた。西ヨーロッパは「慣習法」の時代以後、ローマ法の世界とは別の世界を形成したのである。

これに対してビザンツ帝国では、立法が絶えることはなかった。それは皇帝権力の大きさ、俗人の教養の高さを示すものでもあるが、同時に立法は、既存のローマ法の存在を前提としてのそれに対する修正・付加であった。九世紀末に編纂された『バシリカ法典』も、基本的には『ローマ法大全』の改訂ギリシア語版に他ならなかった。これらのことを先に述べた西欧の場合と比較して、「法」の面からみればビザンツは、ローマの後継者であり、保守的・停滞的な世界であった、といわれてきたのである。

筆者はすでに、歴代の皇帝が発布した「新法」が、ビザンツ社会の変化・発展の反映であることを述べた(マケドニア王朝の土地立法、レオーン六世の都市自治廃止令など)。しかしそれらは個々の例にすぎず、多数の立法・法典の内容を整理し、体系化して、そこにビザンツ社会の変化・発展を読みとるまでには至らなかった。ビザンツ法制史の包括的な研究[12]は後日の課題として、ここでは「法」の内容分析には直接立ち入らず、「法」が如何なる形式で発布されたのかという問題、つまり立法文書の様式の変化から、ビザンツ帝国における「法」のあり方の変化を推定するだけにとどめておく。

ビザンツ帝国においては立法は皇帝の行為であった。[13] 立法の文書は皇帝文書に分類される。皇帝が発給する文書には、その目的(立法・行政・外交・任官・特権承認など)に応じていくつかの様式があった。[14] 逆に、立法という同一の目的のためにも、何種類かの文書様式が並用されている。七―一二世紀には、主として次の五種類の文書様式をもって法が制定された。

(イ)エーディクトン ἤδικτον 様式

ローマの edictum に起源をもつもので、ビザンツ時代にはギリシア語化して、ἤδικτον, ἴδικτον と呼ばれ、νόμος, γενικὸς νόμος, νεαρά などとも呼ばれている。本来の立法文書様式である。この様式の特徴の一つは、詳しくかつ重々しい響きの前文にある。前文は三つの構成部分からなっている。

(1) invocatio(呼びかけ)

(例)「父と子と聖霊の御名において[15]」

(2) intitulatio(発給者=皇帝名)

(例1)「支配者、カイサル、フラヴィオス、レオーン、敬虔なる、恵まれたる、高名なる、勝利したる、凱旋者、永遠に尊厳なるアウグーストス、信心深き皇帝《バシレウス》[16]」

(例2)「マヌエル・コムネノス、キリストの神に信心深き皇帝、緋の産室生まれ、ローマ人の支配者、もっとも敬虔な、永遠に尊厳なるアウグーストス、イサウリア人の、キリキア人の、アルメニア人の……(以下征服称号が列挙される)……」[17]

エーディクトン様式の intitulatio においては、法の発布者である皇帝の名が麗々しく飾られており、その権威が印象づけられるようになっている。とくに、一般には用いられなくなっていたアウグスツスの称号が[18]、エーディクトン様式においてはなお用いられていたことは、皇帝の権威を強調するためのものであったと思われる。

(3) inscriptio(宛所)

(例1)「朕の聖なる官庁のもっとも輝かしきマギストロスであるスティリアノスへ[19]」

(例2)「キリストを愛する朕のすべての臣下に、神に守られたる朕の女王たる町の人々に、さらにまた朕の支配下にある地方の陸および海のすべての住民に[20]」

エーディクトン様式の宛所は原則として全臣民であった。多くの場合には、その法を施行すべき官庁の長官にあてて発布されたが、その場合にももちろん、官僚制機構を通じて、その法は関係者に遍く施行されたのである。

さらにエーディクトン様式は、本文の最初に、立法の精神や根拠、問題についての一般的考察、原則を説き明かした詳しい序文 arenga, προοίμιον をもっているのが特徴である[21]。このことは、エーディクトン様式による立法が、将来おこりうる問題に対する適用も含めた、普遍的な法であることを示しているといえよう。

(ロ)διατύπωσις 様式

ローマ帝政期には、効力をもつ対象・期間を限った立法(leges speciales)もあった。その様式はビザンツにも受け継がれ、ディアテュポーシス διατύπωσις などと呼ばれている。[22] ただその数は少なく、様式もエーディクトン様式に近い。以下の考察ではエーディクトン様式に含めることにする。

(ハ)リュシス λύσις 様式

役人や臣下から出された質問や請願に対する回答文書である。法律問題についての回答もしばしば出され、「法」として適用された。リュシス文書は一〇世紀から現われるが、現存するのは写本のみであるため、前文は伝わっていない。恐らく簡単なものであっただろうと推定できる。

(ニ)クリュソブール様式

特権下賜のための文書であったが、立法にも用いられた。その外観の立派さ、前文の荘重さはエーディクトン様式に匹敵するが、いくつかの点で異なっている。

(1)invocatio

(例)「父と子と聖霊の御名において[23]」

(2)intitulatio

(例)「ニケフォロス・ボタネイアテース、キリストの神に忠実なる皇帝にしてローマ人の支配者」[24]

ここにはアウグスツスの称号や征服称号はみられない。

(3) inscriptio

(例)「朕の敬虔なるこのシギリオンが提示せらるるところのすべての人々に」[25]

名目上の宛所は「すべての人々」となっていたが、実際には個人に下される文書であった。

(ホ)プロスタグマ πρόσταγμα 様式

役人にあてて行政上の指示を下すための文書であるが、「法」の制定にも用いられた。この様式は前文をもたない。前文は†で代用され、直接本文に入る。プロスタグマ様式もまた、個別具体的な問題についての皇帝の意志表示という点で、リュシス、クリュソブール様式と同一の基本的性格をもっている。

さて続いて、七―一二世紀を、(1)六一〇―八六七(ビザンツ帝国形成期)、(2)八六七―一〇二五(マケドニア朝専制国家期)、(3)一〇二五―八一(内乱＝移行期)、(4)一〇八一―一一八〇(コムネノス朝封建国家期)に分け、各時期の皇帝立法を文書様式ごとに数え、割合で示すと表10のようになる。[26] 先に述べた各文書様式の特徴を思い出しつつ、表10をみれば、次のような結論を得ることができるだろう。

(1)第一、二期には、立法は主としてエーディクトン様式で行なわれた。このことは当時の「法」

表10　立法文書の様式の推移

時期＼様式	エーディクトン様式	リュシス様式	クリュソブール様式	プロスタグマ様式
1. 610—867	6 (75%)	0	1(12.5%)	1(12.5%)
2. 867—1025	25※(67.5%)	3 (8.1%)	6(16.2%)	3 (8.1%)
3. 1025—1081	5 (25%)	2 (10%)	9 (45%)	4 (20%)
4. 1081—1180	14(25.9%)	11(20.4%)	14(25.9%)	15(27.8%)

※　ここにはレオーン6世(在位886–912)の一括立法は数えていない．それを数えるとエーディクトン様式の割合は92.0%にも達する．

が、将来おこりうる事態も含めて、普遍的な効力をもつものであったこと、当時の帝国は、全能の皇帝が全臣民(あるいは臣民の一定のグループ)に遍ねく適用される法を制定するという体制にあったことを示している。

エーディクトン様式の優越という点では共通していても、立法の数という点では第一期と第二期の間には大きな差がある。第一期は皇帝立法はきわめて少ない(27)。この時期が文書史料の残存状態の悪い時期であることを考慮に入れて、年代記などに、「某帝が何年にかくかくの内容の法を発布した」としか伝わっていないものも含めて数えてみても(28)、やはり第一期はそれ以降の諸時期に比べて立法数は少ない。西ヨーロッパの「慣習法」の時代ほどではないにしても、第一期は立法の少ない、「慣習法」的な時代とみることもできる。それに対して、法の普遍性、皇帝対全臣民の関係を示すエーディクトン様式によって、多くの立法が行なわれたのが第二期である。この時期にはその他の文書様式(リュシス、クリュソブール、プロスタグマ)も、それぞれ本来の機能を果していた。皇帝立法の数・形式からもこの時期を、皇帝専制国家の時代と認めてよいと筆者は考える。

(2) 第三期に入ると事情は変化する。表10からも明らかなように、第三、四期には、本来の立法文書であるエーディクトン様式以外の文書様式をもって、「法」を制定・発布することが珍しくなくなった。エーディクトン様式から、リュシス、クリュソブール、プロスタグマ様式への変化は、単なる文書様式の変化ではなく、ビザンツ国家、その支配体制そのものの変化の表現であったと考えるべきであろう。

エーディクトン様式によって「法」が制定される社会では、あらかじめ一般的な法が存在し、その効果として、様々の社会関係が法的関係として成立するという体制であるのに対して、個人に与えられ、個別の関係を規定するという性格の文書である、リュシスやクリュソブール、プロスタグマによって立法が行なわれる社会では、問題に応じてその都度出される裁定や特権承認の総体が、「法」を形成していると考えなければならない。このような、各個人の占める権利や義務の総体がすなわち客観的な「法」を形成しているということは、西欧封建社会における「法」の存在形態に他ならないことを我々は知っている。(29) それゆえ、一一世紀以降のビザンツ帝国は、立法の形式からみても、一〇世紀までの専制国家ではなく、「封建的」な国家であったと結論できるのではないだろうか。

最後に、立法文書の様式と社会・国家構造の関係の具体例を挙げて、二つの時期を比較しておこう。

一〇世紀マケドニア王朝の諸皇帝は「自由農民」の土地に関して一連の立法を行なった(第二章第2節三)。これらの立法の多くはエーディクトン様式をとっていた。[30] 文書様式は、全能の皇帝対全臣民という関係、および土地制度についていえば、皇帝はすべての土地の真の所有者であるという、「国家的土地所有」の理念を、法の本文以上に雄弁に語っているのである。

これに対して、コムネノス朝後期に、同じく土地処分に関して出された有名な二つの勅令を比べてみよう。一つはマヌエル一世の立法で、[31]「皇帝より下賜されたる土地は、元老院身分の者あるいは騎士《ストラテイオーテース》にしか譲渡することはできない。違反した場合にはその土地は没収される」という内容であり、もう一つは、アレクシオス二世(在位一一八〇—八三)の立法で、[32] マヌエルのこの法を廃止するというものである。二つの法が一二世紀後半のどのような社会関係を反映し、何を目的としていたのかをめぐっては、様々の見解が出されている。[33] ここではその論争には立ち入らず、文書様式の点だけに注意を向けてみよう。マヌエルの立法はプロスタグマ様式、アレクシオス二世の立法はクリュソブール様式であった。このことは何を意味しているのであろうか。

マケドニア王朝の土地立法が一一世紀には実質的に廃棄されたことによって、帝国のすべての土地に対する国家・皇帝の上級所有権＝「国家的土地所有」は、建て前としても過去のものとなった。一一—一二世紀には多数の特権文書(クリュソブールの他にリュシスやプロスタグマ様式も用いられた）が個人や修道院に与えられ、対国家義務の免除、国家役人の立入禁止が約束されたが、それは「国家的土地所有」の破綻を具体的に示すものであった。しかし、これら個別の特権付与以上に、土地制度の変化を明らかに示しているのは、右にみた土地立法の文書様式である。コムネノス王朝時代には、帝国全体に対して出される土地立法もまた、クリュソブール、プロスタグマ様式で出され、個人への特権付与と文書様式上区別されていないのである。このことはコムネノス王朝の性格をよく示しているものと思われる。帝国内の土地はそれぞれの所有者をもち、皇帝はそれに対して個別に関係を結ぶ。そのような個別の関係の積み重ね、総体がひとつの社会体制を作っている。立法文書様式からみたコムネノス王朝の体制は以上のようなものであった。かつてのマケドニア王朝時代とは異なり、コムネノス王朝時代には、皇帝が全土・全臣民を一律に掌握するということは、理念上でも放棄されたのである。立法文書の様式の変化、そこに見られる「法」のあり方の変化も、帝国の支配体制が、専制国家から封建国家へと移行したという、本書の結論を支持するように思われる。

2　ビザンツ帝国の滅亡——展望

マヌエル一世コムネノスの時代（一一四三―八〇）を最後の繁栄期として、それ以降帝国は急速に衰微し、一二〇四年の第四回十字軍のコンスタンティノープル征服によって滅亡した。帝国の解体・

滅亡は、封建貴族の自立、市民闘争の高揚とその敗北、スラヴ系諸民族の独立という内的要因と、西欧勢力の経済的・軍事的進出という外的要因とが、複雑に絡みあって進行した。本節ではこれらの諸要因について、簡単にまとめ、ビザンツ帝国がどのようにして滅亡したのかを展望して、本書の結びとしたい。

一　貴族の自立

帝国滅亡の原因について、まずビザンツ内部の事情から検討してゆこう。確かに帝国を滅ぼしたのは西欧からやってきた十字軍であったが、帝国滅亡の問題はまず国内の原因から考察しなければならないだろう。外敵の侵入はこれまでにも何度かあったが、帝国はその都度それを撃退できたのに、今回はできなかったということは、十字軍のビザンツ征服も、ビザンツ内部の問題を抜きにしては考えられないということを示している。内部の原因とは、ひとことでいえば、コムネノス朝支配体制の崩壊である。

第三章第4節でみたように、コムネノス王朝は、封建貴族の連合国家・封建国家であった。コムネノス王朝は、封建領主の上層を「コムネノス一門」という形で支配身分に組織し、中下層の領主をプロノイア制度をもってつなぎとめていた。注目すべきことは、このように組織された封建貴族層は、みずからの家柄を誇り、その所領経営にしっかりとした基盤をもった、自立的な社会層であったということである。コムネノス朝末期に至ってこの傾向は一層はっきりしてきた[34]。帝国社会の「封建化」は、マヌエル一世によるプロノイア下賜の大幅な実施や重税によって、「自由農民」が没落し、領主・有力者の隷属民となることによって、加速度的に進行したのである。

マヌエル一世が死に、幼帝アレクシオス二世(在位一一八〇―八三)が即位すると、貴族に対する統制は実質的には行なわれなくなった。「後見人のある者は、蜜蜂のように羽を動かしてしばしば属州へ行き、蜜を吸いまわった。……他の者は不純な収入で豚のように肥え太った[35]」のである。首都及びその周辺、トラキア、マケドニア地方の修道院は、財政上の特権を認められ、国家役人の立入禁止の特権も獲得した[36]。封建貴族たちは、所領拡大・プロノイア獲得の他に、官職を購入することによってもいよいよ権限を拡大し、自立の傾向を強めた。

帝国社会の「封建化」、貴族勢力の強大化・自立傾向による皇帝権力の低下、という一二世紀末の状況を前にして、大胆な改革を行なおうとしたのが、武力で帝位を簒奪したアンドロニコス一世コムネノス(在位一一八三―八五)である[37]。彼は官職販売を中止し、家柄にとらわれずに有能な者を取り立てようとした。官僚制改革によってアンドロニコスは、貴族を統制し、皇帝権を強化しようとしたのである。しかし一二世紀末の貴族は、もはや国家機構・官位に全面的に依存する存在ではなかったから、官僚制の整備だけでは、貴族を統御することはできなかった。たとい官位から離れても、彼らは属州の所領を根拠として自立できたのである。アンドロニコスに反対する貴族たちは、属州都市を拠点として抵抗を続けた。[38] 改革を真に実現しようとすれば、貴族の大土地所有者としての側面にも手をつけることが必要であったが、それは事実上不可能であった。[39] 貴族層を統御して、専制国家を再建しようとしたアンドロニコスの熱意も、結局のところ、貴族個々人に対する人身攻撃・恐怖政治に転落してしまい、帝国の混乱・衰退に拍車をかけることになってしまった。

アンドロニコスに代わって帝位についたイサキオス二世アンゲロス(在位一一八五―九五)は、貴族の利害を率直に代弁した。彼はアンドロニコスの行なった「改革」を廃止し、貴族に対する統制を放棄した。「彼は商人が果物を売るかのように官職を売りに出した[40]」と伝えられ、プロノイアの下賜も大規模に行なっている。貴族の専横はいよいよ激しくなった。

イサキオス二世時代には、自立をめざす貴族の反乱が多数生じた。一例をあげる。一一八八年にテオドロス・マンカファースという者が、小アジア西部のフィラデルフィアの町に拠って、みずから皇帝を名乗り、自分の名を刻んだ銀貨の鋳造も行なった。[41] 翌年イサキオス二世は鎮圧に乗り出したが、フィラデルフィアの城壁を攻略することができず、折から第三回十字軍の到着という大問題も生じて、皇帝はマンカファースと講和を結んだ。[42] マンカファースは皇帝を僭称することはやめるが、フィラデルフィアの支配は続けるというのがその内容であった。マンカファースの乱には、地方貴族の帝国からの分離の傾向がみられる。このような封建領主の自立傾向・分離主義が帝国を解体させ、滅亡させる第一の要因であった。

封建領主層の自立の動きは、外国勢力の進出と結びついていた。マンカファースもイコニウムを都とするトルコ人のスルタンに接近している。封建領主層の自立と外国勢力(とくに西欧勢力)との関係については、この時代のキプロス島の歴史が、興味深い事例を提供している。

アンドロニコス一世の恐怖政治が敷かれていた一一八四年に、コムネノス一族の一人、イサキオス・ドゥーカス・コムネノス(マヌエル一世の兄イサキオスの孫)が、アンドロニコスに反抗してキプロス島へ渡り、その地で独自の支配を行ない始めた(43)。イサキオスはコンスタンティノープルからの独立を宣し、みずから皇帝を名乗り、総主教を任命して皇帝戴冠も行なった。彼は貨幣の鋳造も行ない、真の独立政権を樹立したのである。マンカファースの乱に先立つこと四年、イサキオス・ドゥーカス・コムネノスのキプロス支配は、これまで常にコンスタンティノープルに目を向けていたビザンツ封建領主が、地方で自立し、帝国とは無縁の、独自の支配を行なった最初の例である。帝国の分解はここに決定的な一歩を踏み出した。

アンドロニコス一世はキプロス問題には直接手をつけないまま、翌八五年に失脚した。後継者のイサキオス二世アンゲロスは、八七年の春頃に艦隊をキプロスへ派遣した。しかし遠征は失敗に終わった(44)。シチリア王国の海軍提督のマルガリトゥヌスという人物がイサキオス・コムネノスに協力したため、遠征軍の司令官たちは捕虜となってしまった。キプロス王イサキオスは、恩賞としてマルガリトゥヌスにこれらの捕虜を与えたが、マルガリトゥヌスは捕虜を、自分の主君であるシチリア王に引き渡している。シチリア王国の支持・協力によって、キプロスは独立を維持できたのである。

キプロス島は一一九一年に英王リチャード一世によって征服された。(45)イサキオス・ドゥーカス・コムネノスは捕われの身となって、キプロス独立政権は短命に終わった。リチャードはこの島を、当初テンプル騎士団、のちには前エルサレム王のギュイ・ド・リュジニャンに与えた。(46)こうしてキプロス島は西欧勢力の支配するところとなったのである。一一九五年にはキプロス王アモリー・ド・リュジニャンは、神聖ローマ皇帝ハインリヒ六世に臣従を誓っているが、(47)それはビザンツ側の反撃を恐れてのことであったと思われる。結局ビザンツ帝国は、この島を奪回することができなかった。キプロス島の歴史は、封建貴族の帝国からの自立、それと結びついた形での西欧勢力の進出、そして西欧勢力に対するビザンツ帝国の屈服という点において、一二世紀末のビザンツ帝国の歴史を象徴するものといえよう。

二　市民闘争の敗北

コムネノス王朝の支配体制のもう一つの特徴は、ラテン人(西欧人)、とくにイタリア商人との結びつきであった。ビザンツの封建領主は自己の所領の生産物の販売先として、イタリア商業都市と密接な利害関係をもっていた。イタリア商人への商業特権の付与は、帝国の関税収入を激減させたが、支配階級である封建領主層の利害と深く結びついていたため、コムネノス王朝の歴代の皇帝は、特権の確認・拡大を繰り返したのである。[48] このような親ラテン政策の矛盾は、首都コンスタンティノープルをはじめとする大都市の市民層にしわ寄せされた。特権に恵まれたイタリア商人は、東地中海の国際商業を完全に掌握しただけではなく、ビザンツ国内の商業さえも支配し始めた。[49] 首都には、ヴェネツィア、ジェノア、ピサ人地区がそれぞれ設けられ、ヴェネツィア人は属州の都市にも居住区をもっていた。[50]

マヌエル一世の没(一一八〇年)後、貴族たちの権力闘争が始まると、首都の市民たちもそれに加わり、自分たちの不満を公然と表明し始めた。[51] 市民層の動向、彼らの運動の帰結は、この時期における帝国の運命を左右するものとなった。

一一八一年に、首都の市民は、約一〇〇年の沈黙を破って、時の摂政政府に対して武器をとって戦ったが、[52] それは貴族間の権力争いの一方に加担したにとどまり、市民の主体的な運動ではなかった。第三章第3節でみた一一世紀の「市民闘争」と基本的に同じ性格の運動であったといえよう。

一一八二年春にアンドロニコス・コムネノスの反乱が生じると、それに呼応して、首都の市民は再び蜂起した。[53] ただし、今回は市民たちは自分たち独自の要求をもって、闘争に加わったのである。市民の独自の要求とは、首都にあるラテン人地区の撤去であった。政権奪取のためには首都市民の協力が必要であると悟った、アンドロニコスは、封建貴族の代表者でありながら、市民の要求を受け入れた。市民のラテン人地区への攻撃を、反乱軍部隊が支援し、帝国内からラテン人勢力が追い払われたのち、アンドロニコス政権が成立した。アンドロニコス政権は、不満派貴族と首都市民とのいわば対等な同盟によって成立したといえよう。コンスタンティノープル市民は、初めて主体的に帝国の政治の舞台に登場したのである。

　こうして帝位についたアンドロニコス・コムネノスは、封建貴族の一員でありながら、多くの改革を実施して、貴族層に対する統制を強めた。同帝の政策には矛盾した側面が多く、同時代の人々はもちろん、現代の研究者たちも、アンドロニコスと彼の政治の本質は理解しがたいと述べている[54]。確かに彼の行動には不可解な点もあるが、全体としてみれば次のようにいえるのではないだろうか。アンドロニコス一世は貴族に対する攻撃を行なったが、封建貴族層を打倒するつもりはなかった。彼は皇帝権力のもとに貴族を統御して、集権的な国家体制を樹立しようとしたのであった。彼の念頭にはマケドニア王朝のような専制国家体制があったのではないだろうか。この政策を実施するために彼は、当時ようやく主体的な政治的力量を示し始めた首都の市民層に目をつけた。すなわち市民の支持を背景に貴族に対する統御をはかったのである。しかしそれは結局成功しなかった（本節前項参照）。いったんは彼も、市民の主張する反ラテン人という政策を採ったが、ビザンツ社会にすでに深く根を下していたラテン人の勢力を、完全に排除することはできなかった。アンドロニコスは政策を修正し、ヴェネツィア人に接近をはかった[55]。首都市民は、アンドロニコスに寄せていた期待が幻想であったことに気づき始めた。

アンドロニコス一世の専制・恐怖政治に対して、封建貴族たちはシチリア王国に救援を依頼した。外国軍の侵入に呼応するかのように、都でも市民の暴動が起こり、アンドロニコスは帝位を追われた。[56] 彼のあとを継いだイサキオス二世(在位一一八五―九五)は、親ラテン政策を全面的に復活し、ヴェネツィアへの特権の拡大、[57] イタリアのモンフェラ侯家との政略結婚、[58] ラテン人兵士の大量導入、彼らへのプロノイア下賜を行なった。このようなイサキオス二世の親ラテン政策には、首都の市民の間で不満の声が広がった。わずかなきっかけさえあれば、再び市民闘争が生じる可能性があった。

八七年春、将軍アレクシオス・ブラナスが反乱を起こし、都に迫ってきた。ブラナスは首都の市民を蜂起させようと試みたが、皇帝側も市民の支持確保に手立てを尽した。その結果、一部の市民が反乱軍に呼応しただけで、大規模な蜂起は市内では生じなかった。[59] しかし首都近郊の農民・漁民の多くは、ブラナス側に加わり、皇帝軍と戦った。[60] 市内に不満分子を抱え、陸・海から攻撃を受けた皇帝側にとって、頼みの綱はコンラッド・モンフェラの率いるラテン人部隊であった。ラテン人部隊の強さはすでに定評があったが、今回もそれは証明された。ブラナスは戦場に倒れ、反乱軍も散々となって、さしもの大反乱も終りを告げた。

乱の最中には辛うじてそらされていた市民の不満は、乱の後始末をめぐって爆発した。皇帝は反乱に参加した貴族・官職保有者には大赦を与えたが、首都近郊プロポンティス地方の農・漁民には厳しい報復を加えた。この報復措置は、皇帝軍の主力となったラテン人兵士への恩賞を兼ねていた。皇帝はラテン人に、プロポンティス一帯を自由に掠奪することを許したのである。掠奪は、首都の浮浪民も加わって、徹底的に行なわれ、村々は灰燼と化した。(61)ラテン人のプロポンティス地方掠奪に対して、首都の手工業市民(62)は怒った。彼らは集まり、ラテン人地区への攻撃を始めた。(63)八二年の反ラテン人闘争の成功の思い出が彼らを勇気づけた。しかし今回の攻撃は非常な苦戦となった。ラテン人側が、八二年の事件の教訓から、充分な防衛体制を自分たちの居住区に敷いていたからである。また、八二年の時とは違って、市民を支援する軍隊もいなかった。それでもなお市民は戦いを続行した。しかし所期の成果は挙がらず被害のみ増えた上、皇帝が戦闘行為の中止を強く命じたため、市民は武器を置き、それぞれの仕事場に戻った。

八七年の市民闘争は、封建貴族の反乱の敗北後に、市民独自の闘いとして行なわれた点に第一の特色をもっている。これまでの市民闘争が封建貴族の権力闘争の一方に加担するという形態であったのに比べて、ここには封建貴族層からの市民の相対的自立が明らかである。第二の特色としては、市民はラテン人の掠奪に抗議し、プロポンティスの農・漁民に同情して反乱を起こしたことが挙げられる。市民の反ラテン人闘争が、農・漁民の反封建闘争と結びつく可能性が、そこには示されていた。帝国政府が、首都近郊の農民・漁民をプロノイアとして、ラテン人兵士に下賜していたことが、反ラテン人という形で両者を結びつけさせる条件となっていた。農・漁民がコンラッドの率いるラテン人部隊と戦ったのは、領主・徴税人に対する闘いであったが、首都の市民はそこに自分たちの同盟者を見出したのである。市民層が封建貴族から自立し、またそれと平行して農・漁民の反封建闘争が高まるならば、貴族からさらに大きな妥協を引き出し、皇帝を中心とする集権的な国家が生まれたかもしれない(中世後期の西ヨーロッパ諸国の場合)。しかしそれを実現できるだけの主体的な力量は、イタリア商人の進出の前に経済的に屈服した、ビザンツ帝国の都市市民にはなかった。また農・漁民の反ラテン人意識も、首都の近郊だけの現象で、全国的な広がりをもたなかった。

一一八七年の市民闘争はコンスタンティノープル市民の行なった、最後の大規模な蜂起であった。蜂起はラテン人部隊の軍事力に屈し、以後、市民は政治的発言力を失った。市民闘争の敗北は帝国の運命にとって重大な意味をもった。すでにみたようにビザンツの封建領主層は、ラテン人の東地中海への進出を歓迎する態度すらとっていた。その進出に対して抵抗する動きをみせたのは、首都コンスタンティノープルをはじめとする、都市の市民層だったからである。市民闘争の敗北はラテン人の進出にさらに道を開いた。それだけではない。一二世紀の八〇年代に市民闘争が示した力と可能性は、封建領主層をしてラテン人との結びつきを一層強めさせたのである。封建領主の多くは、ラテン人の支配に甘んじても、自己の特権を保持しようと考えるに至った。一二〇四年にコンスタンティノープルが陥落し、続いて他の帝国諸地域にもラテン人の支配は及んだが、抵抗はほとんどなかったといわれる(64)。各地域の支配者であった封建領主層は、ラテン人の支配をむしろ歓迎したのである。ここにおいても、内因と外因とは絡み合いつつ、帝国の滅亡を準備したのであった。

三 スラヴ諸民族の独立――ビザンツ世界の解体

ビザンツ帝国は、東南欧のスラヴ系諸民族を政治的・経済的・文化的に主導する国家であった。それゆえ、スラヴ諸民族がビザンツの支配を離れ、独立国家を形成してゆくことによって、ビザンツ世界は解体し、ビザンツ帝国もまたその存立の基礎を失うのである。南スラヴ族が独立国家を形成したことはこれまでにもあった。しかしかつてはその場合でも、ビザンツ世界の一員という性格は失われてはいなかった。たとえば、一〇世紀の初めに、バルカンのほぼ全域を支配下におき、第一次ブルガリア王国の最盛期を現出したシメオン王の場合でも、彼がめざしたものは、ビザンツ世界の宗主権を掌握することであって、新しい世界をビザンツ世界とは別に作り出すことではなかった。シメオンはカール大帝にはなれなかったし、なろうと思ってもいなかった。その他の各国歴代の王たちはいずれも、ビザンツ帝国の称号を分与され、この世界の一員たることに満足していたのである(65)。それに対して、一二世紀末の独立国家の形成は、ビザンツ世界そのものからの離脱をも志向していた。これらの独立運動の成功によって、ビザンツ世界は解体する。

スラヴ民族の独立は、マヌエル一世の死の直後にセルビアが帝国に対して反抗したことに始まる。そして一一八六年頃に、ペトロとアセンの兄弟(ブルガリア人と推定されている)が、皇帝イサキオス二世にプロノイアの下賜を要求し、それを拒否されたことに腹を立てて、反乱を行なったことによって重大問題となった。(66) この反乱もきっかけをみれば、プロノイア問題であり、封建領主層の自立をめざす運動と同じ性格をもつものであった。しかし当時のバルカンでは、イサキオス二世の増税に対して人々の間での不満が渦巻いていた。またペトロ、アセンの兄弟は巧みな方法で、ブルガリア人、ワラキア人の民族感情を刺激し、彼らを反乱へと組織した。(67) ブルガリアの反乱は民族独立戦争の様相を帯びた。

イサキオス二世は何度も遠征軍をブルガリアへ送り、みずからも出陣したが、反乱軍はセルビア人の協力を得、またドナウの北にいるクマン人と同盟を結んで抵抗した。皇帝はついに鎮圧を断念し、講和を結んでブルガリアの独立を承認した。トルノヴォに大主教座がおかれ、アセンはブルガリア大主教によって戴冠され、第二次ブルガリア王国が正式に成立した。(68) こうしてすでに事実上の独立を達成していたセルビアとともに、バルカンには南スラヴ族の国家が生まれ、オスマン－トルコに併合されるまで、しばしの民族国家をもった。

両国のその後の歴史において注目すべきは、西欧への急激な傾斜であろう。一一八九年フリードリヒ一世バルバロッサ(神聖ローマ皇帝)が第三回十字軍を率いてバルカン半島を通過した時に、セルビアとブルガリアはバルバロッサに接近し、服従を申し出ている。(69) これはビザンツ側に非常な不安を与え、イサキオス二世は、エジプトのサラディンと同盟を結んだりもした。(70) バルバロッサが十字軍の途中で事故死すると、ビザンツ帝国は反撃に出、セルビア、ブルガリアへ遠征を行なった。(71) セルビアに対しては一応の成功を収め、名目的にせよ、ビザンツ世界内につなぎとめることができたが、ブルガリア遠征は大敗に終わった。ビザンツ世界からの自立をめざす両国は、その後、ローマ教皇庁およびその代理人ともいえるハンガリー王国に急速に接近した。ビザンツ世界外の権威と結ぶことによって、両国はビザンツからの独立を確実なものとしてゆく。一二〇四年コンスタンティノープルの陥落後まもなく、教皇イノセント三世の使節が、ブルガリア王国の都トルノヴォに到着した。使節の手でブルガリア大主教が叙品され、さらにその翌日王カロヤンに改めて王冠が授けられたが、(72) ここに我々は諸民族の独立とビザンツ世界の崩壊をみるのである。

四　第四回十字軍

封建貴族の自立、市民階級の敗北、諸民族の独立によって、ビザンツ帝国は最後の日を迎えることになった。最後に、第四回十字軍のコンスタンティノープル征服について簡単に述べて、本書の結びとしたい。

本来イスラム世界に対して向けられるはずの十字軍が、同じキリスト教徒の住むコンスタンティノープルへと向けられたのは何故かをめぐって、長い論争があったことはよく知られている。(73) 実際、さまざまの利害・理念がそこに働いたことは確かであろう。しかし巨視的に見れば、第四回十字軍は、一一世紀から始まった西欧勢力の東地中海への進出の終着点であり、その頂点であったといえよう。

東地中海へと進出した西欧諸勢力の中で、ビザンツ帝国征服に決定的な役割を果したのは、商業都市ヴェネツィアであった。ヴェネツィアはすでにアレクシオス一世時代以降、ビザンツ帝国における商業特権を基礎に東方貿易で大きな利益を上げていた。しかし時とともに両者の関係は変化した。ヴェネツィアにとって、かつては帝国から特権を与えられることが、商業活動の上で必要な条件であったが、今では帝国の存在はすでに桎梏となっていた。一一七一年のマヌエル一世によるヴェネツィア人逮捕・追放事件にも示されているように[74]、またライバルのジェノアやピサに対するビザンツ帝国の好意・特権付与にも現われているように、むしろ帝国が存在するがゆえに、東方貿易の利益と安全が脅かされるようになっていた。ヴェネツィアは、ビザンツをすでに必要としないまでに成長していた。帝国がなくなれば一層自由に、一層安全に商業交易が行なえるとヴェネツィア人は感じていた。しかもビザンツ帝国の内部にも、同じような考えをもつ封建領主たちがいたのである。

第四回十字軍は最初から逸脱した十字軍であった[75]。エジプトへ渡るはずだったが、費用が足らず、ヴェネツィアの経済力に頼らざるを得なくなった。ヴェネツィアはその代償として、アドリア海の都市ザラの攻撃を要求した。ザラは当時、ハンガリー王の支配下にあった。十字軍は十字架を掲げたザラを攻略したのである。このザラの町に、先のビザンツ皇帝イサキオス二世の息子アレクシオスが現われ、自分たち父子による帝位奪回に協力してくれるならば、十字軍に援助を行なうと申し出た。ヴェネツィアはもちろん、十字軍兵士たちもこの申し出を歓迎し、一二〇三年六月にコンスタンティノープルに迫った。七月、コンスタンティノープルは開城し、アレクシオスは皇帝となった(アレクシオス四世アンゲロス、父イサキオス二世と共治)。しかし、イサキオス、アレクシオス父子は十字軍との約束を実行することができなかった。それだけの金が、帝国にはなかったからである。コンスタンティノープルの市外で約束の履行を待っていた十字軍は、次第に苛立ってきた。

都では、ラテン人の支持の下に位についた皇帝に対しては反感が強かった。翌一二〇四年一月にクーデターが起こり、アレクシオス四世は殺され、アレクシオス五世ムールツフロス(在位一二〇四)が即位した。市外において、ザラでの約束の実行を待っていた十字軍は、この政変によって約束が反古になったことを知った。彼らはもう一度コンスタンティノープルを攻略することを決意した。十字軍とヴェネツィアは、征服後の分け前をあらかじめ決めて、陸と海からこの町を攻めた。ついに一二〇四年四月一三日、コンスタンティノープルは陥落した。征服者たちは三日間市内の掠奪を行なった。

「我が都よ、都よ。あらゆる町の中でもっとも麗しき都。全世界にその名は響き、この世のものとは思われぬ壮麗さ、教会を養い育てたる母、信仰の源、正しき教えの指導者、学芸の保護者、あらゆる美の存在するところよ！」[76]と歴史家ニケタスは帝都コンスタンティノープルの陥落を嘆いた。引き続いて帝国の各都市も次々と開城した。ギリシア人残存勢力は各地に地方政権を作り、やがてそのうちの一つ、ニカイア帝国がコンスタンティノープルを奪回する(一二六一年)が、昔日の面影はもうそこにはなかった。ビザンツ帝国は一二〇四年に滅びたのである。

(1)　Psellus, vol. II, pp. 85–89. 反乱に先立って皇帝への請願が行なわれたが、その参加者については、Schylitzes, CFHB. V, p. 486. なお反乱の全容については、拙稿「コムネノス朝の成立」、八三—九一ページをみよ。

(2)　交渉の経過・内容については、使節団の一員であったプセルロスが詳しく記している。Psellus, vol. II, pp. 91–110. 他に、Schylitzes, CFHB. V, pp. 496–497 も参照せよ。

(3)　イサキオス擁立の立役者の一人、将軍カタカローン・ケカウメノスは、ミカエル六世の提案を受け入れれば、「イサキオスは毒殺されるだろう。そして彼に協力した者はみな、その目をくり抜かれるだろう」といったと伝えられている。Schylitzes, CFHB. V, p. 497.

(4)　N. Svoronos, 'Serment de fidélité', pp. 116–125 は皇帝絶対権の理念についてまとめている。

(5)　「選挙王制」的皇帝理念については、ibid., pp. 124–125. H. -G. Beck, 'Byzantinisches Gefolgschaftswesen', Bayerische Akademie der Wissenschaften Philos.-Hist. Klasse, Sitzungsberichte, 1965, H. 5. S. 32. Idem., Senat und Volk などを参照せよ。

(6)　各皇帝の政策については、G. Ostrogorsky, Geschichte, S. 264–289. E. Stanescu, 'Solutions contemporaines de la crise. Un quart de siècle des réformes et contre-réformes imperiales (1057–81)', Proceedings of the 13th International Congress, pp. 125–129 を参照。各皇帝の政策が、皇帝独裁権の

強化という点で共通していたことについては、拙稿「コムネノス朝の成立」、八七—八九ページ。
(7) 古代から受け継がれた王権＝皇帝権の、「封建国家」における構造的位置づけについては、堀米庸三、石母田正、世良晃志郎氏らによる周知の論争がある。筆者は基本的には世良氏の見解(『封建制社会の法的構造』、創文社、一九七七年、一一五—一二四ページ)を支持したいが、「ローマ的帝権」の観念を、単に国王権威の「絶対的超越性」を基礎づけ、絶対主義国家への歩みと結びつくものとする点には疑問がある。「ローマ的帝権」自体にも、ゲルマン的・キリスト教的契機と同じく、国王の「超越性」に限界を付す側面はあったのであり、「封建国家」と結びつく要素はみられるのである。まさに「ローマ的帝権」の直接的継承者である、ビザンツ帝国にも「封建国家」は成立しえたのである。
(8) ビザンツにおける法については、D. K. E. Zachariä von Lingenthal, Geschichte des griechisch-römischen Rechtes が詳しい。概説としては、CMH. vol. IV, pt. 2, pp. 55–77, 'Byzantine Law' をみよ。
(9) 経済的土台と法の問題については、藤田勇『法と経済の一般理論』日本評論社、一九七四年が理論的検討を行なっている。
(10) 以下の叙述は主として、M・ブロック『封建社会』1、一〇二—一一二ページによる。他に、H・ミッタイス、H・リーベリッヒ、世良晃志郎訳『ドイツ法制史概説』、創文社、一九七六年。
(11) M・ブロック『封建社会』1、一〇七ページ。
(12) D. K. E. Zachariä von Lingenthal, Geschichte des griechisch-römischen Rechtes がなお基本的文献である。
(13) これに対して、西欧中世の法は、「良き古き法」であり、法は制定するものではなく、発見するものであった。世良晃志郎「西洋中世法の性格(一)—(三)」『法学』一六巻、一—三号。
(14) ビザンツ皇帝文書については、F. Dölger, J. Karayannopulos, Byzantinische Urkundenlehre, erster Abschnitt. Die Kaiserurkunden, München, 1968 が入門書として便利である。なおデルガーは皇帝文書に関する多くの論文を発表している(F. Dölger, Byzantinische Diplomatik Ettal, 1956 にまとめられ

た)。しかし、皇帝文書の外観・様式・用語・表現などが、皇帝権は神に由来し、皇帝は全臣民の平和と福祉に責任をもつといった、ビザンツ皇帝理念を如何に巧みに表現しているかを明らかにした彼の研究は、時代的な変遷にはさほど注意を払っておらず、むしろ帝国の保守性・守旧性を説く、伝統的ビザンツ観に立っていると思われる。F. Dölger, 'Die Kaiserurkunden der Byzantiner als Ausdruck ihrer politischen Anschauungen', HZ. 159 (1938/9), S. 229–250 (Idem., Byzanz und die europäische Staatenwelt, Darmstadt, 1964, S. 9–33 に所収)などをみよ。

(15) JGR. I, p. 45. エイレーネー女帝(在位七九七—八〇二)の立法より。

(16) Ibid., p. 56. レオーン六世(在位八八六—九一二)の立法より。

(17) Ibid., p. 410. マヌエル一世(在位一一四三—一一八〇)の立法より。

(18) F. Dölger, 'Das byzantinische Mitkaiser in den Urkunden', Diplomatik, S. 102–129, S. 121. Idem., 'Die Entwicklung der byzantinischen Kaisertitulatur und die Datierung von Kaiserdarstellungen in der byzantinischen Kleinkunst', Diplomatik, S. 130–151, S. 131–132.

(19) JGR. I, p. 56. レオーン六世(在位八八六—九一二)の立法より。

(20) Ibid., p. 410–411. マヌエル一世(在位一一四三—一一八〇)の立法より。

(21) F. Dölger, J. Karayannopulos, Urkundenlehre, S. 76.

(22) Ibid., S. 78–80.

(23) Actes de Lavra I, n° 45. アレクシオス一世(在位一〇八一—一一一八)の特権文書より。

(24) JGR. I, p. 288. ニケフォロス三世(在位一〇七八—一〇八一)の立法より。

(25) Actes de Lavra I, n° 45. アレクシオス一世(在位一〇八一—一一一八)の特権文書より。

(26) 立法文書は大部分が写本として伝わっている。写本では、文書の様式を示す部分(前文、結びなど)は省略されることが多く、元の様式を確定できないものも少なくない。表10はJGR. Iに所収された歴代皇帝の「新法」を様式ごとに数えたものであるが、様式を推定したものも含めており、絶対的な数字ではないことを断っておかなければならない。なお外国君主あてのものは除外した。

(27) JGR. I 所収の立法数を比率で現わすと、約一対七となる。しかもここにはレオーン六世(在位八八六—九一二)の一括立法は含めていない。

(28) この作業にはデルガー編の『ビザンツ皇帝文書目録』Regesten が役に立つ。ただその後の研究の進展によって補訂さるべき点も少なくない。現在改訂作業が進行中である。

(29) 世良晃志郎『封建制社会の法的構造』、二一一—二二一ページ。同「西洋中世法の性格」第九章でも、「中世においては法と権利の間に明確な区別がなかった」という重要な指摘がなされている。

(30) マケドニア王朝の土地立法を、文書様式という点で整理したものとしては、P. Morris, 'The Powerful and the Poor' がある。本書一六四—五ページの表4も参照せよ。

(31) 同一内容で二度出されたらしい。Regesten, 1333＝JGR. I, p. 387, Regesten, 1398＝JGR. I, p. 421.

(32) Regesten, 1553.＝JGR. I, p. 429.

(33) 拙稿「アンドロニコス一世とビザンツ貴族」『史林』六二ノ四、一九七九年、一四二—一四三ページをみよ。

(34) А. П. Каждан, Социальный состав, стр. 264–265 は、一二世紀末になって初めて、国家機構とは関係なしに高位の称号セバストスを帯びる人々が出現することに注目し、地方的な貴族の擡頭、帝国の封建的分裂をそこに読みとっている。

(35) Nicetas, 297, CFHB. XI-1, p. 227.

(36) Regesten, 1550. JGR. I, pp. 427–428.

(37) アンドロニコス一世時代については、G. Ostrogorsky, Geschichte, S. 326–331. М. Я. Сюзюмов, 'Внутренняя политика Андроника Комнина и разгром пригородов Константинополя в 1187 году', ВВ. 12(1957), стр. 58–74. P. Tivčev, 'La règne de l'empereur de Byzance Andronic Ier Comnène (1183–

1185)', BS. 23(1962), pp. 19–40. C. M. Brand, Byzantium Confronts the West 1180–1204, Cambridge, Mass., 1968. O. Jurewicz, Andronikos I Komnenos, Amsterdam, 1970 などがある。なお拙稿「アンドロニコス一世とコンスタンティノープル市民闘争」、同「アンドロニコス一世とビザンツ貴族」も参照のこと。

(38)　小アジア西部のフィラデルフィアの町を根拠としてのヨハネス・バタツェースの乱(Nicetas, 340–343, CFHB. XI–1, pp. 262–264)、ニカイアのテオドロス・カンタクーゼノスとイサキオス・アンゲロスの乱、およびブルサを拠点としてのテオドロス・アンゲロスの乱(Nicetas, 363–375, CFHB. XI–1, pp. 280–290)。

(39)　アンドロニコス一世の土地政策に関しては史料が少なく、断言はできないが、かつてのマケドニア王朝諸皇帝のような、貴族の土地兼併禁止令は出していないこと、貴族の土地処分権に関する勅令(Regesten, 1553)やクレタ島のスコルデュレース家宛の文書(MM. III, pp. 235–237)などから判断すれば、彼が貴族の土地所有権を確認・強化していること、およびラウラ修道院宛特権文書(Actes de Lavra I, n° 66)によれば、同帝はプロノイア下賜も行なっていたこと、以上のことから、アンドロニコスは貴族の大土地所有者としての側面には「改革」を行なわなかったと推定できる。拙稿「アンドロニコス一世とビザンツ貴族」、一四二—一四五ページを参照のこと。

(40)　Nicetas, 584, CFHB. XI–1, p. 444.

(41)　Nicetas, 521–522, CFHB. XI–1, p. 399.

(42)　Nicetas, 522, CFHB. XI–1, pp. 399–400.

(43)　Nicetas, 376–378, CFHB. XI–1, pp. 290–292.

(44)　Nicetas, 483–485, CFHB. XI–1, pp. 369–370. C. M. Brand, Byzantium, p. 172.

(45)　Nicetas, 610–611, CFHB. XI–1, pp. 463–464. C. M. Brand, Byzantium, p. 124.

(46)　G. Ostrogorsky, Geschichte, S. 337.

(47) C. M. Brand, Byzantium, pp. 193–194.

(48) Regesten, 1081, 1255, 1304, 1312, 1332, 1365, 1373, 1400, 1488, 1497, 1498, 1499.

(49) J. Herrin, 'The Collapse of the Byzantine Empire in the Twelfth Century: A Study of a Medieval Economy', University of Birmingham Historical Journal, XII–2(1970), pp. 199–200.

(50) 本書第三章注(149)参照。

(51) 本章注(37)の文献を参照せよ。以下は主要史料のみ(注)として挙げる。

(52) Nicetas, 300–313, CFHB. XI–1, pp. 230–241. Eustathius of Thessalonica, La Espugnazione di Tessalonica, ed., S. Kyriakides, Palermo, 1961(Eustathius と略す), pp. 20–29. 独訳がある。H. Hunger, Die Normannen in Thessalonike, Byzantinische Geschichtsschreiber, III, Graz-Wien-Köln, 1955(1967). Guillelmus Tyrensis Archiepiscopus, Historia rerum in partibus transmarinis gestarum, Recueil des historiens des Croisades: Historiens occidentaux I(以下 Guillelmus と略す), pp. 1069–1070. 英訳がある。E. A. Babcock, A. C. Krey, A History of Deeds Done Beyond the Sea, 2 vols., New York, 1943(1976).

(53) Nicetas, 316–326, CFHB. XI–1, pp. 243–251. Eustathius, pp. 29–35. Guillelmus, 1079–1086.

(54) Nicetas, 462, CFHB. XI–1, p. 353 や Eustathius, 16 はアンドロニコスの二重人格を指摘している。現代の研究者では, A. A. Vasiliev, History, pp. 433–438 や L. Bréhier, Vie et mort de Byzance, Le monde byzantin I, Paris, 1946(1969), pp. 283–284, G. Ostrogorsky, Geschichte, S. 326–331 は, 同帝が「反貴族」「反西欧」的政策を採ったとしている。M. V. Levtchenko, Byzance dès origines à 1453, Paris, 1949, pp. 241–246 は「反貴族」という側面を一層強調して, アンドロニコスを「農民の皇帝」,「民衆に基礎をもつ君主制」と呼んでいる。これに対して, CMH. IV–1, pp. 244–245(J. M. Hussey 担当)は,「反貴族」「ヴェネツィアとの友好」を指摘し, P. Tivčev, 'Andronic Ier Comnène' や O. Jurewicz, op. cit. は「反貴族」を否定している。M. Я. Сюзюмов, 'Внутренняя политика' もアンドロニコ

スを「反貴族」の皇帝とはみなさない。シュジュモフや W. Hecht, Die byzantinische Außenpolitik zur Zeit der letzten Komnenenkaiser(1180–1185), Neustadt, 1967, S. 44–56は、アンドロニコスとヴェネツィアの提携を強調している。国内政策においても対外政策においても、アンドロニコスについての評価、見解はまちまちである。

(55) Regesten, 1556.
(56) Nicetas, 444–458. CFHB. XI–1, pp. 341–351. C. M. Brand, Byzantium, pp. 69–73.
(57) Regesten, 1576, 1577, 1578.
(58) Regesten, 1574. Nicetas, 497–498, CFHB. XI–1, pp. 382–383.
(59) 一部の商人が反乱派に加わっただけであったらしい。Nicetas, 506, CFHB. XI–1, p. 388.
(60) М. Я. Сюзюмов, 'Внутренняя политика' стр. 70はこの乱への漁民の参加を強調している。
(61) Nicetas, 510–511, CFHB. XI–1, pp. 391–392.
(62) М. Я. Сюзюмов, 'Внутренняя политика', стр. 72はニケタスの叙述、用語の検討から、プロポンティス掠奪に加わった首都の下層民、浮浪民と、それに反対した手工業市民とを区別している。
(63) Nicetas, 511–514, CFHB. XI–1, pp. 392–393.
(64) E. Francès, 'Sur la conquête de Constantinople par les Latins', BS. 15(1954), pp. 22–26.
(65) 第一次ブルガリア王国のボリス王(在位八五二—八九)は、キリスト教改宗に際して一時ローマ教皇との結びつきを志向したが、短期間で失敗し、ギリシア正教を受容することになった。
(66) Nicetas, 482–483, CFHB. XI–1, p. 369. C. M. Brand, Byzantium, pp. 88 ff.
(67) Nicetas, 485, CFHB. XI–1, p. 371.
(68) G. Ostrogorsky, Geschichte, S. 335.
(69) Ibid., S. 336.
(70) Regesten, 1591.

(71) C. M. Brand, Byzantium, pp. 92–96. G. Ostrogorsky, Geschichte, S. 337–338.

(72) Ibid., S. 340.

(73) さしあたり、D. E. Queller, The Latin Conquest of Constantinople, London, 1971 をみよ。

(74) J. Danstrup, 'Manuel I's Coup Against Genoa and Venise in the Light of Byzantine Commercial Policy', CM. 10(1948), pp. 195–219.

(75) 第四回十字軍の経過については従軍の記録である、Villehardouin, La conquête de Constantinople, ed., E. Faral, 2vols., Paris, 1938–39(1973). Robert of Clari, The Conquest of Constantinople, transl. by E. H. Mcneal, New York, 1969 を参照せよ。C. M. Brand, Byzantium, pp. 232–269 もみよ。

(76) Nicetas, 763, CFHB, XI–1, p. 576.

参考文献

本書の内容に関連する文献のうち主要なものは、各章末の注に挙げられている。一層深く学びたいと思われる方は、注を参考にしていただきたい。ここでは、専門外の人々がさらに読み進もうとされる場合、あるいはこれから研究を始めようとされる人々の場合の、手引きとなるものを列挙しておこう。

1　邦語文献

一　通史・概説・入門書

鳥山成人『ビザンツと東欧世界』講談社「世界の歴史」19、一九七八年

ロシア史の専門家の手になる東欧史であるが、ビザンツ史の概説としてもすぐれている。東欧史の一環としてビザンツ世界を扱うことによって、その世界史上の位置が明確にされている。好著。

和田廣『ビザンツ帝国』教育社歴史新書、一九八一年

四世紀から一〇世紀までの概説。項目の立て方に工夫がしてあり、文化史にも詳しい。

渡辺金一『中世ローマ帝国』岩波新書、一九八〇年

新書版だが内容はかなり高度である。ビザンツも含む地中海世界史の見直しを提起した意欲作。

羽田明・会田雄次編『世界歴史3、オリエント・地中海世界』人文書院、一九六六年

米田治泰氏担当の部分は、ビザンツ史の要領のよい概説となっている。

二　専門書・論文集

渡辺金一『ビザンツ社会経済史研究』岩波書店、一九六八年
一九五五—六五年に発表された論文を収める。所収論文はいずれも学問的に高度な内容である。ビザンツ史研究を志す人には、各論文を熟読することが必要となる。巻末に研究入門がつけられている。

米田治泰『ビザンツ帝国』角川書店、一九七七年
「ビザンツ封建制」に関する論文を中心に一一の論文が収められている。故米田氏のこれらの研究から、筆者(井上)は、ビザンツ史に関する基本的な視点を与えられたことを、述べておかなければならない。

杉村貞臣『ヘラクレイオス王朝時代の研究』山川出版社、一九八一年
七世紀ビザンツの包括的研究。本書によって、ビザンツ世界の成立期である七世紀の諸問題が、初めて全面的に解明された。

ピグレフスカヤ他著、渡辺金一訳『ビザンツ帝国の都市と農村——四—一二世紀——』創文社歴史学叢書、一九六八年
ソビエト連邦の四人の研究者による、社会経済史に関する共同研究報告。

他に岩波講座『世界歴史』の七、一〇、一一巻所収の関係論文も必読文献であり、『史学雑誌』をはじめとする学術雑誌にも、研究論文が掲載される。我国における研究史をまとめたものとしては、新しくは、赤沢計真「最近のビザンツ史研究の動向」『歴史評論』三四三号、一九七八年、五六—六六ページがある。

三　教会史・文化史

本書ではほとんど扱えなかったテーマであるが、入門的なものを挙げておこう。

森安達也『キリスト教史』Ⅲ『東方正教会』世界宗教史叢書、山川出版社、一九七八年

ギリシア正教の歴史に関する最良の入門書。学問的にも高度な内容がわかりやすく説明されている。

高橋保行『ギリシア正教』講談社学術文庫、一九八〇年

教会の立場からギリシア正教の教義・歴史・儀礼などが詳しく説明されている。文化史については、

H・G・ベック、渡辺金一編訳『ビザンツ世界の思考構造――文学創造の根底にあるもの――』岩波書店、一九七八年

P・ルメルル、辻佐保子訳『ビザンチン美術』美術出版社、一九六四年

のみを挙げておく。他に、

P・ジェラード、渡辺金一監訳『ビザンティン』タイム・ライフ、一九六七年

も文化史に詳しい。

2 外国語文献

毎年毎年、おびただしい数の書物、論文が各国の研究者によって発表されている。その全容について知ろうと思えば、Byzantinische Zeitschrift誌の文献案内欄が便利である。以下やはり一般的な文献のみを紹介しておこう。

一 通史・概説・入門書

G. Ostrogorsky, Geschichte des byzantinischen Staates, 3. Aufl., München, 1963.

通史としてはもっともすぐれている。ビザンツ史を志す者がまず第一に読むべき文献といえよう。史料紹介も各章ごとに付されている。英訳、仏訳をはじめ各国語訳が出版されている。

A. A. Vasiliev, History of the Byzantine Empire, Madison, 1952.

少し古くなったが、現在でもなお読みつがれている通史。

Cambridge Medieval History, vol. IV, pt. 1–2, 1966.

ケムブリッジ中世史シリーズのビザンツの巻、多数の研究者が執筆している。通史とテーマ別概説とからなり、文献目録が詳しいのも特徴である。

R. Jenkins, Byzantium: The Imperial Centuries, A.D. 610–1071, London, 1966.

やや一般的で、読み物としても面白い。その他にも、

L. Bréhier, Le monde byzantin, 3 vols., Paris, 1947 (1970).

История Византии, 3 vols., ed., С. Д. Сказкин, Москва, 1967.

H.-G. Beck, Das byzantinische Jahrtausend, München, 1978.

などが概説書としてすぐれている。研究入門としては、

G. Moravcsik, Einführung in die Byzantinologie, Darmstadt, 1976.

が手軽で便利である。もちろん、

Handbuch der Altertumwissenschaft, München.

の第一二巻ビザンツ学の各巻(上記オストロゴルスキーの通史もその一冊)も是非必要であろう。最新の通史・入門書としては、

P. Whitting, Byzantium: An Introduction, 2nd. ed., Oxford, 1981.

も読みやすい入門書である。

二　論文・史料・その他

各国の歴史学雑誌、ビザンツ学雑誌に掲載される専門論文については、上記のBZ誌の文献目録を参照すれば、ほぼもれなく知ることができる。またロンドンのVariorum Reprint社から、ビザンツ史研究者の個人論文集が次々と刊行されている。各研究者の主要論文が一冊にまとめられていて大変便利である。

ビザンツ史の史料の全容については、上記Moravcsik, Einführungや各概説書の史料案内、Cambridge Medieval History, vol. IVの巻末文献目録で知ることができる。他に、

R. C. van Caenegem, Guide to the Sources of Medieval History, Amsterdam, 1977.

のビザンツ関連項目も、史料の存在などについて要領よくまとめている。

ギリシア語史料を読むにあたっては、古典ギリシア語辞書の他に、

E. A. Sophocles, Greek Lexicon of Roman and Byzantine Periods, Cambridge, Mass., 1914 (Hildesheim-New York, 1975).

が必要となる。

主要な史料は各国語に翻訳されて、利用しやすくなっている。本文でも若干紹介したが、叢書類を挙げておこう。

Collection Byzantine, Association Guillaume Budé, Paris, 1926–.

Byzantinische Geschichtsschreiber, Graz-Wien-Köln, 1954–.

他に、Penguin Classics や Loeb Classical Library にもビザンツ著作家の翻訳がある。

手軽な史料集としては、

E. Barker, Social and Political Thought in Byzantium, from Justinian I to the Last Palaeologus, Oxford, 1957. Icon and Minaret: Sources of Byzantine and Islamic Civilization, ed., C. M. Brand, Englewood Cliffs. N. J., 1969.

があり、皇帝文書の目録として、

F. Dölger, Regesten der Kaiserurkunden des oströmischen Reiches, München-Berlin, 1924–65.

がある。現在改訂作業が進行中である。

本書では詳しく扱えなかった一二世紀末のビザンツについての基本文献は、

C. M. Brand, Byzantium Confronts the West, 1180–1204, Cambridge, Mass., 1968.

であり、初期ビザンツ＝末期ローマについては、

A. H. M. Jones, The Later Roman Empire, 284–602: A Social Economic and Administrative Survey, 3 vols., Oxford, 1964.

F. Tinnefeld, Die frühbyzantinische Gesellschaft; Struktur, Gegensätze, Spannungen, München, 1977.

が詳しく、再建以降のビザンツについては、D. M. Nicol の一連の研究があるが、さしあたり

D. M. Nicol, The Last Centuries of Byzantium 1261–1453, London, 1972.

を挙げておく。

■岩波オンデマンドブックス■

世界歴史叢書
ビザンツ帝国

1982年3月30日　第1刷発行
2019年5月10日　オンデマンド版発行

著　者　井上浩一《いのうえこういち》

発行者　岡本　厚

発行所　株式会社　岩波書店
〒101-8002　東京都千代田区一ツ橋2-5-5
電話案内　03-5210-4000
https://www.iwanami.co.jp/

印刷／製本・法令印刷

ISBN 978-4-00-730881-9　　Printed in Japan

索　　引

ア 行

アヴァール(人・族)　21–2, 24–7, 43–6, 48–50, 52, 54, 58, 77, 119, 178, 180, 196–8, 200
「青」(cf. デーモイ)　22, 130, 191–2
アガレーノイ(cf. イスラム教徒)　64, 66, 71, 75
アグリディオン ἀγρίδιον　155–7, 160, 216
アスパルフ　50–2
アテネ　4, 29, 55, 89, 186–7, 253
アナトリコン(テマ)　63–4, 74–5, 79, 92, 117–8, 128, 130, 133, 212, 227, 304
アポカペース家　239–40
アラブ人　11–2, 19, 27–30, 35–6, 39–40, 47, 51, 63, 67, 69, 71–3, 75–8, 82–3, 97, 113–4, 117, 120, 143, 178, 180, 182, 184, 193, 219, 338–9, 342
アルコン ἄρχων　113, 168, 172, 199, 204, 280, 323
アルプ・アルスラン　226–8
アルメニア　21, 26–7, 73–5, 116, 226, 228, 320, 341
――人　65, 188, 351
アルメニアコン(テマ)　63–6, 68, 73–5, 79, 90–2, 109, 128, 133
アレクサンドリア　18, 23, 27, 90, 181
アレクシオス1世　1, 8, 135, 140, 229, 232, 247–9, 262–5, 267, 269, 271–5, 297, 299–300, 302, 305–10, 312–7, 319, 341, 371, 375
『アレクシオス1世伝』→アンナ・コムネナ
アレクシオス2世　356, 359
アンカラ　180–3, 187, 190, 193–4, 220
アンティオキア　18, 23, 90, 121, 306
アンテュパトス ἀνθύπατος　125–6, 133–4
アンドロニコス1世　359–61, 363–5, 376–9
アンドロニコス・ドゥーカス　228, 246, 248–9, 255, 258
アンナ・コムネナ　1–2, 8, 315, 326
――『アレクシオス1世伝』　2–3, 8, 13–4, 307–8, 311, 314, 320, 324, 326, 331–4

イサキオス
――1世　245–6, 294–5, 344–6, 373
――2世　360–1, 365, 368–9, 372, 377
イサキオス・ドゥーカス・コムネノス　361–2
イスラム教徒　11, 27, 32, 35, 39, 63–4, 92–3, 97, 116, 189, 197, 338
イスラム世界　11, 17, 19, 33, 36–7, 226, 338–9, 370
イタリア　17, 19–20, 25, 27, 32–4, 37, 42, 57–8, 85–6, 94–5, 110, 119, 230, 297, 306, 317–8, 341, 365
――商人　362–3, 367
イタリア(商業)都市　209, 290, 299, 318–9, 331, 342, 362
イムニテート　277, 279, 282, 328
イリリア(地方)　45, 49, 94
――人　27, 41, 57, 95
インディクティオ indictio　47, 111, 122, 140–1, 261, 271–2

ヴェネツィア　198, 290, 299, 317, 363-5, 371-2, 378-9
ウティグール(族)　42, 48

エイレーネー　4-7, 89-92, 188, 200, 375
エウスタティオス・ボイラス　238-40, 258
『——の遺言状』　238-9
『エクテシス』　28-9
『エクロゲー』　70, 81, 108, 118, 136, 210
エーゲ海　25, 110, 181, 184
——(テマ)　118, 129
エジプト　19, 23-5, 27, 34-5, 39, 62-3, 80, 96, 113, 181, 369, 371
エーディクトン ἤδικτον(様式)　141, 165, 350-6
『エパナゴーゲー』　137, 213
エピボレー ἐπιβολή 率　276, 327
エフェソス　88, 180-4, 187, 189, 200, 220
エポプテース ἐπόπτης　154, 156-7, 168
エルサレム　24, 26, 116, 121, 362

オストロゴルスキー, G.　14-5, 62-3, 65-73, 75-7, 79-80, 96-8, 102-4, 106-9, 210, 213-20, 223, 253-4, 279, 305-8, 312, 320-1, 323, 325-6, 328, 330-5, 373, 376-80, 383-4
(オスマン・)トルコ　11, 13, 59, 369
オプシキオン(テマ)　63, 79, 88, 104, 128, 193
オリエント(地方・属州)　12, 19, 23-4, 26-7, 29-30, 34-5, 39, 77, 93, 118, 133
——文化圏　19, 28, 30, 33-4, 338

カ 行

カイサル καῖσαρ　51, 125, 132, 246-7, 312, 344-5, 350
カジュダン, A. П.　14, 151, 153, 218, 220, 224, 240-1, 321-3, 325-9, 331, 334, 376
カストロン κάστρον　183-4, 197, 309
カラビジアノン(テマ)　63, 118
カラヤンノプーロス, J.　67, 70, 73, 104-7, 213-5, 222, 322, 374-5
カルケドン信条(cf. 両性説)　24, 87
カルタゴ　18, 20, 25, 32, 69-70, 72, 80
——総督府　23, 96
官職販売　234, 288-90, 292, 294-5, 301, 330, 359

キビュライオートン(テマ)　118, 129
キプロス島　88, 361-2
教皇→ローマ教皇
ギリシア　19, 25, 31, 39, 45-7, 53-8, 80, 86, 89, 92-3, 100, 180, 186, 189-90, 196, 200, 282
——語　1, 4, 12, 39, 41, 47, 61, 71, 136-8, 145, 349-50, 385
——人　9-10, 12, 27, 40-1, 44, 47, 49-50, 54, 57, 59, 73, 84, 95, 119, 188, 307, 373
——正教　84-6, 93, 120, 339, 379, 383
——文化　2, 9, 12-3, 40, 57, 59, 93, 153, 338
——文化圏　19, 30, 33-6, 40, 57, 94, 96, 178, 180, 338
キリスト教　9-13, 19, 23, 25, 35, 47, 53, 57, 59, 92-3, 114, 118-21, 169, 338, 374, 379
——世界　2, 24, 26, 35, 84
ギルド・組合　178, 190-1, 201-9, 223-4, 286, 290-1, 293-6, 298-9, 329, 331

クーヴェル　49–52
「偶像崇拝」(cf. 聖像崇拝)　5, 92
「偶像破壊」(cf. 聖像破壊)　4–5, 32, 37, 84–6, 339
クーヴラトス　48–52, 101
クトリグール(族)　42, 48
クラスマ κλάσμα　157–61, 168, 171, 175, 217, 219, 252–3, 268, 270, 273–4
クリテース κριτής　127, 304–5
クリュソブール(様式)　219, 256, 269–73, 275, 280, 326, 352–7
クリュソブーロス・ロゴス χρυσόβουλλος λόγος　139–41, 272
クリュソブーロン χρυσόβουλλον　165
——・シギリオン χρυσόβουλλον σιγίλιον　263
クレタ島　121, 377
クレタ(テマ)　118
クレートロロギオン κλητορολόγιον(cf.『フィロテオス文書』)　122–3, 132
クロアティア人　46
クーロパラテース κουροπαλάτης　123, 125, 132, 313

ゲオールゴイ γεωργοί　145–8, 154–5, 160, 214
ケカウメノス　235, 242, 302
——『ストラテギコン』　235, 294, 321–3, 330, 332
——『皇帝に対する助言』　301
ケファラース家　269–70, 273–4, 327
ケルソン　29, 32, 129(テマ), 190, 194–6, 198
元老院　124–5, 128, 167, 234, 243, 245, 286–7, 292–3, 295, 301, 356

公会議(第6回)　31, 53–4, 56, 179
——(第7回)　85, 90, 186
後期ローマ帝国(cf. 東ローマ帝国)　33, 60–1, 73, 95, 124, 126–7, 134, 143, 198, 201
古代地中海世界(cf. ローマ世界)　11–2, 17, 19–20, 33, 38–9, 59, 143, 338
古代都市(cf. ローマ都市)　178, 184, 189, 191–3
「国家的土地所有」　240–1, 260, 266, 273, 342, 356
「コムネノス一門」　247, 314, 317, 342
コムネノス王朝　209, 225, 232, 243, 249, 262, 277, 283, 292, 297–300, 305, 307, 311–2, 314–7, 327, 331, 337, 341–3, 356–9, 362–3
——朝封建国家　297, 300, 319, 337, 341, 343, 347, 353
——家　247, 314, 317, 342
コーリオン χωρίον(cf. 村落共同体)　148, 154–5, 157, 160, 176, 250–1, 253
コレギア collegia　201, 204, 223
コロヌス colonus　145–6, 173–4
——制　12, 15, 19, 143, 153, 338
コンスタンス2世　28–30, 32, 35, 58, 67, 76, 98, 183
コンスタンティヌス1世(大帝)　10–1, 20, 195
コンスタンティノス4世　28, 30–1, 36, 51, 67, 76, 98
コンスタンティノス5世　6, 85, 87, 89, 92, 94, 110, 118–9, 188, 200
コンスタンティノス6世　4–6, 8, 89–91
コンスタンティノス7世　63, 68–9, 71, 74–5, 82, 219
——『帝国統治論』　40, 99–101, 106, 196–7, 222–3
——『テマについて』　63, 65, 67–8, 71, 74–6, 103–4
コンスタンティノス8世　285, 291
コンスタンティノス9世　234, 238, 240, 259, 280, 292, 295, 301, 303–4,

307
コンスタンティノス10世　226, 228, 234, 245-7, 292, 295
コンスタンティノープル　4-5, 10-13, 17-18, 20, 22-26, 29, 31-2, 34-6, 39-40, 42, 54-8, 80, 83-4, 94-5, 119-120, 171, 181, 185-7, 189-94, 200-1, 205-6, 209, 242, 244, 284-5, 294, 299, 340, 361, 363, 367, 370, 372-3
　アラブ人の——攻撃・包囲　30, 33, 35, 51, 79, 120, 182
　第4回十字軍の——占領　12, 343, 357, 367, 370, 372-3
　ペルシア人とアヴァール・スラヴ人の——攻撃・包囲　26, 45, 100, 182
　——市民　283, 285, 292, 300, 364, 367
　——総主教　23, 26, 87, 89, 95, 120, 128, 132-3, 213, 287, 293, 295, 301
　——のギルド・組合(cf. ギルド・組合)　178, 201, 204
　——の「市民闘争」　284, 296, 298
　——の商工業(者)　201, 206, 208, 299
コンスル consul　126, 140

サ　行

「先買権」 προτίμησις　164, 168, 170-1, 260
サケラリオス σακελλάριος　129, 272, 316
(ササン朝)ペルシア　21-2, 24-7, 43, 50, 62-3, 66, 68-9, 72, 75, 77, 105, 178, 180, 182-3, 193
サルディカ　24, 45, 187

ジェノア　299, 317, 363, 371
シギリオン σιγίλλιον　172, 261, 271, 353
市参事会(cf. ブーレー)　193, 199
市総督 ἔπαρχος Πόλεως　128, 202-7, 286-7, 291, 329
シチリア(島)　29, 58, 80, 94-5, 317
シチリア(テマ)　88, 126, 129
シチリア王国　317, 361-2, 365
シメオン　119, 368
十字軍　97, 306, 317, 342, 370
　第3回——　360
　第4回——　12, 343, 357-8, 370-2, 380
主従制　306-7, 312, 315, 317, 343
「自由農民」　146, 153, 155, 159, 174, 176, 219, 237-8, 250, 254, 277, 285, 300, 340, 342, 356, 359
小アジア　5, 19, 54, 58, 62, 72, 74-6, 80-1, 92-3, 109-11, 153, 179-81, 184, 190, 216, 227, 239, 244-6, 248, 301, 317, 360, 377
　アラブ人の——侵入　29, 35, 72, 180, 194
　トルコ人の——侵入　226-7, 229, 319
　ペルシア人の——侵入　25, 68, 180, 182
　——のテマ(設置)　62-3, 66, 68, 71, 74, 88, 128-9
　——の都市　80, 182, 184, 189, 220
小土地所有農民・兵士　63, 153, 169, 174-5, 209, 216, 229, 303, 340, 342
シリア　19, 24-5, 29, 34-5, 39, 62-3, 74-5, 80, 92, 114, 116, 121, 181, 202, 204, 317-8, 341
シルミウム　43, 50, 100
シンギドゥヌム　43, 100
『新法』→『マケドニア王朝の新法』

スヴォロノス，N.　251, 253, 324-7, 329, 332, 373
杉村貞臣　95-8, 100, 104-5, 107, 214, 382

スキュリツェス(ケドレノス)『歴史』 294, 324, 329–31, 373
ストラテイア στρατεία 303–4
『ストラテギコン』→ケカウメノス
ストラテーゴス στρατηγός 60–2, 64, 66, 69–70, 78–81, 83, 88, 92, 109–10, 117–8, 126–30, 132–3, 167, 194–6, 212, 302–4
スパタリオス σπαθάριος 123, 125–6, 212
スパラト 45, 197
スパルタ 185, 188, 221
スラヴ人 12, 21, 31, 38, 40–1, 44–8, 52–4, 56–60, 96, 103, 119–20, 153, 186, 196, 368–9
——の共同体 151, 153, 174
——のギリシア化 47, 59
——のキリスト教化 47, 119–21, 342
——のコンスタンティノープル攻撃 26, 42, 45
——の侵入・定住 12, 19, 21–2, 24–5, 27, 31, 38, 40–8, 51–4, 57–8, 77, 82–4, 95, 100, 102–3, 143, 153, 174, 178, 197–8, 338
スラヴの地(スクラウィニア) 31, 54, 56–7, 210

聖像崇拝 84–93
——問題 90
聖像破壊 86–94, 109–10, 121, 136
——運動 86, 91–4, 109, 118
——問題 84–5, 91, 93–5, 108, 110
『聖デメトリオスの奇跡』 40, 45, 49, 96, 101
聖フィラレートス 5–7
『——伝』 7, 14, 108, 216
ゼウガラートイ ζευγαρᾶτοι 263–5
セクレトン σέκρετον 301, 304, 307, 316
セバストス σέβαστος 312–3, 376
(セルジュク・)トルコ 226–30, 246, 319, 361
セルビア 120, 318, 368–70
——人 46, 120, 369
先買権→さきがい権

総主教→コンスタンティノープル総主教
『総督の書』 178, 200–2, 205–7, 223, 286
ゾエ 285–9, 291–2, 294–6
『続テオファネス年代記』 161, 212, 216–7, 219, 222
social mobility 8, 14, 342
村落共同体(cf. コーリオン) 146, 148–51, 153–4, 158–63, 166–7, 174–6, 209, 215–6, 237–8, 241, 250–1, 253–4, 277, 303, 340

タ 行

大土地所有 103, 153, 174, 209, 216, 218, 231, 241, 250, 258, 260, 266, 277
——(者・階級) 7, 205, 243, 249–50, 264, 276–7, 279, 281, 340, 360, 377
——(門閥)貴族 199, 237, 340
タクティコン τακτικόν 122–3, 127, 134, 211
タグマタ τάγματα 131, 303, 342
ダルマティア 24, 45–6, 190, 197–8
——(テマ) 120, 129, 198
単性説 23–4, 28–9, 31, 34–6, 97

徴税請負(制) 289–90, 301, 330
『徴税要綱』 154–8, 160–3, 166, 170, 172, 174, 216–7, 253, 276, 327

ディオクレティアヌス 20, 45, 84, 140, 195
『帝国統治論』→コンスタンティノス7世

ディシュパトス δισύπατος　125, 212, 271

テオドラ　287-9, 292, 294

テオドロス・マンカファース　360-1

テオファネス　68, 71-2, 88, 107, 188

——『年代記』　7, 14, 50, 56, 68, 71, 76, 86-7, 96, 98, 100-2, 104, 106-11, 117, 126, 160, 186-8, 200, 210, 212, 217, 220-3, 236

テサロニカ(市)　24, 29, 31, 42-3, 45-6, 49, 54-7, 185-7, 189, 219, 271

——(テマ)　120, 129, 170-1, 259, 280, 328

『テーベの土地台帳』　176, 251-7

テマ θέμα　52, 60-79, 81-3, 88-9, 92, 103-4, 106-8, 117-20, 127-33, 161, 165, 167-8, 171, 194, 196-8, 200, 210-2, 227-8, 259, 280, 302-4, 339

——制　59-63, 66-70, 73-7, 82-3, 105, 107, 122, 126, 137, 146, 193, 196-7, 222, 301-2, 305, 315, 339, 342

『——について』→コンスタンティノス7世

デーモイ δῆμοι(cf.「青」「緑」)　22, 96, 191-2, 221

デーモクラティア δημοκρατία　294, 296, 330, 331

『テュポス』　29, 35

デルガー, F.　14, 110, 140, 213, 216-7, 221, 223, 325, 374-6, 386

トインビー, A. J.　84, 103, 105, 107-8

ドゥーカス家　228, 243-9, 323

ドゥークス δούξ　239, 244, 280, 310, 313, 323

——家　244-5, 248, 323

トゥールマルケース τουρμαρχής　65, 68, 118, 130

ドナウ(川・国境)　21-2, 27, 31, 42-4, 48-52, 100, 195, 198, 230, 341

ドメスティコス δομέστικος　127-31, 133, 212, 304

トラキア　22, 44, 56, 90, 111-3, 186, 188, 248, 270, 359

——(テマ)　52, 88, 92, 120, 128

——人　27, 41, 57-8

トラケシオン(テマ)　88, 92, 118, 128, 165, 167, 210

トルコ→セルジュク, オスマン

ドルーンガリオス δρουγγάριος　170, 252

奴隷　147-8, 155-6, 205, 215, 239

「奴隷」(臣下)　234-5, 237, 242, 250, 277, 284

奴隷制　12, 19, 41, 58, 143, 154, 338

ナ 行

ナポリ　20, 25, 29

ニカイア　90, 113, 373, 377

ニカの乱　192

ニケタス・コニアテース　373, 379

——『歴史』　308, 310-1, 333-5, 376-80

ニケフォロス1世　44, 119, 160, 188, 196-7, 210

ニケフォロス3世　247, 269, 280, 294-5, 323, 352, 375

ニケフォロス　49, 68, 102

——『歴史抄録』　48, 50, 97-8, 101-2, 109, 223

ニケフォロス・ケファラース　269-70, 274

ニコメディア　113, 247

西ローマ帝国　29, 39, 82, 338

——(カール大帝)　38

偽スキュリツェス『歴史』　227, 320

ネア・モネー(修道院)　259-61, 280

農奴制　143, 151, 282
『農民法』　142-8, 151-6, 158-62, 172-4, 214-7, 275
ノミスマ νόμισμα　160, 171, 192, 203, 230, 252-3, 268, 270, 327
ノルマン人　77, 184, 227, 230, 267, 297, 306

ハ 行

『バシリカ』　137-8, 224, 349
バシレイオス
——1世　136-7, 161, 197, 212
——2世　165-6, 225, 341
パトラス　43-4, 100, 119, 185, 188, 190, 196-7, 216
パトリキオス patricius, πατρίκιος　42, 48, 50, 101, 124-6, 133-4, 167, 302
バルカン半島　12, 19, 21, 24-7, 31, 40-8, 51-9, 84, 92, 95-6, 100, 119-20, 128-9, 153, 180, 186, 188-90, 196-7, 317, 338, 368-9
パレスチナ　22, 24-5, 27, 74, 114-6, 121
パロイコイ πάροικοι(cf. 隷属農民)　172, 255, 257, 259-66, 271, 305, 308-10
——・ゼウガラートイ　263, 265
ハンガリー　318, 370-1

東地中海(地域)　13, 116, 121, 199, 281-2, 299, 317, 339, 343, 363, 367, 371
東ローマ帝国(cf. 後期ローマ帝国)　17, 82-3, 174, 339
「非課税(農)民」 ἀτελεῖς　259-60, 264, 266, 278
「非課税の」パロイコイ　259-60, 262-4
ピサ　299, 317, 363, 371
ビザンツ専制国家　79, 81, 142, 146, 176, 199, 209, 225, 234, 284, 313, 319
ビザンツ封建国家　300, 343, 347
「ビザンツ封建制(論)」　103, 152, 253, 282, 306, 315, 382
ビュザンティオン　10, 64
ヒュパトス ὕπατος　125-6
ピレンヌ, H.　39-40, 99, 189-90, 221, 281, 283, 328

フィラレートス→聖フィラレートス
フィロカレース　163, 166, 237
フィロテオス　122, 124, 130, 132, 211
『——文書』　123, 125, 127-8, 130, 132, 134, 212, 233, 301, 304, 313
フォーカス　22-3, 44, 62, 65-6, 76, 96, 107, 192
プラクティコン πρακτικόν　176, 246, 255, 270, 272, 310-11
——・パラドセオース πρακτικὸν παραδόσεως　267, 269
ブルガリア　6, 56, 91, 110, 119-20, 369-70
第1次——王国　33, 48, 50-2, 54, 102-3, 119, 368, 379
第2次——王国　369-70
——人　120, 227, 229, 368-69
ブルガール族　31, 42, 48, 50-2, 57, 98, 114, 195
ブーレー βουλή(cf. 市参事会)　193, 196
プロアステイオン προάστειον　155-7, 160, 217, 268-9, 274
『プロケイロン』　137, 213, 223
プロスタグマ πρόσταγμα(様式)　139-41, 263, 265, 267, 311, 353-7
ブロック, M.　14, 232-3, 321, 332, 374
プロートストラトール πρωτοστράτωρ　88, 130, 313
プロートスパタリオス πρωτοσπαθάριος　124-6, 233-4, 302

プロノイア πρόνοια　159, 176, 305, 307–12, 316–7, 333, 342, 359–60, 365–6, 369, 377
——制　305–7, 309–12, 315, 318, 332, 342, 358
——保有・受封者　305, 308, 310–1

「兵士保有地」 στρατιωτικὰ κτήματα　62, 66, 70, 77, 79–81, 106, 146, 164, 302–3, 305
ペチェネグ人　230, 297
ベック，H. -G.　14–5, 222, 321–2, 329–31, 373, 383–4
ヘラクレイオス　23–9, 35–6, 44–6, 48–52, 57, 63–73, 75–77, 79, 83, 96–7, 105, 136, 183, 192
ヘラス(テマ)　86, 92, 120, 129
ペルシア→ササン朝ペルシア
ペロポネソス(半島)　43–4, 54, 56–7, 119, 190
——(テマ)　120, 128

ボイラス家　238–41
封建化　153, 159, 257, 274, 281, 306, 342, 359
封建貴族(cf. 門閥貴族)　225, 237, 249, 267, 281, 298, 314, 317, 341–3, 358–9, 362–7, 370
封建国家(cf. コムネノス朝封建国家，ビザンツ封建国家)　277, 284, 298–300, 306, 314, 317, 337, 341–3, 346, 357–8, 374
封建社会　58, 232, 281–3, 355
封建制(cf. 「ビザンツ封建制(論)」)　41, 151, 253, 281–4, 328, 342
封建的生産関係・様式　15, 152–3, 159, 174, 176, 257
封建領主　151, 156, 240, 243, 267, 277, 279, 281, 285, 289, 297–300, 305–6, 312, 314–6, 328, 331, 341–4, 346–7, 358, 360–3, 367, 369, 371

マ 行

マウリキウス　20–2, 43–4, 57, 64–6, 192, 198
マギストロス μάγιστρος　124–6, 133–4, 167, 239, 271–2, 351
マケドニア　56, 236, 248, 273, 359
——(テマ)　120, 128
——人　41, 227
マケドニア王朝　121, 136, 209, 213, 225, 236, 279, 284, 288–9, 291, 299, 337, 339, 341–2, 356–7, 364, 377
——専制国家　111, 209, 225, 231, 296–7, 300–1, 337, 339, 343–4, 346–7, 353
『——の新法』　162–6, 168–72, 175–6, 213, 237, 244, 254, 260–1, 303, 340, 349, 356, 376
マヌエル1世　232, 262–5, 307–8, 310–1, 317–9, 326, 335, 343, 350, 356–7, 359, 361, 363, 368, 371, 375
マンツィケルト　226–9, 246, 297, 319

ミカエル
——3世　194
——4世　285, 291, 329
——5世　285–9, 291–2, 295
——6世　243, 245, 295, 344–5, 373
——7世　226, 228–9, 246–8, 295, 307, 310, 333
ミカエル・プセルロス『年代記』　234, 294, 320–1, 323–4, 329–31, 373
ミカエル・ラカノドラコーン　88–91
ミストートイ μισθωτοί・ミスティオイ μίσθιοι　147–8, 152, 155
「緑」(cf. デーモイ)　22, 130, 191–2

メガス・ロガリアステース μέγας λογαριαστής　316, 334

モディオイ μόδιοι　171, 268, 270, 327
モネンバシア　55, 80, 185
『——年代記』　40, 44, 56, 58, 188
門閥貴族(cf. 封建貴族)　231–2, 236–7, 248–9, 300, 340–1

ヤ 行

「有力者 δυνατοί」　164, 167–73, 175–6, 208, 218, 233, 237, 241–2, 244, 250, 254, 340
ユスティニアヌス1世(大帝)　17–8, 20–1, 27, 33–4, 39, 42, 64, 95–6, 126, 140, 143, 192–3, 317, 338
『ユスティニアヌス法典』　53, 203
ユスティニアノス2世　31–3, 37, 56, 186, 195, 214
ユスティヌス2世　21, 198

米田治泰　107, 201, 212, 223, 320, 322, 324, 332–4, 382
ヨハネス
——1世　114, 116, 121, 210
——2世　232, 317
ヨハネス・ドゥーカス　245–8
ヨハネス(アンカラの)　181, 193–4

ラ 行

ラヴェンナ　20, 32, 110
——総督(府)　20, 25, 29, 32, 38, 70, 96
ラウラ修道院　169, 172, 256, 268, 270, 273–6, 308, 327–8, 377
『——文書』　162, 170–3, 218–9, 250, 268–71, 274–5, 324–8, 333–4, 375, 377
ラグーサ　45, 190, 197–8
ラテン人(西欧人)　362, 364–7, 372
——地区　331, 363–4, 366
反——人闘争　364, 366–7
ラテン文化圏　19, 20, 23, 25, 30–6, 40, 57–9, 94–6, 338

リュシス λύσις(様式)　139–40, 165, 213, 265, 352–6
両性説(cf. カルケドン信条)　24, 29, 31, 36

ルメルル, P.　49, 73, 99–102, 104–6, 164, 211, 214–9, 221–2, 321–2, 332–3, 383

隷属農民(cf. パロイコイ)　145, 153, 172, 231, 253–5, 257, 259, 285, 297, 305, 308–9, 340, 342
レオーン
——3世　4–5, 33, 79, 84–7, 92, 94, 109–11, 117–21, 136, 192
——4世　4, 89, 109
——6世　122, 136–9, 141, 199, 213, 266, 349–50, 354, 375–6
レオーン・ケファラース　267–74
レオーン・ディアコノス　116
——『歴史』　114, 210
連帯責任(制)　150, 156–62, 172–5, 215, 253, 276

ロギシマ λογίσιμα　158
ロゴテテース・トゥー・ゲニクー λογοθέτης τοῦ γενικοῦ　129, 316
——・トゥー・ストラティオーティクー λογοθέτης τοῦ στρατιωτικοῦ　104, 129, 131, 315
——・トゥー・ドロムー λογοθέτης τοῦ δρόμου　88, 129
ローマ(市)　10, 18, 20, 29–32, 35, 42, 86, 94, 191
——教皇　23, 29, 31–2, 35, 37, 84–6, 90, 94–5, 98, 120, 133, 317, 370, 379
——皇帝(権)　10, 13, 20, 26, 29, 42, 82, 85, 318, 374

——人(ビザンツ人)　9, 22, 44-5, 51, 64, 113, 115, 197, 227, 271-2, 311, 350, 352
——世界(cf. 古代地中海世界)　11, 17, 19, 30, 33-5, 38-40, 59, 82, 143, 177-8, 180, 190, 338-9
ローマ帝国　2, 9-11, 17, 19-20, 22-3, 25, 27, 30-1, 33, 38-9, 53, 60-1, 64, 70-1, 83, 121, 191, 194-5, 199, 317, 319, 338
ローマ都市(cf. 古代都市)　177, 190, 338
ローマ法　12-3, 118, 135, 153, 174, 338, 347-9
『——大全』　17, 118, 135-8, 349
ロマノス
——1世　165, 260
——3世　285, 291, 329
——4世　226-9, 246, 319
ロマノス・ボイラス　238-40

ワ行

渡辺金一　14-5, 98, 104, 106, 164, 213-5, 217-20, 251-2, 254, 322-6, 328-9, 332, 335, 381-3
和田廣　96, 212, 222, 381